U0511159

国家社科基金后期资助项目

共享住宿理论与实践

谷慧敏　宋潇潇　黄伟　著

商务印书馆

创于1897　The Commercial Press

图书在版编目(CIP)数据

共享住宿理论与实践 / 谷慧敏,宋潇潇,黄伟著
. — 北京:商务印书馆,2025
ISBN 978-7-100-23939-4

Ⅰ. ①共… Ⅱ. ①谷… ②宋… ③黄… Ⅲ. ①旅馆-
服务业-产业发展-研究-中国 Ⅳ. ①F726.92

中国国家版本馆 CIP 数据核字 (2024) 第 094573 号

权利保留,侵权必究。

共享住宿理论与实践

谷慧敏 宋潇潇 黄伟 著

———————————————————

商 务 印 书 馆 出 版
(北京王府井大街 36 号 邮政编码 100710)
商 务 印 书 馆 发 行
艺堂印刷(天津)有限公司印刷
ISBN 978-7-100-23939-4

2025 年 1 月第 1 版　　　　开本 710×1000　1/16
2025 年 1 月第 1 次印刷　　　印张 19¼
定价:98.00 元

国家社科基金后期资助项目
出版说明

后期资助项目是国家社科基金设立的一类重要项目，旨在鼓励广大社科研究者潜心治学，支持基础研究多出优秀成果。它是经过严格评审，从接近完成的科研成果中遴选立项的。为扩大后期资助项目的影响，更好地推动学术发展，促进成果转化，全国哲学社会科学工作办公室按照"统一设计、统一标识、统一版式、形成系列"的总体要求，组织出版国家社科基金后期资助项目成果。

全国哲学社会科学工作办公室

目　录

第一章 序 言

第一节 研究背景

一、现实背景

共享经济是指以互联网平台为依托、以数据为生产要素、以"数字劳动"为生产力的新型经济形态，是数字经济时代的典型代表。作为一种全新的资源配置方式，共享经济可以通过技术，广泛动员社会海量和分散的供给与需求，实现供需之间的优化匹配，促进全社会福利和效率的提升。

共享住宿是共享经济中的重要新兴业态，其通过共享住宿平台，整合社会存量房屋资源，为寻求个性化、原真性体验的新型旅游者提供创新性产品和服务，是现代服务业技术创新的产物。全球首家共享住宿企业Airbnb（爱彼迎）自2008年创建以来，在国内外迅速发展，并形成巨大的产业规模。截至2021年底，Airbnb共有600多万套活跃的房源，覆盖全球220多个国家和地区（Airbnb Financial Report，2021）。

与此同时，国内短租平台如小猪、途家、美团等也快速发展，2022年我国共享住宿市场交易额达到115亿元，共享住宿收入在全国住宿业客房收入中所占比例约为4.4%（中国共享经济发展报告，2023）。尽管共享住宿在中国蓬勃发展，但也面临诸多挑战，包括供给无序进入、卫生、服务质量、信息安全、信任、平台监管与治理、社区关系以及税收公平等一系列问题。

（一）产业快速发展与发展质量、治理模式滞后之间的矛盾

随着旅游消费的转型升级以及互联网经济的快速崛起，尤其是在"大众创业、万众创新"的背景下，共享住宿在中国也得到了消费者、创业者、投资者、地方政府的青睐，并形成庞大的新型旅游者和创业者群体。中国政府高度重视共享经济发展，鼓励共享住宿等数字经济新业态健康发展，发展生活消费新方式，促进消费升级。受益于政策红利，共享住宿行业发展迅速并迎来新的发展机遇。2020年7月，发改委等13部门印发的《关于支持新业态新模式健康发展 激活消费市场带动扩大就业的意见》明确提出，鼓励共享出行、共享住宿和文化旅游等领域产品智能化升级和商业模式创新，发展生活消费新方式，培育线上高端品牌。2021 年，尽管受到新型冠状病毒的冲击，中国共享住宿的市场交易额仍然达到 152 亿元，促进了商业发展模式创新和社会经济的发展（中国共享经济发展报告，2022）。不过，由于缺乏规范和相关标准共享住宿的快速增长可谓"野蛮式"。2022 年 12 月，中共中央、国务院印发的《扩大内需战略规划纲要（2022—2035 年）》中明确提出："促进共享经济等消费新业态发展。拓展共享生活新空间，鼓励共享出行、共享住宿、共享旅游等领域产品智能化升级和商业模式创新，完善具有公共服务属性的共享产品相关标准。"

共享住宿的野蛮式增长也给行业带来了发展的困惑。作为一种依托网络技术、提供中介性服务的新兴旅游住宿业态，共享住宿的出现颠覆了传统酒店业基于资本和设施提供线下产品和服务的商业模式；与此同时，共享住宿基于平台分享，通过在地化和个性化的产品服务满足消费者的社交需求和在地化体验。然而，由于房客和房源分散、房东经营规模受限、产品和服务非标准化，也带来了安全、卫生等服务质量和管理的问题。此外，由于共享住宿的个体化非正式经营和就业的特点，也给市场公平竞争、治安管理、税收、零工权益、社区管理和平台治理等带来挑战。如何认识共享住宿的性质和作用，构建共享住宿运营管理体系，优化政府治理体系，从规则制度、监管能力与水平、发展环境等方面确保共享住宿可持续发展，不断增强平台经济的创新力和竞争力，是各国政府和行业需要解决的重要战略问题。

（二）产业实践经验涌现但总结规律滞后的矛盾

共享住宿是全球互联网经济创新的重要领域，在移动互联网快速发展的背景下，共享住宿行业在全球迅猛发展，涌现出众多标志性企业，如美国的 Airbnb，印度的 OYO 酒店，中国的小猪、途家和美团民宿等。随着商业模式的创新和资本市场的活跃，共享住宿市场竞争格局加快重塑。此外，通过数字化赋能，催生出许多全新的住宿业投资、经营、管理和服务实践。尽管一些学者、社会媒体等对来自产业的创新经验进行了一些碎片化和介绍性的研究，但基于体系化的理论建构还十分有限，对丰富多彩的实践创新进行全面、深入的理论研究，探讨共享住宿发展的本质规律和特征是急需解决的重大理论和现实问题。尤其是总结中国共享住宿企业的经验，探讨其发展道路，既是促进中国共享住宿企业高质量发展的必要举措，也是探索中国式管理、讲好中国故事的重要体现。

二、理论背景

（一）现有研究概念丰富，但核心概念的理论共识还未建立

共享住宿的概念来源于传统的"床位＋早餐（B&B）"，目前概念和叫法很多，如协同住宿消费、P2P、分享住宿、共享住宿、民宿等。不同学者对上述概念的界定也不完全相同（Hajibaba & Dolnicar，2017；Yang et al.，2019）。与此同时，由于共享住宿的产业边界复杂，在实践中往往涉及多个管理部门和利益主体，其参与和管理的目标也不相同，导致其在进行概念界定时关注的重点也不一致。例如，我国公安部门称之为"网约房"、住建部门称之为"短租房"、文化和旅游部门称之为"民宿"等。

学科是与知识相联系的一个学术概念，而学术核心概念的形成是学科成熟和科学化的关键。共享住宿作为一个产业已形成巨大规模，但与此相应的学科中的核心概念体系尚未建立。目前，对共享住宿概念的研究主要侧重房客和房东，而且现有定义很大程度上还来源于传统的对旅游者和乡村民宿的研究，对于基于互联网技术的房客、房东、共享住宿平台等理论概念的内涵、外延等还需要进一步厘清。与此同时，共享住宿中的主要商业模式〔C2C、B2C、（B+C）2C 和（B+C）2（B+C）〕、数字营销（"以人为本"的营销智能化范式）、数字人力资源管理（员工共享）、平台治理（数字伦理）等基本概念也需要结合行业情景进一步深化。

（二）研究视角多元但理论体系尚未构建

目前学术界对于共享住宿的研究较为丰富，主要集中在以下四个方面。

1. 共享住宿对传统住宿业的影响及其运营模式

共享住宿作为新兴旅游住宿业态，对旅游酒店业产生了一定影响，包括对传统酒店业盈利水平的冲击（Dogru et al.，2020）、对当地房屋租赁价格的影响（马双等，2022）、对旅游目的地的影响（Song et al.，2020）等；共享住宿的商业模式及运营管理（宋琳等，2018）等也是学术界目前研究较多的内容。

2. 房客和房东的行为与特征

房客相关研究已经颇为丰富，包括参与动机（Guttentag et al.，2018）、体验（Lv et al.，2021）、满意度（Mahadevan，2018）、行为意愿（Tian et al.，2022）、再次购买意愿（Liang et al.，2018）、积极口碑（Akhmedova et al.，2021）等。新冠疫情对房客态度和参与意向的影响逐渐成为研究热点（Braje et al.，2022）。房东相关研究包括参与动机（Bremser & Wüst，

2021）、定价（Chica-Olmo et al.，2020）、位置模式（Adamiak et al.，2018）、持续参与意愿（池毛毛等，2019）等。主客关系和不同文化所带来的影响是重要的研究话题（Cheng & Zhang，2019）。

3. 信任机制

共享住宿的信任机制主要包括房客信任、房东信任和平台信任。具体来看，目前已有研究主要集中在以下方面：第一，个体感知、信任倾向、主客互动、在线评论、房屋质量、平台服务、新冠疫情等因素对房客信任的影响（Agag & Eid，2019；Ert et al.，2016；Godovykh et al.，2022）；第二，主客互动、平台质量、新冠疫情等因素对房东信任的影响（Luo & Zhang，2016；Wang et al.，2020；Zhang et al.，2021）；第三，"信任"对房客和房东等不同主体产生的影响（Barnes，2021；Mao et al.，2020）。现有文献对居民视角和政府视角的信任研究较为缺乏。

4. 动态定价

现有共享住宿定价研究的重点是影响定价的因素，如房东属性、房源属性、设施和服务、房屋租赁规则以及在线评论的数量和房源评级等五大内在因素（Arvanitidis et al.，2022；Jiang et al.，2022；Wang & Nicolau，2017）。同时，由于旅游市场的敏感性，一些学者也分析了外部环境如旅游旺季、当地经济发展水平和旅游目的地人口密度等对定价的影响（Moreno-Izquierdo et al.，2020；Tang et al.，2019）。

上述研究对于深化共享住宿各个领域认识打下了基础。然而，由于以上研究都是从某一特定视角、特定领域或特定问题开展的研究，相对而言，全面性、体系化的整合研究成果还有待增强。尤其是现有研究主题分布不均匀，主要从对传统住宿业影响及运营模式、房客和房东等个体行为和特征、信任机制和定价策略等方面展开论述，总体上呈碎片化特征。当前，关于在线评论数据的研究占据"半壁江山"，而对于其他视角，尤其是基于平台管理的一些新现象和新问题还需要从理论上深化阐述，如平台商业模式、数字营销、零工经济与共享员工、平台数字伦理和政府治理等。此外，现有研究大多为学术论文形式呈现，缺少理论体系化的专著成果。

三、研究目的

本研究的目的包括以下四个方面：

第一，全面系统梳理共享住宿学科领域的基本概念，并加以明晰。包括共享住宿平台、房客和房东等主要参与者的内涵、分类。

第二，构建共享住宿平台运营管理理论体系。一方面全面阐述平台服务运营管理的主要内容，包括内部管理、信任机制、在线评论管理等核心内容。另一方面系统介绍平台职能管理的主要内容，包括运营管理、营销管理、人力资源管理和企业社会责任策略等核心内容。

第三，构建共享住宿的治理理论体系，提升治理模式的科学性。目前国内外政府在治理政策和方法上的差异很大，且未能解决合规及公平等问题。本研究通过梳理国内外在运营者主体资格、经营条件、责任义务、税收、数据共享等方面的法律法规及监管实践，为政府决策提供理论和实践依据。

第四，为共享住宿业可持续发展提供产业实践遵循。本研究从全球和中国视角分别分析国内外共享住宿业发展进程，发现存在的核心问题，总结中国模式和经验，指出未来发展方向，丰富共享住宿领域的中国式管理理论。

第二节　理论基础

随着学者们对共享经济领域的关注，越来越多的理论和框架被应用于该领域。林等人（Lim et al.，2021）和罗加纳基特等人（Rojanakit et al.，2022）回顾了共享经济和共享住宿研究中使用的理论和分析框架。从这些研究可以看出，共享住宿作为基于互联网技术发展起来的新兴产业，产业边界非常模糊，涉及的范围十分宽泛，现有的研究者也来自不同学科，使用的理论涵盖哲学、经济学、政治学、心理学、管理学、地理学、计算机科学等不同学科，呈现出鲜明的跨学科特点。本研究对现有理论进行了梳理和汇总（如表 1-1 所示），在此基础上重点介绍本研究涉及的共享住宿领域主要理论，包括利益相关者理论、动机理论、服务科学视角、信任理论和制度理论。

表 1-1　共享经济研究中的相关理论

理　　论	学科分类
Adaptive governance framework（适应性治理框架）	管理学
Affordance/moral affordance framework（责任感 / 道德责任感框架）	哲学
Agency theory（代理理论）	管理学
Agglomeration theory（集聚理论）	地理学 / 经济学
Anarchism framework（无政府主义框架）	政治学

续表

理　　论	学科分类
Appeals (rhetorical) theory（修辞理论）	文学
Asymmetric information theory（信息不对称理论）	经济学
Attachment theory（依恋理论）	心理学
Beckerian theory（贝克尔理论）	经济学
Behavioural theory（行为学理论）	管理学
Bottom-up spillover theory（自下而上的溢出效应理论）	经济学
Boundary spanning theory（边界跨越理论）	管理学
Business model theory（商业模式理论）	管理学
Chaos theory（混沌理论）	数学
Cognitive psychological/Cognitive appraisal theory（认知评价理论）	管理学
Competitive advantage theory（竞争优势理论）	管理学
Complexity theory（复杂理论）	计算机科学 / 数学 / 管理学
Consociality and individualism-collectivism frameworks（社会性和个人主义 – 集体主义框架）	社会学
Construal level theory（解释水平理论）	心理学
Consumer utility theory（消费者效用理论）	经济学
Consumer value theory/Theory of value（消费者价值理论）	经济学
Consumption systems theory（消费系统理论）	经济学
Contamination theory（污染理论）	哲学
Crime pattern theory（犯罪模式理论）	法学
Crowdfunding networks（众筹网络）	经济学
Cue utilisation theory（线索利用理论）	心理学
Decision-making theory（决策理论）	管理学
Diagnosticity theory（诊断性理论）	管理学
Disruptive innovation theory（颠覆性创新理论）	管理学
Diffusion theory/Diffusion of innovation theory（创新扩散理论）	管理学
Dynamic matching framework（动态匹配框架）	管理学
Economic sociology framework（经济社会学框架）	经济学 / 社会学
Ecosystems/Digital ecosystems/Business ecosystems framework（生态系统 / 数字生态系统 / 商业生态系统框架）	生态学 / 管理学
Entrepreneurship theory（创业理论）	管理学
Environmental commitment and sacrifice theory（环境承诺和牺牲理论）	管理学

续表

理　　论	学科分类
Ethnography perspective（人种学／民族学视角）	社会学
Expectation–(dis)confirmation theory（期望 –（不）确认理论）	管理学
Extended self theory（自我延伸理论）	心理学
Fogg behavior model（福格行为模型）	心理学
Food sharing theory（食物分享理论）	社会学／城市生态学
Game theory（博弈理论）	经济学
Grassroots association lifecycle theory/Lifecycle model（基层协会生命周期理论／生命周期模型）	心理学／管理学／计算机科学
Hofstede's cross–cultural theory（霍夫斯泰德的跨文化理论）	管理学／心理学
Identity/social identity theory（社会认同理论）	社会心理学
Information process theory（信息处理／加工理论）	心理学
Institutional theory（制度理论）	经济学／政治学／社会学／管理学
Institutional–based trust framework（制度信任框架）	管理学
Interactive value formation（互动式价值形成）	管理学
Intimacy theory（亲密关系理论）	社会心理学
Iterative theory（迭代理论）	数学
Job–characteristic theory（工作特性理论）	管理学
Macroeconomic theory（宏观经济学理论）	经济学
Marketing exchange theory（营销交换理论）	管理学
Materialism framework（唯物主义框架）	哲学
McGregor's theory X and theory Y（麦格雷戈的 X 理论和 Y 理论）	管理学
Mean–risk theory（平均风险理论）	经济学
Means–end–chain theory（手段 – 目的链理论）	心理学
Mean–variance theory（均值 – 方差理论）	经济学
Microeconomic theory（微观经济学理论）	经济学
Mid–range theory（中程理论）	社会学
Migration theory（迁移理论）	心理学／教育学
Moral identity theory（道德认同理论）	哲学／社会学
Motivation crowding theory（动机拥挤理论）	心理学／管理学
Motivation theory（动机理论）	心理学／管理学
Multi–objective optimisation framework（多目标优化框架）	计算机科学／人工智能

续表

理　　论	学科分类
Neoclassical economic framework（新古典主义经济框架）	经济学
Neoliberalism/Neoclassical theory（新自由主义/新古典主义理论）	政治学
Network effects（网络效应）	经济学
Niche theory（生态位理论）	生物学/管理学
Observational learning theory（观察性学习理论）	心理学
Optimal stimulation level theory（最优刺激水平理论）	心理学/管理学
Optimisation-based coordination framework（基于优化的协调框架）	计算机科学
Paradox theory（悖论理论）	数学/物理学
Plutchik's emotion wheel（普鲁契克情感色轮）	心理学
Power theory（权力理论）	哲学/管理学
Pricing theory（价格理论）	经济学
Prism of epistemic culture（认识论文化的棱镜）	社会学
Privacy calculus theory（隐私计算理论）	管理学
Prospect theory（前景理论）	心理学/经济学
Protection motivation theory（保护动机理论）	心理学
Psychological factors framework（心理因素框架）	心理学
Public interest theory（公共利益理论）	经济学
Queueing theory（排队论）	运筹学
Rational action (choice) theory（理性行为（选择）理论）	心理学
Relational contracting theory（关系契约理论）	经济学
Relational demography theory（关系人口学理论）	管理学
Rent gap theory（"租差"理论）	经济学
Resource dependency theory（资源依赖理论）	管理学
Resource-based view framework/Resource-based theory（资源基础理论）	管理学
Revealed preferences theory（揭示性偏好理论）	经济学
Role theory（角色理论）	社会心理学
Rolling horizon framework（滚动视界框架）	管理学
Script theory（脚本理论）	心理学
Self-determination theory（自我决定理论）	心理学
Self-organisation theory（自组织理论）	管理学
Self-selection concept（自我选择概念）	心理学
Semantics perspective（语义学视角）	语言学

续表

理 论	学科分类
Service language model（服务语言模型）	计算机科学 / 人工智能
Service-dominant logic/S-D Logic theory（服务主导逻辑）	管理学
Sharing-exchange continuum（分享－交流的连续体）	管理学
Signaling theory/Market signaling theory（信号理论）	经济学
Similarity-attraction theory（相似吸引理论）	心理学
Social capital theory（社会资本理论）	经济学
Social categorization theory（社会分类理论）	新闻传播学
Social comparison theory（社会比较理论）	社会心理学
Social contact model（社会接触模型）	社会学
Social exchange theory（社会交换理论）	社会学
Social licence to operate framework（社会经营许可框架）	法学
Social model of disability（残障的社会模式）	社会学
Social network theory/Network sociality theory（社会网络理论）	社会学
Social penetration theory（社会渗透理论）	社会心理学
Social practice theory/Practice theory（社会实践理论）	社会学 / 哲学
Social presence theory（社会临场感理论）	传播学 / 心理学
Social production of space theory（空间的社会生产理论）	哲学
Social-cognitive theory（社会认知理论）	心理学
Sociomateriality theory（社会物质性理论）	哲学
Sociotechnical/Sociotechnical transitions theory（社会技术 / 社会技术转型理论）	管理学
Spatial triad theory（空间三一论）	人文地理
Stakeholder theory（利益相关者理论）	管理学
Stimulus-organism-response theory（刺激－有机体－反应理论）	心理学 / 生理学
Sustainable entrepreneurship framework（可持续的企业家精神框架）	管理学
Tax planning theory (flexibility)（税收筹划理论（灵活性））	经济学
Technology acceptance model（技术接受模型）	管理学 / 信息科学
Theory of formal and substantive rationality（形式理性和实质理性理论）	社会学 / 法学
Theory of monopolistic competition（垄断竞争理论）	经济学
Theory of optimal growth（最优增长理论）	经济学
Theory of planned behavior（计划行为理论）	心理学

理　　论	学科分类
Theory of reasoned action（理性行为理论）	心理学
Theory of self（自我理论）	心理学
Theory of sharing（分享理论）	心理学 / 经济学
Theory of social dilemma（社会困境理论）	经济学 / 社会学
Transaction/Transaction cost economics/Transaction cost theory（交易 / 交易成本经济学 / 交易成本理论）	经济学
Transformative service theory（变革性服务理论）	管理学
Triple tier systems framework（三层体系结构模型）	计算机科学
Trust theory（信任理论）	社会学 / 心理学
Trust transfer theory（信任转移理论）	心理学 / 社会学
Two-factor (motivation-hygiene) theory（双因素（激励保健）理论）	管理学
Unified service theory（统一服务理论）	管理学
Unified theory of acceptance and use of technology（UTAUT 模型 / 接受和使用技术的统一理论）	心理学 / 信息系统应用
Utilization maximization theory（效用最大化理论）	经济学
Value-belief-norm theory（价值 – 信念 – 规范理论）	心理学 / 管理学
Hunt-Vitell theory of ethics（Hunt-Vitell 伦理理论）	伦理学 / 营销学
Moral identity theory（道德认同理论）	哲学 / 伦理学
Schwartz theory of human values（舒尔茨（Schwartz）价值观理论）	哲学 / 伦理学

（表格来源：笔者根据相关文献整理）

一、利益相关者理论

随着 1984 年弗里曼（Freeman）出版《战略管理：利益相关者方法》（*Strategic Management: A Stakeholder Approach*）一书，利益相关者理论开始逐渐被广泛应用。利益相关者指的是"任何能够影响或受到公司目标实现影响的群体或个人"（Freeman，1984）。瓦利戈等人（Waligo et al.，2013）将旅游业中的利益相关者定义为"与旅游业发展举措相关的团体或个人，因此他们能够影响或受到旅游业决策和活动的影响"。利益相关者之间的互动和协作对旅游业的可持续发展至关重要（Roxas et al.，2020；Saito & Ruhanen，2017）。共享住宿的成功取决于多个利益相关者的合作。

共享经济中涉及多方利益相关者。伯努瓦等人（Benoit et al.，2017）指出，协作消费中的三个关键利益相关者是房客、房东和平台。侯赛因

（Hossain，2020）指出，共享经济还有其他利益相关者，如政府和非政府组织。张慧英等人（Zhang H. et al.，2022）认为共享经济的五个关键利益相关者是旅游者、旅游企业、共享经济平台、居民和政府。剌利青等人（La et al.，2021）确定了共享住宿的六个关键利益相关者：房客、房东和平台是核心利益相关者，政府、目的地和行业是次要利益相关者。

基于上述观点，本研究对共享住宿中的房客、房东、平台、员工、供应商、社区居民和政府七个关键利益相关者开展研究。

二、动机理论

动机这一概念最早被应用于心理学，主要表现为人们在追求某种目标时的主观愿望或意向，是人们为了达到某种预期目的所保持的内心唤醒状态。动机是由需要产生的，当需要达到一定的强度，并且存在着满足需要的对象时，需要就能够转化为动机（萧浩辉，1995）。动机可以用于解释很多现象，较有代表性的是马斯洛的需要层次理论（Maslow's Hierarchy of Needs）。随着动机理论在心理学学科的发展，逐渐衍生出较多的动机理论，如强化理论、归因理论、自我决定论、成就动机理论等。动机理论在旅游领域中也得到了广泛应用，如丹恩把游客动机分为两种，分别为逃离动机和探索动机（Dann，1981）。还有学者使用推拉动机（Dean & Suhartanto，2019）解释游客行为，即游客要么基于自身内部驱动因素产生旅游行为，要么由于旅游目的地方面的拉力因素如目的地特点、促销优惠等动机产生旅游行为。伊格巴里亚等人（Igbaria et al.，1995）认为动机可以分为外在动机和内在动机。外在动机指外部活动有价值的结果表现能够对主体的行为产生影响，如感知有用性；内在动机指除活动所带来的外部强化之外，主体行为还受自身内在因素的影响，如感知愉悦性。

本研究将房客参与共享住宿的动机分为经济、道德、社交互动、享乐和文化动机；将房东参与共享住宿的动机分为经济、享受、社交、个人声誉、利他主义和可持续性动机。

三、服务科学视角

服务科学研究服务系统中资源的动态价值共创配置，这些资源包括人、技术、组织和共享信息等（Maglio & Spohrer，2008）。服务质量（Service Quality，SERVQUAL）模型是服务科学视角的重要理论模型，最早由美国市场营销学家帕拉苏拉曼、泽塔姆和贝里（Parasuraman、Zeithaml & Berry，1988）共同提出。感知服务质量最初包括 10 个维度

（Parasuraman et al.，1985）。帕拉苏拉曼等人又在 1988 年正式提出服务质量模型（SERVQUAL），并根据最初的 10 个维度开发出 SERVQUAL 的五维度量表，共有 22 个条目。这五个维度分别为有形性（Tangibles）、可靠性（Reliability）、响应性（Responsiveness）、保障性（Assurance）和移情性（Empathy）。该模型的核心是通过测量顾客期望服务水平和实际感知服务水平二者的差距来衡量服务质量。尽管学术界对此也曾有一些质疑，如对顾客服务预期是处于动态变化中的而非恒定水平等，但它一直以来被广泛认为是服务质量的标准测量工具。这些年来，SERVQUAL 已被应用于医疗（Kilbourne et al.，2004）、银行（Ali & Raza，2017）、通讯（Alnsour et al.，2014）和信息系统（Jiang et al.，2012）等多行业，同时被大量运用于旅游酒店行业（Angmalisang，2021；Sangpikul，2022）。普里波拉斯等人（Priporas et al.，2017）以 Airbnb 为例，研究了共享住宿的服务质量、顾客满意度与忠诚度之间的关系。

本研究根据 SERVQUAL 模型的测量维度，从服务的有形性、可靠性、响应性、保证性和移情性五个维度测量共享住宿中的服务质量。

四、信任理论

齐美尔（Simmel）是当代社会学信任研究的开创者之一，他在《货币哲学》（*The Philosophy of Money*）中提出，人与人之间的互动是社会的起点，社会交往中的互动可以视为交换，而交换的重要条件是信任，由此产生社会的持续性。目前，信任理论已被广泛应用于旅游和酒店研究，如旅游者对旅游目的地的信任（Hassan & Soliman，2021；Liu et al.，2019）、信任对提升酒店形象和顾客忠诚度的作用（Palacios-Florencio et al.，2018）。

随着共享住宿的不断发展，共享住宿信任的研究成果也逐渐丰富。有学者研究了房客、房东和平台等多方面因素对共享住宿中信任机制的影响，以及信任对房客再次使用意愿的重要作用（Li & Tsai，2022）。此外，新型冠状病毒严重冲击了共享住宿市场，该行业需要与四个关键利益相关者重新建立信任：房客、房东、共享经济平台和政府（Hossain，2021；Meenakshi，2023）。

本研究认为共享住宿市场中信任机制建立的主要参与主体包括房客、房东、平台、居民和当地政府，并基于此详细阐释共享住宿中各参与主体信任机制的建立与重要作用。

五、制度理论

制度理论是政治学、社会学、经济学等多学科中的重要理论之一，制度理论包括规制性要素（Regulative）、规范性要素（Normative）和文化 – 认知性要素（Cultural-cognitive）三大要素，在维持社会稳定方面具有重要的保障作用（Scott，2013）。规制性要素强调，来源于法律、规定等具有权威和强制意义的细则具有合法性，通常由奖励或者惩罚来制约行为；规范性要素以社会共享规范为准则，与社会道德和责任更为相关；而文化 – 认知要素是个体或集体对外部世界的真实理解，表现为对某种概念、教义、符号的理解。不同的领域有不同的制度，如文化制度、伦理制度、法律制度等。在经济学领域，较先研究制度的是道格拉斯·诺斯，他发现了在长期经济增长中，制度可以创造秩序，制度的存在可以在变化的交易中减少不确定性，同时促成更多的收益。制度可以分为正式制度和非正式制度。其中，正式制度主要指一些偏官方机构的强制手段如政府法律等。非正式制度则不然，非正式制度是人们在日常社会交往中所形成的一些非强制性规范和约束，如价值观、文化习俗等（North，1991）。制度理论已被用于旅游酒店领域，研究技术采纳（Soares et al.，2020）、企业社会责任评估（De Grosbois，2016）和旅游政策制定（Estol et al.，2018）等问题。

制度理论也越来越多地被运用到共享经济领域的相关研究。有学者运用微观心理层面的制度理论，调查了平台供应商如何通过评估平台隐私管理制度决定他们对平台的承诺水平（Chen et al.，2022）。巴拉吉等人（Balaji et al.，2022）从伦理视角，基于道德认同理论、亨特 – 维特尔的营销道德理论模型理论（The Hunt-Vitell general theory of marketing ethics）和施瓦茨（Schwartz）的价值观体系理论，提出了一个伦理决策模型，以考察旅游者的个人价值和道德认同对他们对共享住宿的伦理判断和行为意向的影响机制。有学者基于制度理论，从基于平台的机制（地方层面）和一般制度机制（宏观层面）两个制度结构层面，研究了共享经济背景下的平台信任是如何形成以及如何生效的（Lu et al.，2021）。波波夫等人（Popov et al.，2018）从制度有效性的角度定义了共享经济的制度模型的原则。

本研究依据上述理论，对共享住宿平台治理、平台企业社会责任、房客文明行为等领域展开研究。

第三节　研究思路与方法

一、研究思路

本研究沿着"基本概念与产业演进 – 利益相关者 – 共享住宿平台运营管理 – 政府治理体系"的研究脉络，依托利益相关者理论、动机理论、服务科学理论、制度理论等理论基础，遵循"三维六性"（理论逻辑、实践真知和历史视野，科学性、严谨性、现实性、针对性、前瞻性和思想性）（Tian & Chen，2022），并以此对共享住宿中的房客、房东、平台内部管理、信任机制、在线评论管理、运营管理、营销管理、人力资源管理、企业社会责任策略和政府平台治理等10个具体领域的理论与实践进行系统研究。研究思路见技术路线图（图1–1）。

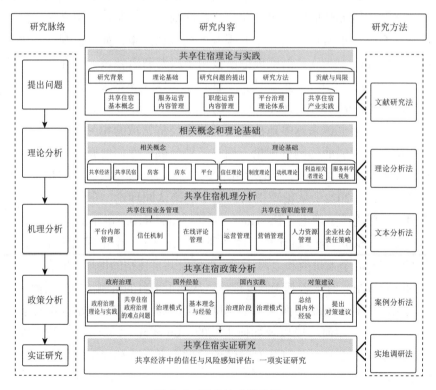

图1–1　研究技术路线图

二、研究内容概述

全书共十四章，旨在构建共享住宿的基础理论体系和实践范畴。第一部分为基本概念、理论框架和历史进展，包括第一章至第五章。具体涉及本研究的研究背景、研究目的、总体框架以及共享经济、共享住宿、房客、房东、平台等基本概念。第二部分为共享住宿平台的业务管理，包括第六章到第八章，介绍共享住宿平台的内部管理、信任机制和在线评论管理等管理机制和工具等核心内容。第三部分为共享住宿平台的职能管理，包括第九章至第十二章，介绍共享住宿平台的运营管理、营销管理、人力资源管理和企业社会责任策略等内容。第四部分为政府篇，即第十三章的共享住宿政府治理，介绍国内外政府对共享住宿的治理政策和规制。第五部分为专题研究篇，第十四章共享经济中的信任与风险感知评估，通过问卷调查法收集数据，对共享住宿的信任与风险感知进行了深入研究。

三、研究方法

（一）文献研究法

通过 Web of Science、EBSCOHost、ScienceDirect 和中国知网等中英文数据库，对从 2011 年到 2022 年的学术期刊文章进行搜集整理，总结研究动态、归纳和评判基本理论、方法和核心观点，构建理论框架。期刊主要来源于工商管理、服务管理、旅游与酒店管理等（见表 1-2）。

表 1-2　主要文献期刊来源

旅游与酒店管理中英文代表期刊	非旅游学科中英文代表期刊
Annals of Tourism Research（《旅游研究纪事》）	*Decision Support Systems*（《决策支持系统杂志》）
Current Issues in Tourism（《当前旅游问题》）	*Journal of Business Ethics*（《商业伦理学杂志》）
International Journal of Hospitality Management（《国际酒店管理杂志》）	*Journal of Consumer Research*（《消费者研究杂志》）
International Journal of Contemporary Hospitality Management（《国际当代酒店管理杂志》）	*Journal of Business Research*（《商业研究杂志》）
Journal of Hospitality Marketing and Management（《酒店营销与管理杂志》）	*Journal of International Business Studies*（《国际商业研究杂志》）
Journal of Hospitality and Tourism Management（《接待业与旅游管理杂志》）	*Journal of Management Studies*（《管理研究杂志》）

续表

旅游与酒店管理中英文代表期刊	非旅游学科中英文代表期刊
Journal of Sustainable Tourism（《可持续旅游杂志》）	*Journal of Marketing*（《市场营销杂志》）
Journal of Travel and Tourism Marketing（《旅行和旅游营销杂志》）	*Journal of Marketing Research*（《市场营销研究杂志》）
Journal of Travel Research（《旅游研究杂志》）	*Journal of Service Research*（《服务研究杂志》）
Tourism Economics（《旅游经济》）	*Strategic Management Journal*（《战略管理杂志》）
Tourism Geographies（《旅游地理》）	*Technological Forecasting and Social Change*（《技术预测与社会变化》）
Tourism Management（《旅游管理》）	《管理世界》
Tourism Management Perspectives（《旅游管理视角》）	《南开管理评论》
《旅游学刊》	《管理评论》
《旅游科学》	《心理科学进展》
《旅游论坛》	《外国经济与管理》
《旅游导刊》	《中国人力资源开发》

（二）案例研究法

本书主要通过文本分析法和实地调研对共享住宿企业进行研究。

1. 文本分析法。主要对典型共享住宿企业如 Airbnb、小猪民宿、途家和美团民宿等的网站资料、书籍和期刊资料，以及住宿业、饭店业等行业报告的数据等进行汇总、归类及总结提炼，发现共享住宿业不同模式、现存问题及发展趋势。

2. 实地调研。在案例研究过程中，本项目组成员通过对案例企业进行现场考察、与管理人员召开座谈会、参加案例企业的新闻发布会、企业推出的扶贫行动等获得一手资料。此外，课题组成员中也包括案例企业的高级管理人员和咨询顾问。重点分析国内外共享住宿典型企业如 Airbnb、小猪民宿、途家和美团民宿等的发展模式与管理经验，以寻求符合中国情景下的发展模式及方向。

第四节　研究贡献与局限性

本研究以管理理论分析与案例实证分析相结合的方式，从共享住宿作为新兴产业诞生以来的历史视野，平台管理运营治理的理论逻辑和实践真知，来回顾、理解和求解产业发展的模式、战略、标准、方式、政策等。

一、理论价值

本研究通过理论分析和实证分析，对共享住宿中的房客、房东、平台内部管理、信任机制、在线评论管理、运营管理、营销管理、人力资源管理、企业社会责任策略和政府平台治理等 10 个具体领域的理论与实践进行了系统研究，研究成果的理论价值主要包括以下 10 个方面。

1. 基于理论逻辑，对共享住宿中所涉及的基本概念进行了系统研究。本研究重点对共享住宿、房客、房东、平台等概念的现有研究进行了综述，并结合产业实践加以新的界定，为未来研究打下理论的基础。目前学术界对房客的分类主要基于旅游者的旅行动机（Guttentag et al.，2018；Lawson et al.，2016），本研究从对共享住宿行业的针对性出发，基于不同消费层级、市场黏性和忠诚度、房客的个人文明素质和不同地理位置偏好共四类划分标准，将其进一步划分为核心房客与普通房客、文明房客与不文明房客等不同类型；与此同时，现有研究对房东尚未有细化分类，本书在对国内外主要平台企业运营状况进行研究的基础上，总结归纳出职业属性、规模和专业化管理程度、房源所在位置、运营等级、房屋所有权、品牌和平台黏性等多元化分类方法；尤其是基于中国国情，对目前普遍存在的"二房东"的本质属性进行了提炼。这些观点弥补了现有研究的不足。

2. 基于利益相关者理论，构建了共享住宿行业"多元主体合作共赢"的运营管理体系和综合分析框架。现有研究强调了通过利益相关者视角揭示各主体的行为特征，从而了解共享行业的研究现状和动态演进的必要性（Baumber et al.，2021；La et al.，2021）。本研究从房客、房东、平台、员工、供应商、社区居民和政府七个不同的关键利益相关者视角展开论述，剖析不同利益相关者的行为特征和利益诉求，其中也包括对核心概念的科学界定、对平台商业模式、信任机制、运营管理和监管机制的探究等；同时，从内部互动机制、利益分配机制和协同管理机制等方面，巩固了理论基础，为共享住宿领域的深入研究提供基础。

3. 基于动机理论，对房客、房东参与共享住宿动机以及平台企业社会责任等进行了研究。本研究将房客参与共享住宿的动机划分为经济、享乐、社交互动、文化和道德动机，这有助于企业在实践中进行科学的市场定位。基于马斯洛需求层次理论，将房东动机分为经济、社交互动、享受、个人声誉、利他主义和可持续性动机六个维度，有助于平台建立和完善对房东的管理体系。同时提出，平台企业践行社会责任的动机包括声誉、经济、道德约束和社区支持动机。

4. 基于道德与合规的相关理论视角，对共享住宿平台参与者的行为合规性进行了阐述。第一，对共享住宿中房客的不文明行为的类型进行了归纳总结，并提出了具有针对性和可操作性的对策建议。第二，针对目前共享平台数据和信息安全研究零散化的状态，本研究对平台信息安全中涉及的数据收集、运用等重点理论问题，结合企业实际进行了详细阐述，为构建数据治理体系提供理论支撑。

5. 基于服务科学视角，重点利用服务质量模型构建了共享住宿平台的运营与管理体系。第一，现有研究重点关注房客和房东，从平台视角进行的研究相对不足。本研究基于共享住宿平台视角，对平台核心业务流程中涉及的内部管理、信任机制和在线评论管理等内部管理思想、内容、方法等进行了详尽讨论，并且根据商业模式、平台治理模式、社交属性和平台经营方式等不同的划分模式，提出了共享住宿平台企业的不同经营模式，阐释了平台内部管理的具体流程；重点阐释了信任机制和在线评论机制的重要作用，构建了涵盖房客、房东、平台、居民和政府多利益相关者的信任机制，提出了利用大数据思维和人工智能工具管理在线评论的有效措施。第二，现有研究大多基于个体层面如房客和房东参与动机、基于评论的满意度、消费行为等，从平台战略角度对职能管理的研究相对缺乏。本研究对共享住宿平台企业的商业模式、数字化营销、人力资源管理和企业社会责任等核心内容进行了阐释；尤其是结合中国平台企业的实践，提出了 C2C、B2C、（B+C）2C 和（B+C）2（B+C）多种商业模式，重点阐述了基于中国情景的（B+C）2C 混合模式，丰富了国际上关于共享经济中商业模式的研究。

6. 基于信任理论，对共享住宿平台的信任机制进行了综合分析。本研究基于房客、房东、平台、居民和政府等多利益相关者视角，从概念、类型、特征和前因后果等多方面，构建共享住宿中的信任机制，系统梳理和总结信任机制构建的关键因素，从理论层面为信任问题提供了系统和全面的见解。此外，本研究还提出了信任机制构建的充分必要条件由五要素构成，包括房客的感知和个体特征，与房东相关的声誉、情感、互动、视觉和产品因素，与平台相关的制度、技术、互动和经济因素，居民的感知和态度，以及新型冠状病毒等环境因素。同时，书中通过问卷调查法，对共享住宿的信任与风险进行了深入研究，创新性将融洽关系变量引入共享住宿消费者信任和风险感知领域，丰富了关于信任和社会互动的理论研究。

7. 基于数字化营销管理的相关理论和分析框架,对共享住宿平台的营销策略进行了阐述。其中包括运用 4R 营销理论模型(关联、反应、关系、报酬)、4D 营销理论模型(需求、数据、传递、动态)、5A 营销理论模型(认知、吸引、询问、行动、拥护),对数字化背景下共享住宿平台的营销策略进行详细阐释。现有研究对共享住宿行业的数字化营销研究尚未有深入探讨,本研究将数字化营销理论模型应用于该领域,并重点强调了关系营销、用户、内容和价值共创等核心理念,充分体现了本研究的前沿性、创新性,为共享住宿领域的营销研究提供了新见解。

8. 基于用工弹性化和平台化模式,对平台的人力资源管理,尤其是对平台共享员工的新型用工模式及管理进行了理论探索。本研究概述了共享经济背景下的人力资源概念,重点阐释了用工方式弹性化、平台化和用工边界模糊化的平台用工特征,甚至对隐私侵犯、算法控制、技术不确定性等风险问题进行了创新性研究,丰富了弹性用工的研究成果。此外,美团、饿了么等外卖商家均实行"共享用工"模式,本研究对弹性用工的阐释丰富了共享经济中弹性用工领域的研究,对企业数字化人力资源管理提供了理论借鉴。

9. 基于制度理论视角,全面阐述国内外政府共享住宿治理的政策及措施。本研究从主体资格、经营条件、责任义务、税收、数据共享等关键维度全面系统梳理了包括美国、西班牙、日本、澳大利亚等在内的发达国家在共享住宿方面的法律法规、治理体系与做法,弥补了现有研究中过于碎片化的不足。同时,本研究基于中国国情和行业发展特点,合理界定了政府在解决共享住宿行业治理问题上的边界,并强调了制度的关键作用,系统梳理和总结了中国共享住宿行业政府治理的发展历程和制度创新过程,提出多方协同参与的协同治理模式,为政府规制及管理平台型经济提供理论支撑。

10. 基于历史视野,对国内外共享住宿产业发展轨迹几个阶段特征进行理性客观分析,对未来发展趋势进行前瞻性推论。尤其是立足中国情境下共享住宿业的发展现状及相关问题进行深入阐述,为中国共享住宿科学发展奠定坚实的理论和实践基础。

二、实践价值

本研究基于个体、企业和政府等多层面和多利益相关者视角,深入剖析、总结了国内共享住宿行业的发展现状以及面临的发展困境,并提出了适合中国管理情境的指导对策,为共享住宿行业的产业实践提供了指南。

研究成果的实践价值主要包括以下四个方面。

第一，通过国内外比较，探讨不同文化及法律制度对共享住宿业态的影响，汲取国外共享住宿企业优秀的管理实践经验，探索适合中国情境的共享住宿的商业发展模式。通过对国内共享住宿发展的研究，理清共享经济下共享住宿业态的发展现状，剖析存在问题并提出解决对策，为行业发展指引方向。

第二，通过对房客和房东等微观个体行为特征进行分析，从企业、产业问题和实践视角，构建了全新视角的房客和房东分类体系，为共享住宿市场机制构建及平台服务运行管理提供指导。

第三，通过对共享住宿平台管理与经营体系和措施的介绍，为行业产品服务质量完善和创新、信任机制构建、信息安全、数字化营销创新、平台弹性用工和算法控制等关键运营管理问题提出了可以借鉴的管理方法，为平台型企业的商业模式创新和自治、管理体系建设提供指导。

第四，通过对国内外共享住宿业政府治理政策的研究，明确了行业发展面临的主要监管问题，为我国国家及地方层面相关部门对共享住宿业态的规制政策制定和行业监管提出相应的对策和建议。

三、研究的局限性

本研究系统回顾、梳理并讨论了共享住宿行业的理论与实践，但仍然存在以下不足和值得进一步探讨的方向。

第一，本研究重点在于依据文献推论和产业实践总结，构建共享住宿的理论框架，并进行全面和体系化的理论解释。对于一些新的理论概念、影响因素及机制等，还可以进一步开展实证研究。

第二，由于技术迭代迅速，产业发展日新月异，本研究中以及现有实践和预测进行的总结可能会迅速改变。未来需要与时俱进，不断创新理论和实践。

第二章　共享经济概述

第一节　共享经济概述

作为一种新型经济模式，共享经济在全球范围内得到了蓬勃发展。共享经济依托于互联网技术，近年来中国互联网技术飞速发展，为共享经济的健康发展提供了良好的技术基础。尽管在全球经济增速放缓和新型冠状病毒等外部因素的冲击下，共享经济增速有所放缓，但共享经济仍具有较强的发展韧性和潜在的发展潜力。

一、共享经济概念

共享经济（Sharing Economy）又称"分享经济"、"协同消费（Collaborative Consumption）"。牛津词典将共享经济定义为"依赖互联网，个人免费或付费分享资产和服务的经济体系"。菲尔森和施佩特（Felson & Spaeth，1978）将协同消费定义为"一人或者多人在与其他人进行联合活动的过程中，消费产品或服务的活动"。贝尔克（Belk，2014）认为协同消费是"人们为了获得酬金或其他形式的补偿而协调资源的获取和分配"。

波特曼和罗杰斯（Botsman & Rogers，2010）认为共享经济是"基于产品和服务的分享、交换、交易或租赁，以取得所有权使用的一种经济模式"。马克曼等人（Markman et al.，2021）将共享经济定义为"包含用户、资产提供者以及为临时获取（而非拥有）资产提供便利的多方平台，这些资产在使用过程中具有竞争性，且不属于上述平台所有。"我国首个国家标准《共享经济指导原则与基本框架》中将共享经济界定为"资源供给者通过平台与资源使用者进行资源共享的经济模式"。相关学者对共享经济的定义见表 2-1。

表 2-1　共享经济定义

作　者	年份	定　义
凯特·兰伯顿和兰德尔·罗斯（Cait Poynor Lamberton and Randall L. Rose）	2012	商业共享计划是营销人员管理的系统，它为客户提供享受产品利益的机会，而没有所有权。
拉塞尔·贝尔克（Russell Belk）	2014	人们为了获得酬金或其他形式的补偿而协调资源的获取和分配。
丽齐·理查森（Lizzie Richardson）	2015	通过网络平台促进的交换形式，包括各种各样的营利性和非营利性活动，这些活动的目标是通过所谓的"分享"，开放获取未被充分利用的资源。
尤霍·哈马尔（Juho Hamari）等人	2016	通过基于社区的在线服务协调，获得、给予或分享商品和服务的点对点（peer-to-peer，简称 P2P）活动。
萨拜恩·贝尼诺（Sabine Benoit）等人	2017	平台提供者将临时使用资产的消费者和提供资产使用权的服务者匹配起来，以此传递核心服务的活动。
郭柏（Guo Bai 音译）和方睿哲（S. Ramakrishna Velamuri）	2021	一种数字平台支持的治理结构，将经济行为体之间的大规模点对点交易与分散的私人资产的偶发使用权相匹配，既服务于私人消费，也服务于集体生产。
杨　帅	2016	通过新兴技术平台分享住房、汽车、技能、时间，以及生产装备、生产能力等闲置资源和能力（包含利用不充分的资源），在满足社会需求的同时提高社会资源利用效率的一种绿色发展模式。
张玉明	2017	在产能过剩和互联网技术飞速发展的背景下，利用互联网等现代信息技术平台整合、分享海量的闲置资源。
李立威、何　勤	2018	从狭义上看，共享经济是个人或企业通过互联网，将闲置资源提供或转让给需要的个人或企业使用的一种新型资源配置方式，其核心在于闲置资源的再利用。

（表格来源：笔者根据相关文献整理）

二、共享经济特征

共享经济具有闲置资源的高效利用、所有权与使用权分离、信息技术依赖性、大众参与、在线分享、依赖市场中介和边界模糊性七个特征。

（一）闲置资源的高效利用

共享经济通过对分散化的闲置资源与碎片化需求进行高效灵活的社会化匹配，实现社会资源有效配置与高效利用，满足人民对美好生活的需求。资源是有限的，但闲置与浪费也普遍存在，共享租车、民宿、远程医疗等都是通过互联网平台对闲置的汽车、民房、医生等资源进行整合，让其发挥最大效用，从而减少能源消耗、优化资源配置。

（二）所有权与使用权分离

共享经济提倡"租"而非"买"，具有所有权和使用权分离的特征（Puschmann & Alt，2016）。在传统经济模式下，私人物品的使用权和所有权通常是不可分离的，但在共享经济模式下，用户在没有所有权的情况下却可以使用产品（Lamberton & Rose，2012）。共享经济采用租赁方式，物品所有者让渡部分使用权给消费者，而所有权仍然归所有者拥有。例如，在共享租车领域中，需求方通过互联网平台获得汽车的暂时性使用权，以较低的成本完成使用后再移转给其所有者。

（三）信息技术依赖性

共享经济以互联网等现代信息技术为手段，消费者共享活动对移动互联网依赖性尤其强（Belk，2014）。移动互联网技术的成熟和智能终端的广泛普及实现了共享的便捷化，大大降低了共享的成本。尽管不直接提供产品或服务，但共享平台利用大数据、云计算、物联网、人工智能等新兴信息技术手段，解决了信息不对称，有效地将需求方和供给方进行最优匹配。

（四）大众参与

共享经济是人人参与的商业模式，需要大量供给方和需求方的参与，大众参与是共享经济的前提条件（Benoit et al.，2017）。共享经济以人群为基础，资本和劳动力的供应来自分散的个人（Sundararajan，2016）。随着信息技术的发展，个人可以通过共享平台，方便快捷地参与到共享经济中来。例如，在共享租车中，拥有闲置汽车资源的供给方（如租车公司和个人）与需求方（打车人）通过共享租车平台［如 Uber（优步）、滴滴等］，将汽车资源进行合理组织和有效分配。供给方通过将企业或个人拥有的过剩资源分享给其他人使用，从而获得收益；需求方通过获得更大规模的闲置资源使用权，降低了使用成本。而且，供需双方数量越多，网络规模经济效应越大，双方收益越大。

（五）在线分享

互联网促进了消费者之间知识和内容的在线分享（Belk & Llamas，2012），其开放性和参与性使得分享从熟人社会圈扩展到更大范围的陌生人社会。分享和连接构成了共享经济业务运营的两个核心支柱（Rojanakit et al.，2022）。例如在共享住宿领域，供给方（房东）通过 Airbnb、小猪民宿等平台将房源图片、文字、价格、网评分数等信息分享给需求方（订房人、浏览者和房客）；而需求方则通过共享平台将住宿体验中的图片、体验感受等在预订平台或其他渠道进行分享，二者之间通过分享进行价值共创，提升平台和消费者的价值，促进行业质量和效率的提高。

（六）依赖市场中介

市场中介是指协助供给方与需求方交易的共享平台，其性质对供需双方之间的关系产生影响。孙达拉贾（Sundararajan，2016）指出共享经济以市场为基础，促使交换商品和新服务的出现，形成了更高水平的经济活动。共享经济中参与者的动机主要是获取经济利益，因此需要通过市场中介的专业性和中立性来连接和调整相应的商业关系。例如，共享住宿平台就是房客和房东之间进行订房交易的中介。

（七）边界模糊性

边界模糊性是指不同的区域之间没有明确的界限。共享经济的边界模糊性主要体现在生产与消费的模糊性、工作与生活的模糊性、雇佣者与被雇佣者的模糊性三个方面。供需双方没有明显的界限，供给方和需求方可以为同一个人。

第一，生产与消费的模糊性。主要体现在以下两个方面。一是生产者与消费者的统一性。在共享经济中，个体既可以是消费者，也可以是生产者，即"生产消费者"（Hamari et al.，2016），也可称为"产消者"。如一个人在日常出行时会有打车的需求（即消费者），亦可以利用闲暇时间通过滴滴和 Uber 等平台载客出行（即生产者）。二是生产和消费过程的统一性。生产和消费过程相互依存、互不可缺，服务人员的生产过程和顾客的消费过程是同时进行的，如当打车的顾客到达目的地时，滴滴司机所提供的服务也随即结束。

第二，工作与生活的模糊性。这是指共享活动中，参与者的工作与生活没有固定的时间界限（Sundararajan，2016）。人们将生活与工作的多重任务叠加在一起进行处理，从而打破了每天固定工作的时间界限，工作变成弹性模式，人们可以在工作的时候处理家务，也可以在家中处理工作。

第三，雇佣者与被雇佣者关系的模糊性。传统经济的员工一般要集中在固定办公场所，而共享经济从业人员多是"自我雇佣"的自由职业者，工作时间、地点、方式具有较强的自控性和弹性，平台与"零工"之间没有传统的固定雇佣关系。例如，司机、家政服务人员、导游、厨师等利用闲暇时间为顾客提供服务，获取额外收入。而且，共享经济平台不能像对待传统员工那样强制他们提供任何劳动和服务，相应地，共享平台也不承担固定员工所享有的企业福利责任。

第二节　共享经济的类型

共享经济类型的划分依据一般包括市场结构、资源有效性和用户需求三个方面。

一、基于市场角度划分

共享经济属于协同消费（Botsman & Rogers，2010），涉及到消费的供给方、中介和消费方。从市场消费的角度可以将共享经济划分为产品服务系统、再分配市场和协同生活方式三种类型。

（一）产品服务系统（Product Service System）

在产品服务系统中，人们在所有权不转移的情况下，共享企业提供的物质产品（如共享单车）或个人物品租赁平台如自罗客（Zilok）、出租个人物品（Rentoid）。这与朔尔（Schor）（2014）划分的 B2P 和 P2P 两种类型是一致的。产品服务系统的核心是通过重复利用来延长产品的寿命，并维系与用户的长期关系。在这种系统中，消费者没有所有权，而是通过付费获得使用权。

（二）再分配市场（Redistribution Market）

在再分配市场，人们将闲置的物品重新分配给另一些需要的人，如通过 eBay（亿贝）、Craigslist（克雷格列表）网站交易，减少社会资源浪费，实现"你家的草是我家的宝"。国外的再分配市场主要包括免费交易市场［如免费回收（Freecycle）、卡勒斯（Kashless）等网站］、积分交易市场（如 UISwap 等网站）和现金交易市场（如 eBay 等网站）等。随着环保理念和理性消费的深入，这种可持续的商业模式得到越来越多人的认可。

（三）协同生活方式（Collaborative Lifestyles）

协同生活方式是指志趣相投的群体通过平台共享时间、空间、技能或资金等虚拟资产，共享的内容包括工作室、花园、停车位、食品、任务、技能和 P2P 金融等。协同生活方式的本质是基于陌生人的信任来实现分享，拓展个体的人际关系，重构社会生活网络联系。

二、基于资源有效性划分

张玉明（2017）从资源的有效性出发，将共享经济划分为闲置资源共享、低效资源共享、优质资源共享三大类。

（一）闲置资源共享

闲置资源是指出于某些原因而不能被利用的东西，包括有形资源和无形资源。从共享的对象划分，闲置资源共享主要包括空间共享、闲置产品共享和资金共享三个方面。

1. 空间共享

空间共享主要是对房屋的共享，通常是指通过互联网平台将市场上分散的闲置房屋资源集中在平台上，方便信息的共享与传递。代表性平台企业有 Airbnb、小猪民宿、众创办公空间（Wework）、土地股份（Landshare）等。房屋共享，共享的是闲置的房屋资源，拥有闲置房屋资源的所有者将资源提供给需要空间的人，从而实现闲置资源的再利用。

2. 闲置产品共享

闲置产品共享是对闲置实体的资源进行共享，实现闲置产品的合理分配。该类共享主要通过闲置产品的所有者在共享平台上发布闲置信息，需求者搜集闲置信息来实现。该类共享主要涉及交通业［如压缩文件（Zipar）和优步（Uber）等共享平台］、零售业［如伸展台租衣网（Rent the Runway）］等多个行业。

3. 资金共享

资金共享是指拥有闲置资金的投资者通过共享平台，将资金资源投向发展前景较好的项目。通过资金共享平台，资金拥有者一方面可以获得比普通存储更高的收益，另一方面也可以为资金需求者提供发展的资源，常见的资金共享方式有 P2P 网贷和网络众筹等。

（二）低效资源共享

低效资源（除闲置资源以外）共享是指将企业拥有的那些变现难、盈利能力差、无法带来短期价值的资产通过平台进行共享，以提升其效用。与闲置资源不同，低效资源并非完全的无用资源，而往往是暂时处于低效状态的资源，如富余的知识型或技能型员工。低效资源共享包括服务共享和知识技能共享。

1. 服务共享

服务共享是指拥有特殊服务技能的个人或企业通过互联网平台将自己所拥有的这部分技能传递给更多的需求者。如，平安健康、京东健康、微医（Wedoctor）、春雨医生等平台的搭建使医生可以在空闲时间通过互联网平台为需要的患者提供医疗救治方案，为广大农村和边远地区患者提供高质量的医疗服务。

2.知识技能共享

知识共享是指拥有知识技能的个人或企业通过互联网平台将知识技能分享给其他需求者，代表性平台企业有猪八戒网、知乎网、Coursera（免费公开课）、名医主刀等。人们通过对知识的共享，一方面可以将自己所拥有的专业知识提供给需求者；另一方面可以通过共享平台实现知识的碰撞，从而激发出更新的新意，进而发展更多的创业团队和项目。

（三）优质资源共享

优质资源是在企业运营中盈利能力好，能为企业创造价值的资产。目前，优质资源共享主要集中在制造行业。制造行业通过共享平台实现的业务协作、众包生产都可以被视为优质资源的共享。阿里巴巴淘工厂是典型的优质资源共享的案例。淘工厂为淘宝上的卖家提供生产服务，卖家所拥有的优质资源通过产业链中的生产整合发挥出更大的价值，实现"1+1＞2"的协同效应。

三、基于用户需求划分

从满足用户需求的角度，共享经济可以涵盖衣、食、住、行、用、娱、文、体、医等多种生活场景。我国目前的消费需求端平台主要包括以下几个方面。

（一）共享衣橱

共享衣橱又被称为时尚租赁，专门为对自己的生活有高品质要求、又精打细算、知道如何把钱花在刀刃上的人士，提供相关服务的时尚平台。在欧美，"共享衣橱"已成为都市时尚生活方式。例如，创建于2009年的服装租赁平台Rent the Runway是礼服共享模式的代表，通过维护被其用户体验所吸引的时尚人群的客户忠诚度，Rent the Runway还跻身电子商务领域。2020年4月，Rent the Runway获得G轮投资，成功渡过新冠疫情带来的经营危机，2021年，Rent the Runway在纳斯达克挂牌上市（Forbes China，2021）。然而，共享衣橱在中国发展遇到水土不服现象，一些独角兽企业纷纷关停。

（二）共享餐饮

共享餐饮是在解决饮食需求与富余生产力的对接问题过程中，创造出的一种新的生活方式。由于生活节奏的加快，越来越多的城市职场人的饮食主要依赖外卖方式，由此美团、饿了么等生活服务平台应运而生。尤其受到新冠疫情的影响，人们对无接触服务的需求进一步提升，线上餐饮更是显现出强劲的恢复速度，2020年中国外卖餐饮市场规模达到6646亿元，同比增长 15.0%（2021 年中国连锁餐饮行业报告），2021 年继续保持稳定的恢复性增长（2022 年中国连锁餐饮行业报告）。目前住酒店、点外卖已经成为一种普遍现象。

（三）共享住宿

共享住宿主要满足消费者对新型生活方式和个性化住宿的需求，代表企业有爱彼迎、小猪民宿、途家民宿和榛果民宿（后更名为美团民宿）等。爱彼迎成立于 2008 年，是全球首家共享住宿企业，截至 2021 年底，共有 600 多万个活跃的房源。受新冠疫情持续影响，2022 年 7 月，爱彼迎暂不经营中国大陆市场民宿业务，专注于中国公民出境游业务。

（四）共享出行

共享出行主要满足消费者对交通的需求，包括网约车、共享单车、共享汽车等细分业态，代表企业有优步和滴滴出行。2021 年中国共享出行市场交易额达到 2344 亿元，同比增长 3.0%（中国共享经济发展报告，2022）。

（五）共享办公

共享办公，又称短租办公、联合办公空间，也被称为创客空间或众创空间。其代表性企业包括优客工场和众创办公空间。优客工场成立于 2015 年，是中国最早的联合办公空间运营商。众创办公空间最早于 2011 年向纽约市的创业人士提供服务。根据《中国共享经济发展报告（2021）》，2020 年 9 月，众创办公空间中国获挚信资本 2 亿美元追加投资，致力于全面实现决策和管理、产品和服务的本土化。同年 11 月，优客工场成功登陆纳斯达克，成为"联合办公第一股"。《中国共享经济发展年度报告（2019）》显示，中国共享办公领域增长飞速，较去年增长 87.3%。受新冠疫情影响，2020 年共享办公领域交易规模有所下降。

第三节　共享经济的影响因素

影响共享经济的因素多种多样，其中，外部因素包括信息技术、社会文化、法律与政治条件和经济发展环境，内部因素包括信任机制管理、利益相关者管理和基于动态定价的收益管理。

一、外部因素

（一）信息技术因素

共享经济的产生和发展是移动互联网技术和信息经济共同作用的产

物。具体而言，信息技术从以下三个方面促进了共享经济的发展。

1. 促进消费者在线分享

在互联网出现以前，人类生产生活受限于空间和流动性，同一地理区域的人群在经济和文化等方面较为相近，相互分享变得不太可能（Botsman & Rogers，2010）；而在互联网出现以后，消费者突破时空与社会阶层界限，形成各式各样的虚拟社区与群落，并相互分享信息产品和服务。

2. 降低社会生产成本

人工智能、物联网、大数据、云计算等信息技术的发展，使得生产者的技术成本和产品成本都在下降。智能终端的兴起为共享经济提供了硬件上的支持，生产者使用位置定位服务技术（LBS）等技术成本也在降低（Böckmann，2013）。生产者通过网络实现连接分散在社会的有形资源和虚拟资源，采用大数据进行海量信息挖掘与分析，帮助企业进行精准营销，降低产品生产成本。

3. 促进供需双方高效交易

网络平台帮助供需双方实现精准高效匹配，极大地降低了个体之间碎片化交易的成本。第一，信息技术催生了共享经济平台的建立，共享平台将参与者连接起来，降低了交易成本，从而使共享平台上的服务提供者和使用者能够进行大规模、透明化和高效交易（Acquier et al.，2017）。第二，移动智能终端普及为共享经济供需双方提供了硬件基础，促进了消费者与生产者的泛在互联。第三，信息技术基础设施（如，电子支付系统）为供需双方的高效交易提供了软件基础（Rojanakit et al.，2022）。移动支付和基于位置的服务让分享变得简单快捷，增加了双方的信任，降低了交易成本。

（二）社会文化因素

消费理念是社会文化因素的重要体现，公众价值观和消费理念的改变促进了共享经济的产生（Cheng & Edwards，2019）。此外，新冠疫情也对消费习惯产生了重要影响。

1. 可持续消费理念

可持续消费是指"提供服务以及相关的产品以满足人类的基本需求，提高生活质量，同时使自然资源和有毒材料的使用量最少，使服务或产品的生命周期中所产生的废物和污染物最少，从而不危及后代的需求"（联合国环境规划署 UNEP，1994）。可持续消费的本质内涵是实现消费"发展性"与"可持续性"的双赢。

通常人们认为可持续消费是利他行为，但是利己行为也可以起到相同作用。马茨勒等人（Matzler et al.，2015）指出大多数人参与共享经济，主观上仅仅是出于利己动机，但客观上却促进了整个经济社会的绿色发展。供给方通过分享闲置资源从中获得额外收益，需求方用更低的成本来满足自己的消费需求；而当共享经济的参与者发现这些"利己"消费行为与可持续消费理念不谋而合时，他们参与共享消费的积极性也得到了强化（卢东等，2018）。

2. 理性消费理念

理性消费是指在消费者依据自身能力，追求效用最大化原则进行的消费。理性消费、极简生活方式最早由日本倡导，在此理念下，人们的消费观念从私有主义"占有式生存"向分享意识转变（三浦展，2014）。"共享"是对过去生活方式和消费理念的进化，人们逐步放弃对过度消费的追求，从自身的"需要"而不是"想要"出发进行消费。而共享经济是将闲置资源利用最大化，延长闲置资源寿命，正好符合理性消费和简约消费的观念。

3. 体验消费理念

体验消费这一概念由体验经济的思想衍生而来。体验经济是指企业以服务为舞台、以商品为道具、以消费者为中心，创造能够使消费者参与、值得消费者回忆的活动。体验消费既可以是极端奢华消费，也可以是理性消费（约瑟夫·派恩，詹姆斯·吉尔摩，2002）。体验消费的主要特征是社交化和体验化，共享住宿业帮助旅游者体验当地文化，满足了旅游者的深度体验需求和社交需求。

4. 安全消费理念

新冠疫情对人与人的沟通和交往模式带来重要变化，对消费场景的安全提出更高要求。如侯赛因（Hossain，2021）从社交距离、收入变化、工作情况、心理担忧等方面，分析了新冠疫情对于共享经济行业中消费者、服务提供者、企业平台、监管机构四个利益相关者的不同影响。基于共享平台的无接触服务满足了人们对安全消费的心理需求。如感染新型冠状病毒期间，众多居家或集中隔离的消费者往往采用外卖点单。随着平台监管愈加严格，共享服务日益精细化，服务质量得到保障，越来越多的消费者倾向于参与到共享经济当中，享受其带给我们的便利。

（三）法律与政治因素

法律和政治环境是影响共享经济发展的重要外部因素。共享经济运营与政府政策的一致性对共享经济的生存至关重要，缺乏政府支持会在很大程度上阻碍共享经济行业的运营和发展（Rojanakit et al.，2022）。由于政治法律体制不同，各国针对不同的平台在税收、信息安全、质量保证等方面采用不同治理模式和要求。例如，北美的大型城市如纽约、洛杉矶和多伦多，对在大都市地区行驶的车辆征收拥堵税，以应对 Uber 和其他共享汽车的增长（Fleming et al.，2019）。在信息安全方面，《欧盟一般数据保护法案》为个人数据的处理和保护提供了指南。近年我国也专门出台了促进共享经济发展的政策，例如，《共享经济指导原则与基本框架》中指出，在共享经济中，需要确保信息和数据的公开透明，公开的相关数据、信息、决策和活动宜完整清晰、及时准确并具有可追溯性；共享经济中的决策和活动如涉及个人信息收集和使用，要遵守保密性、隐私性和安全性的原则，避免出现未经个人同意向他方披露其个人信息、在授权约定的范围之外使用个人信息等情况。

（四）经济因素

影响共享经济的主要经济因素包括所在地区的经济基础、市场需求规模和供给匹配能力，以及当地商业竞争强度等因素。首先，经济发展实力能够为共享经济提供资金和基础设施的保障，支持共享经济的长远发展。其次，资源的利用和优化是促进共享经济发展的主要经济刺激因素（Rojanakit et al.，2022），共享经济通过架构技术平台有效地匹配了需求和供应，并以此实现交易成本最小化。由于共享经济平台高度依赖规模经济，需要大量供给方和需求方的参与，因此供给方和需求方参与分享的意愿和程度便成为共享经济发展的重要条件。第三，市场竞争环境和强度决定了共享经济发展质量，当地共享企业的数量越多，竞争越激烈，参与者选择越多，对平台运营及管理要求越高，产业集群效应越强，而竞争结果也会促使产业集中度的进一步提升，形成具有一定垄断地位的超级平台。

二、内部因素

共享经济通过技术连接多方利益相关者，因此，相应的信任机制、利益相关者管理和基于动态定价的收益管理便成为其赖以生存的基础。

（一）信任机制管理

共享经济是互联网条件下陌生社会成员之间基于信任而形成的商业模式，其运行的前提依赖于信任机制的建立（Lamberton & Rose，2012）。这主要依赖于信息披露机制、在线评论机制和失信防范与惩罚机制三个方面。

1. 信息披露机制

信息披露机制是指共享经济平台通过文字、图片、视频等形式披露产品服务供应者和消费者相关信息以建立信任的管理机制。受地理交通各方面的影响制约，传统社会是熟人社会，人们很容易建立信任。在共享经济时代，社会成为一个陌生人社会，人们很难与他人建立信任机制。但是，共享平台的信息收集、审核及公开的有效性，消除了陌生人共享的信任障碍，成为陌生人信任的保障。当双方之间存在信任时，他们更愿意进行分享（Nahapiet & Ghoshal，1998）。照片等视觉信息是影响网络人际信任的因素之一。为了减少用户参与的安全顾虑，平台会提供供需双方信息的认证和审核，包括图像认证、身份认证等。例如，Airbnb 和小猪等共享住宿平台上的房东会提供个人和产品照片，以此获得房客的信任。

2. 在线评论机制

在线评论机制是指共享经济平台通过消费者发布消费体验反馈的机制，旨在增强信息的即时性和透明度，帮助消费者决策。供需双方可以通过评级系统创建信任，众多用户评价和共享平台设计的信誉信息功能已经成为共享模式不可或缺的基本保障机制。共享平台通过基于评论的在线声誉机制，帮助需求方选择风险较小、信用较高的供求方，可以降低交易双方的信息不对称和潜在的交易风险（Benoit，2017；Cheng et al.，2020）。

3. 失信防范与惩罚机制

失信防范与惩罚机制是指共享经济平台为降低交易风险而设立的安全支付方法和违约管理机制，平台通过建立在线支付押金、第三方支付和违约赔付等方式，降低用户的感知风险以增强用户参与分享服务的意愿（Benoit，2017）。在线支付押金是指用户须支付一定额度的押金，如在使用产品或服务过程中没有出现不合规定的行为，使用结束后押金将全额退还。例如，共享单车在使用前期必须要支付一定数额的押金。第三方支付指通过第三方支付平台（如支付宝、微信）提供支付担保，确保在线支付安全可靠。例如，消费者在淘宝上购买物品支付时，费用由平台代管，确保收货无误时再给卖家。违约赔付是指用户在出现任何不符合协议规定的行为时，需要赔付相应额度的资金。例如，滴滴出行通过建立信用评级系统，全面评估平台司机的服务质量，给予司机相应的权益或处罚，从而保障为消费者服务的质量。

（二）利益相关者管理

共享经济是一个正在发展并面临诸多挑战的新型经济市场，共享经济的成功取决于多方利益相关者的合作和支持（Hati et al.，2021；Zhang H et al., 2022）。各方利益相关者的价值实现对推进行业的合作实践十分关键。拉奇科等人（Laczko et al., 2019）提出了形成并直接影响共享经济平台黏性和利益相关者盈利能力的不同价值驱动机制，并认为共享经济企业的发展主要取决于与平台利益相关者的价值提升和相互之间协同作用的升值。

（三）基于动态定价的收益管理

定价策略是市场营销组合决策的重要组成部分，在共享经济中，由于信息的及时性和透明性，共享平台企业可以通过动态定价来吸引和保留顾客，同时通过及时调整价格策略，促进销售额和利润的优化，进而实现最大收益。比如，作为典型的双边市场，网约车等出行平台的定价策略和收益管理会影响其市场竞争力，平台企业通常会依据消费者风险态度感知和风险厌恶程度来提出最佳定价策略（Choi et al., 2020；Wen & Siqin, 2020）。

第四节　共享经济发展进程

共享经济最早萌芽于欧美等西方国家，在经过高速演进后，已经进入了成熟期，并成为众多发达国家的重要经济引擎。中国共享经济虽然起步较晚，但通过快速引进并迭代，依赖庞大的人口规模、网络基础设施建设的后发优势，加上集体主义的文化特征，在产业规模、业态和商业模式丰富度、发展速度等多方面位于世界前列。

一、国外共享经济发展历程

（一）起步和探索阶段（2008 年之前）

20 世纪 70 年代，共享经济最早萌芽于欧美等西方国家。受石油危机影响，社区范围内以对汽车使用、维护成本的分摊为主要模式的共享经济逐渐兴起。在经济不景气的大环境下，共享经济的先行者为低收入的消费者提供了一种更加优惠的消费方案，同时也开创了一种赚钱渠道和方式，让握有资产的人成为商品或服务的提供者，满足了消费者的需求。在此阶段，分享经济原型企业不断涌现，如 eBay（1995 年）、Netflix（奈飞）（1997 年）、Elance（亿览招聘）（1999 年）、Zipcar（汽车共享）（2000 年）、Zopa（佐帕投资）（2004 年）和 Etsy（易集手工艺品交易网）（2005 年）等。

（二）发展阶段（2008—2014年）

2008年金融危机之后，创业企业大量出现，带动共享经济的快速发展，覆盖到图书、DVD、停车、WiFi网络接入、汽车、自行车、邻里帮助、创意项目、商业创意、贷款、儿童产品、私人课程、杂货、自由时间或技能等领域（Teubner et al.，2014）。根据腾讯研究院2016年的《中国分享经济风潮全景解读报告》，在此阶段，Uber（2009年）、Airbnb（2008年）、TaskRabbit（跑腿网站）（2008年）、Postmates（同城快递）（2011年）、GrubWithUs（食品共享网站）（2010年）等各平台企业快速发展，保持着每年同比50%左右的增速发展。

（三）成熟阶段（2015年至今）

经过爆发式发展，共享经济于2015年进入成熟期。共享企业开始并购整合，新增企业数量稍有回落，增速放缓。

随着市场竞争加剧，共享经济也从汽车、房屋等高价值领域向衣服、床位、工具等低价值产品领域延伸。同时，非实物形态的无形资源，如经验、技能、数据、时间等也成为共享经济的新引擎，如在行网就是典型的知识技能共享平台。

这一时期共享经济发展的特点是国际化：一方面欧美共享企业在本国快速发展的同时，开始向国外扩张；另一方面，其他地区的本土共享企业也纷纷创立。如印度共享出行服务巨头Ola（欧拉）等。

二、国内共享经济发展历程

中国共享经济的发展历程大致经历了萌芽、起步和快速成长三个阶段。

（一）萌芽阶段（2008年以前）

国内共享经济萌芽于20世纪90年代。在该阶段，在互联网的影响下，中国开始出现了一些共享经济平台。共享出行是进入中国市场最早的领域，随后共享住宿资本也开始进入中国市场。这一时期，国内资本模仿国外运营模式，创立了早期的基于互动式问答的知识分享网站和众包平台如K68（2003年）、威客中国（2006年）、猪八戒网（2006年）和饿了么（2008年）等。

（二）起步阶段（2009—2012年）

随着中国智能手机和O2O商业模式普及，共享经济领域进一步扩大，2011年前后形成共享经济企业创建高潮，如红岭创投（2009年）、人人贷（2010年）、天使汇（2011年）、蚂蚁短租（2011年）、途家网（2011

年）、滴滴出行（2012年）和小猪民宿（2012年）等。

（三）快速成长阶段（2013年至今）

随着技术和商业模式的不断成熟、大量资金的进入以及政策的支持，中国共享经济进入发展快车道。2015年，"分享经济"出现在中国共产党第十八届中央委员会第五次全体会议公报中，标志着分享经济已成为国家战略。在2015年世界互联网大会上，习近平总书记更明确指出"共享经济"将作为国家经济战略加以推动。2016年，交通出行、网络直播、互联网金融等分享经济领域相继出台了监管新政，如《网络预约出租汽车经营服务管理暂行办法》。2017年，国家明确了以"鼓励创新、包容审慎"为核心的共享经济发展原则和政策导向。国家"十四五"规划中指出，加快推动数字产业化，促进共享经济、平台经济健康发展。

总体上看，这一时期分享经济领域的企业数量和市场规模都呈加速成长态势。许多领域出现了本土化创新企业，已经有企业开始了全球化进程；部分领域的代表性企业体量和影响力迅速扩大。2016年中国共享经济市场交易额约为34520亿元，增长103%（中国分享经济发展报告，2017）。2017年约为49205亿元，增长47.2%（中国共享经济发展报告，2018）。共享经济在多个领域全面铺开：以滴滴专车（2014年）为代表的拼车、租车等多家企业创建，以回家吃饭（2014年）、觅食（2014年）为代表的私厨起步，以您说我办（2014年）、河狸家（2014年）等为代表的个人服务共享平台成立。

尽管新冠疫情冲击了行业发展，但行业恢复发展的势头明显。根据《中国共享经济发展报告（2022）》，2021年中国共享经济市场交易规模达到36881亿元，同比增长9.2%。其中，生活服务、生产能力、知识技能、交通出行位居共享经济市场规模前四，2021年市场交易额分别为17118亿元、12368亿元、4540亿元和2344亿元。

（四）发展展望

共享经济作为新兴经济业态，未来发展将呈现出以下趋势。第一，共享内容不断丰富。传统经济多是在有限资源存量下"你死我活"的零和博弈模式。随着互联网技术迭代加快，以及共享消费理念的进一步深入人心，除了生活服务型共享和知识共享之外，其他社会资源的共享将进一步扩展。例如，企业内部人力资源的社会化共享。例如新冠疫情下催生的零售业、服务业等员工共享将推动整个社会弹性用工体系的建立。此外，伴随物联网和元宇宙等技术的发展，组织内部的闲置设施设备、管理资源、创意资源等也会加入共享行列，使得共享经济的规模进一步扩大，从而大大提升整个社会资源的利用效率，真正实现绿色可持续发展。

第二，共享价值不断提升。传统工业社会中组织结构呈现金字塔式科层制特征，基于总部型的传统组织模式已经无法满足市场个性化、碎片化和分散化的消费需求；而共享经济模式可以依托于人工智能、云计算、大数据以及 ChatGPT 等新一代技术，实现超越时间和空间限制的资源信息分享，实现细颗粒度的分散闲置资源的利用效率最大化。

第三，共享社交国际本地化。一方面，互联网作为全球化的沟通方式，使得共享参与市场呈现出高度的全球化特征。随着产业集中度越来越高，一些基于本土发展起来的共享平台将进一步加强国际化战略。另一方面，受社会、文化、政府监管等因素影响，市场对共享经济的本地化提出更多要求，如由互联网所带来的各种虚拟 P2P 活动促使共享社交和运营不断本地化。

第五节　共享经济的发展困境与挑战

共享经济的发展对经济社会文化等各个方面带来巨大影响，同时也出现一些新的问题。这些问题主要体现在法律法规体系有待加强、监督管理体系有待完善和信息治理与信用体系有待健全三个方面。在新冠疫情等外部因素冲击下，共享经济企业经营也遇到了一定挑战。

一、法律法规体系有待加强

共享经济的快速发展，对法律法规提出了新的要求（Albinsson & Yasanthi Perera，2012）。由于共享经济的颠覆性创新发展，既有的法律法规不能适应不断出现的新业态。新的法律法规需要更多强调规范有序发展共享经济业态。

共享经济具有典型的跨区域、跨行业特征，现有的法律法规往往基于单一行业或地方性的监管，无法适应共享经济新业态的发展需要（Heo，2016）。现有的法律法规没有明确界定共享经济的相关概念和规则，如平台的性质认定、行业归类、零工经济劳动关系、从业者和平台的税收征缴等尚无明确规定。如果不能及时修订现有的法律法规中不能反映新发展的内容，则无法解决众多共享经济的合法性问题，大量的分享经济或将面临随时可能被叫停的风险。

二、监督管理体系有待完善

近年来共享经济快速发展，然而许多管理制度并不完善，尤其是监督管理体系。共享经济的监督管理不健全体现在共享企业监督管理体系不够健全、共享用户监督管理体系不健全、税收监督管理体系不够健全和平台灵活用工管理不够健全四个方面。

（一）共享企业监管体系不健全

在许多国家（如美国和英国），共享企业的监管体系正在不断完善（Benoit，2017）。但是与传统企业对比，共享经济企业监管的公平性受到了质疑。第一，共享经济企业准入机制远低于传统行业。如专车司机、个体房东等无需获取传统公共交通、酒店等领域政府或法案规定的许可证，更多是通过在线注册的方式，由平台进行审核。政府在允许共享经济企业准入的同时应制定相关政策进行监管，以确保社会受益（Fang B et al.，2016）。第二，共享企业可以共享任何内容，有些共享企业的发展扰乱了共享经济的市场秩序。《中国共享经济发展报告（2022）》中指出，许多互联网平台企业在开发使用平台数据方面缺少规范化管理，2020年以来，随着一系列平台经济监管制度相继出台，相关行业规则和基础制度持续完善，未来平台企业会面临更多安全审查。第三，共享经济企业的监管具有明显的属地化特征。这种属地化特征与共享经济"一点经营，服务全球"的全时空特征相矛盾，多层级的监管制度阻碍了共享经济企业的全球化发展。

（二）共享用户监管体系不健全

一方面，国家尚未建立专门的监督管理机构，相关的惩罚制度也不完善，导致共享经济行业领域违规现象时有发生，平台流量造假、流量劫持等恶意竞争问题凸显；另一方面，传统企业也组织起来抗议共享平台的不公平竞争。此外，由于竞争加剧，平台员工工作条件和保障正在受到侵蚀，实际薪酬水平也在下降（Schor，2014）。政府相关监管部门应该强化数字经济治理，加快推进和完善有关数字劳工的用工身份认定和劳动保障的法律条例和监管体系，保障数字劳工的合法权益。（朱国玮等，2023）

（三）税收监管体系不够健全

由于共享经济正处于发展阶段，各国对共享经济平台及用户的税收监管也处于探索阶段，税收监管尚未建立体系。一方面，对于共享经济平台按何种税率纳税尚没有明确的规定。另一方面，共享用户参与共享经济除了平台抽成外，其所得收入又是否需要纳税，目前政府对此尚没有明确的规定。总而言之，税收监管体系没有将共享经济纳入其中。在中国，2019年1月正式实施《电子商务法》，虽然它是共享经济平台必须遵守的基本法律，但是在落地实施中也面临着亟待解决的问题。比如，在经营者商事主体登记方面，由于"零星小额交易活动免除商事主体登记"认定尚缺乏实施细则，关于共享经济主体中大量个人参与、交易频度低、规模小的服务提供者，是否适用该条款仍难以认定。此外，对于共享平台上提供服务的自然人而言，进行主体登记的流程和内容要求也缺乏明确规定，这也导致对在这类服务提供者的纳税要求尚不明晰。

（四）平台灵活用工管理不够健全

共享平台上的灵活用工对传统的劳动法制度提出了新的挑战，出现了一些游走在"灰色地带"的用工行为。一方面，劳动者权益保障缺位。当前关于劳动者权益保护的有关制度规定都建立在明确的劳动关系基础之上，这让劳动关系不明确的新就业形态劳动者被排除在法定保护之外，平台企业缺乏充分保障劳动者权益的意识和动力。另一方面，存在新技术手段支撑下的过度劳动控制问题。在算法技术寻求"最优解"的属性之下，平台存在对劳动者效率过度控制的问题，这对劳动者的健康安全带来风险，不利于劳动力的可持续发展。

三、信息治理与信任体系有待健全

信任的缺失是共享经济最显著的挑战。波特曼和罗杰斯（Botsman & Rogers，2010）认为，共享经济面临的信任问题主要体现在信息安全面临挑战、信息共享水平有待提高和社会信任有待加强三个方面。

（一）信息安全面临挑战

随着共享经济的发展，越来越多的用户参与到共享经济中来，平台企业发展过程中会收集到越来越多的用户个人信息，其中包含用户的个人隐私和动态交易数据。如何对平台上的个人信息进行有效保护已经成为各界高度关注的问题。例如，2016年共享出行鼻祖企业 Uber 遭遇黑客攻击事件，导致60.7万名美国司机的车牌号码以及数千万用户的邮件地址和手机号码遭到泄露，但在泄露发生后一年多的时间里，Uber 却没有对外披露此事，为了了结这桩数据泄露案，Uber 将支付1.48亿美元（腾讯科技，2018）。

与此同时，如何规范平台企业数据收集和利用，完善数据治理体系，也是需要高度重视的问题。随着共享经济平台企业的快速发展，巨量数据在平台上生成、汇聚、融合，数据成为平台企业核心竞争力的重要来源。

因此需要完善对平台企业的数据治理，防止平台企业滥用市场地位、数据过度收集甚至是非法收集、数据滥用、价格歧视等（中国共享经济发展报告，2022）。

（二）信息共享水平有待提高

在大数据时代，信息是共享经济快速发展的保障和支撑。但是，目前信息的开放程度还不高，信息孤岛尚未打开，政府部门采集和储存的不涉及个人与国家安全的公共数据难以获取。同时，共享企业拥有的大量非商业性用户数据也未能充分利用，因此亟需在政府部门、平台企业和社会之间建立起有效的数据共享机制，提升数据的社会价值。

四、新冠疫情影响共享经济企业经营预期

新型冠状病毒全球流行，对于共享经济平台企业的经营造成较为明显的影响，对于共享出行、家政服务、物流、住宿等领域的平台企业冲击尤为明显。如 Uber 在 2020 年第二季度财报中披露，该季度营收与去年同期营收相比下降 29%（澎湃新闻，2020）。根据东南亚共享出行和快递服务企业 Grab（抓斗）2021 年数据，Grab 所在的 6 个核心市场都处于不同程度的封锁或实施了出行限制，与 2020 年同期相比，月交易用户数量下降了 20%（新浪科技，2021）。

在国内，由于外部环境更趋复杂严峻和不确定，国内经济面临需求收缩、供给冲击、预期转弱三重压力，也在一定程度影响了部分共享经济企业经营增长。根据交通运输部发布的 2022 年 4 月网约车运营数据，受新冠疫情影响，网约车行业订单持续下滑，全国网约车监管信息交互平台 4 月份共收到订单信息 4.76 亿单，环比下降 11.6%（第一财经，2022）。

综上所述，共享经济是基于互联网技术发展而兴起的新兴经济形态，它以平台为基础，连接服务供应方和消费方，通过多方利益相关的参与来实现其目标。共享经济种类很多，涉及出行、住宿、医疗等各个领域。共享经济发展受到信息技术、社会文化、法律与政治和经济发展环境等外部因素和信任机制管理、利益相关者管理和基于动态定价的收益管理等内部因素的影响。共享经济自诞生起，经历了萌芽、起步、发展和成熟等发展阶段，成为新经济的重要引擎。与此同时，共享经济也面临着法律法规体系有待加强、监督管理体系有待完善、信息治理与信用体系有待健全和疫情冲击等挑战，需要在发展中逐步规范和提升。

第三章 共享住宿概述

第一节 共享住宿概述

共享住宿作为共享经济的重要领域之一在全球范围内蓬勃发展，在改变整个住宿业的行业结构和人们的住宿消费习惯的同时，成为国家经济发展新常态下新的经济增长势能。我国《关于推动平台经济规范健康持续发展的若干意见》，明确从规则制度、监管能力与水平、发展环境等方面规范平台经济新业态健康发展，不断增强经济创新力和竞争力。

一、共享住宿概念

（一）国外共享住宿概念

共享住宿的前身是传统的床位 + 早餐（B&B，Bed and Breakfast）的住宿模式，可以追溯到几个世纪以前，主人向旅游者出租私人住所的做法。20 世纪 80 年代，共享住宿在美国和西欧兴起，并得到学术界的关注。伯克等人（Burke et al.，1984）认为共享住房是缓解住房问题的一种临时的住宿方式，包括家庭住房共享和非家庭住房共享。共享住房的出现是住房成本、利率和土地价值上升，以及居民家庭生命周期和个人生活方式演进等各方面变化带来的结果。18 世纪时，在欧洲主要城市，"壮游"（Grand Tour）是贵族及富家子弟教育的一部分，在此类旅行过程中，旅游者有时会将他人私人住宅作为其在旅行过程中的住处（Black，1985；Guttentag，2015）。林奇（Lynch，1998）认为寄宿家庭通常指主人在其私人住宅内提供食宿，并且预期主人与客人、家庭与客人之间能够高度融合。

共享住宿这一概念从国外引入，又被称为分享住宿、在线短租、点对点住宿、民宿。凌超和张赞（2014）认为，在线短租通过互联网构建一个双边市场交易平台，将房东和房客都吸引到这一平台，可以减少信息不对称和搜寻成本的不利影响，提高房源与房客的匹配效率。哈吉巴巴和邓尼卡（Hajibaba & Dolnicar，2017）指出点对点住宿网络是大多数普通人在家里为其他普通人提供短期租赁的空间。殷英梅和郑向敏（2017）将共享住宿定义为"由房东将自有房屋的部分空间和设施出租给房客，主客共享生活空间，并以此来获取经济收益和社交收益的新型住宿形式，亦可称为短租"。也有学者将家庭共享住宿定义为"商业驱动的点对点短期房屋租赁"（Yang et al., 2019）。《大百科全书》（2019）将共享住宿定义为"由个人业主、房源承租者或商业机构为有旅游度假、商务出行及其他居住需求的消费者，提供的除床、卫浴外更多个性化设施及服务的住宿选择，其形式包括客栈、公寓、别墅、小木屋、帐篷、房车等"。

（二）中国共享住宿概念

共享住宿在我国是一个新生事物，其概念、用途、产业归属、管理机构等都处于探索阶段。由于共享住宿的复合业态特征，不同政府及社会主体对共享住宿业的基本概念界定也各有差异（图3-1），从行业管理角度来看，主要包括以下四类。

图3-1　网约房、短租房、旅游民宿概念范围

1. 基于理论研究的界定。我国政府研究机构、专家学界基于国内共享经济理论、商业模式以及实践研究，将该业态称为共享住宿。中国国家信息中心（2018）提出：共享住宿"利用自有或租赁住宅，通过共享住宿平台为房客提供短期住宿服务，房源房间数不超过相关法律规定要求"。该定义明确了开展运营的房屋规模要求。

2. 基于身份和安全管理视角的界定。住宿业作为特种行业归属公安部门管理。以公安部门作为主要监管部门的地区，共享住宿多被界定为"网约房"纳入公安部门监管体系。"网约房"指通过互联网渠道发布房源、预订并完成交易，提供用于居住的房屋以及可供居住的其他场所（浙江省公安厅，2018）。"网约房"定义强调在线化特征，并未对具体的住宿形态进行约束。无论城市小区居民楼、公寓楼的住宿形态，还是乡村民宿，只要在互联网渠道发布的都是网约房的范畴，涵盖范围较广。该定义参照了2016年由交通运输部牵头起草制定的《网络预约出租汽车经营服务管理暂行办法》关于网约车的定义。

3. 基于土地和房地产规划视角的界定。我国房屋建设和使用由住建部门管理。共享住宿被住建部门界定为短租房，依照住房租赁管理体系纳入监管。2021 年，由北京市住建委牵头起草的《关于规范管理短租住房的通知》将共享住宿业态房屋定义为"短租房"，指"利用本市国有土地上的规划用途为住宅的居住小区内房屋，按日或者小时收费，提供住宿休息服务的经营场所"，"短租房"主要指城市住宅小区用于短租经营的房屋，并不包含非住宅小区、景区乡村院落等房屋形态。

4. 基于运营管理视角的界定。共享住宿主要为旅游者提供服务，这一职能归属文化和旅游部管理。文化和旅游部出台的《旅游民宿基本要求与等级划分》（GB/T 41648-2022）将民宿称为"旅游民宿"，指利用当地居民等相关闲置资源，主人参与接待，为游客提供体验当地自然、文化与生产生活方式的小型住宿设施。该标准将旅游民宿分为甲级、乙级和丙级。目前纳入文旅部门管理的旅游民宿并不包括城市住宅出租房屋。

中国的共享住宿从民宿发展而来，是"民宿＋技术"的产物。综合以上定义，本书认为：共享住宿是指个体或机构利用自有或租赁房屋，包括城市住宅类型、独排联排别墅、商住公寓、乡村宅邸、景区客栈等小型住宿设施，通过共享住宿平台为房客有偿提供短期住宿及附加当地体验服务的经济形态。单体共享住宿房屋数量规模应符合相关法律要求。

二、共享住宿特征

（一）对闲置房屋资源的优化利用

对闲置房屋资源的充分利用是共享住宿的最本质特征。通过参与共享住宿，人们可以将自己的闲置房源进行短期出租，提高了房屋的使用率，实现了对闲置空间的有效利用。爱德曼和杰拉丁认为共享住宿可以提高资源的分配效率（Edelman & Geradin，2016）。在共享住宿出现之前，房产所有人不太可能在周末外出时租房，只有几周或更长时间不在家，才有可能将房屋进行出租。共享住宿的出现可以利用平台的规模和资源整合优势，有效推动房地产"去库存"，提升住房资源使用率，帮助盘活城市闲置房源，助力房地产转型发展。

（二）以共享住宿平台为依托

互联网的发展是一切互联网经济得以实现的重要前提。共享住宿作为近年兴起的一种互联网经济业态，其本质是以互联网平台为依托的网络经济。依靠住宿平台的中介作用，房客与房东得以点对点相互连接。如共享住宿平台 Airbnb 为房源提供者和旅游者创建了一个基于佣金的 Web 平台（Oskam & Boswijk，2016）。凌超和张赞（2014）认为在线短租特征主要体现在，房东将自己闲置住房分享给需要的房客，平台以最有效率的方式促成双方达成交易，三方都从住房空间分享中获得自身的收益。

（三）快速扩张性

与传统酒店市场相比，共享住宿市场规模扩张速度迅速。颠覆性创新理论提出者克莱顿·克里斯坦森（Clayton Christensen）认为，颠覆性产品最初的受欢迎程度应该是有限的，但随着它越来越多地进入主流市场，其规模会随之增长。该理论恰当地描述了 Airbnb 的增长，Airbnb 自成立以来经历了爆炸性的增长。自 2008 年成立到 2011 年 2 月，Airbnb 预订量才达到其首个百万间夜数（一晚有百万间房屋被预订），但仅从 2011 年 2 月到 6 月，Airbnb 预订量达到 200 万间夜数，从 2011 年 6 月到 2012 年 6 月，仅一年预订量就超过 1000 万间夜数，足见其爆发式的增长速度（Guttentag，2015）。共享住宿在中国市场也蓬勃发展，2019 年，中国共享住宿市场规模约 225 亿元，同比增长 36.4%（中国共享住宿发展报告，2020）。

（四）边界模糊性

共享住宿的边界模糊性主要体现在房东工作与生活边界的模糊性和房东与服务提供者边界的模糊性两个方面。

1. 房东工作与生活边界的模糊性

工作与生活边界的模糊性主要指在共享住宿中，房东工作与生活的交叉性，工作是日常生活的一部分，二者是不可分离的。生活方式型旅游企业主为了追求某种特定的生活方式，会将个人的兴趣爱好、价值观与企业的经营相结合，既能获得收入维持生存，又能按照自己的生活方式经营企业，平衡工作与生活（徐红罡等，2017）。共享经济模糊了工作和休闲之间的界限（Sundararajan，2016）。共享住宿作为一种强调入住体验的住宿方式，是对生活方式类住宿模式的一种延伸。在共享住宿交易中，房客在预订阶段、入住阶段的需求都需要房东及时的响应，房东需要灵活平衡自己的工作与生活。

2. 房东与服务提供者边界的模糊性

在共享住宿中，房东与服务提供者边界的模糊性主要指房东自身可以同时拥有投资者、经营者、管理者和员工等多重身份。而在传统经济业态中，投资者、管理者与员工之间有明显的界限。共享经济模糊了独立就业和依赖就业之间的界限（Sundararajan，2016）。比如，在共享住宿中，房东通过投资拥有自己的房源，同时也可以自己运营、管理房源，并依靠自己或者家人完成房源的清洁卫生、房客的入住接待等工作。

（五）旅游目的地社区的重要性

旅游目的地社区的参与是共享住宿区别于传统住宿的一个显著特征。社区对共享住宿的重要作用主要体现在社区丰富的在地文化、特色活动等旅游资源以及社区居民的参与态度两个方面。

1. 社区旅游资源

社区旅游资源主要指社区在地的文化和特色活动等旅游资源。独特的当地文化、特色活动等非传统旅游资源是吸引房客参与社区共享住宿的重要因素，是对共享住宿的一种支撑和保障。《中国共享住宿发展报告2018》指出，84% 的房客选择 Airbnb 房源是为了体验更原汁原味的当地社区，89% 的房客认为 Airbnb 的房源位置比酒店更加优越。

2. 社区居民的参与态度

社区居民的态度会对共享住宿发展产生影响，与社区的和谐关系是推动共享住宿发展的重要推力。社区参与是除了民宿经营者自身因素之外共享住宿能够成功的关键，因此经营者和社区高度协同以向旅游者提供独特的体验至关重要（Pusiran & Xiao，2013）。如果不能妥善处理与社区的关系，甚至出现社会治安、过度旅游、环境污染等问题，则共享住宿的发展会受到制约。爱德曼和杰拉丁（Edelman & Geradin，2016）指出，过度旅游会给社区居民带来困扰，邻居对民宿租户的抱怨会消耗社区竞争性公共资源（如停车位）。再如，一些社区中的民宿为了安全，在门口安装视频监控，但周围的住户却感到隐私被侵犯，以至于造成邻里之间的矛盾。

第二节　共享住宿的影响因素

共享住宿的发展受到内外部因素的共同影响。外部因素主要包括信息技术、社会文化、法律与政治条件和经济发展环境，内部因素主要包括信任机制管理、利益相关者管理和基于动态定价的收益管理。

一、外部因素

（一）信息技术因素

互联网信息技术对促进共享住宿的发展的影响主要体现在促进房客的体验分享、促进房源提供者的分享和提高平台运营管理效率三个方面。

1. 促进房客分享

互联网信息技术的发展使消费者能够获得更加多样化、便利化的消费体验。网络的易进入性使房客可以通过参与共享经济服务获得更大的便利、更好的价格和更高的质量。共享住宿融入社区、注重家的感觉的房源提供，满足了房客的情感性住宿需求，使房客能够预订符合自身需求的房源，更好地实现了住宿的便利化和社交化。研究者发现社交推荐、信息质量和交易安全正向影响用户的信任，这反过来促进了他们继续使用共享平台的意愿，并分享积极的口碑推荐和发帖，从而与其他消费者分享积极的消费体验（Kong et al.，2020）。

2. 促进房东分享资源

互联网的发展为房东在线分享房屋资源提供了技术支持和平台支撑。数字化改变了以前需要在供应商和用户之间进行面对面交互的服务，随着互联网信息技术的发展，人们有可能通过创新和竞争更好地为消费者提供福利，而不是通过监管来实现。具体来说，信息技术的跨时空特征打破了线下交易对时间、地点的局限性，为房东在线分享房源提供了更便利的运营环境。它允许房东提供更广泛的商品和服务，极大地丰富了消费者可获得的信息，并为房东提高服务水平提供强有力的声誉激励。研究发现，平台的系统质量、服务质量和信息质量塑造了房东对 Airbnb 的信任，从而增强了他们使用该平台的持续意愿（Wang et al.，2020）。

3. 提高平台运营管理效率

互联网和移动信息技术的发展不仅促进了买卖双方的交易，更通过网络的普及和智能技术的运用提高了企业的运营管理效率。在过去 10 年里，技术进步显著改变了旅游者的旅行方式，使旅游住宿行业能够更加灵活地满足旅游者的需求。同时，互联网以一种更加创新和便利的方式改变了传统模式上企业与客人沟通的方式。酒店业最大的技术进步之一是酒店管理系统和中央预订系统等工具的广泛运用，既提高了运营管理效率，又提升了顾客满意度（Dipietro & Wang，2010）。以人工智能、云计算、大数据和 ChatGPT 等新技术为代表的新一轮技术革命为互联网平台企业的繁荣发展提供了新动能，将企业的海量数据转变为资产优势，通过建立学习网络和数据生态，人工智能助力平台企业实现高效决策，扩大运营规模，实现规模优势。Airbnb 和小猪等共享住宿平台通过对信息技术的使用能够更加全面系统、高效准确地管理房源，提高管理效率。

（二）社会文化因素

国民经济的发展提高了居民的可支配收入水平，消费者的消费理念不断升级，社交和文化诉求日益强烈。社会文化因素对共享住宿的推动作用主要体现在消费理念的升级，包括体验消费理念、理性消费理念、可持续消费理念和安全消费理念。

1. 体验消费理念。体验消费理念指人们在消费时更加注重在此过程中自身的体验与感受，而不仅仅是简单的消费娱乐。旅游活动在根本上是旅游体验，旅游体验是旅游的内核（谢彦君、彭丹，2005）。在消费者多样化、个性化需求的推动下，传统简单的旅游观光和娱乐已无法满足旅游者的旅游需求，消费者更愿意深度融入到当地人的日常生活中，体验当地风土人情。共享住宿通过实现陌生个体之间的连接，满足了个体的社交需求，而传统的标准化住宿业态在这方面缺少优势。研究表明，Airbnb 在提供社区性、地方性和个性化体验等方面似乎都优于传统酒店业（Mody et al.，2017）。

2. 理性消费理念。理性消费理念指人们在消费时不再只关注价格、外观等外在享受，而更加关注产品的实用价值，从而做出更合理的消费决策。《全球旅游消费报告 2017》中指出，随着国人旅游观念的转变，旅游消费市场的结构也在发生变化，旅游消费更加趋于理性。共享住宿通过对闲置房源的有效匹配和利用，为房客提供更个性化以及性价比更高的住宿服务，这种注重社交体验和简约理念的理性消费模式的流行，体现了消费者的理性需求。

3. 可持续消费理念。可持续消费理念指人们的消费行为在充分利用资源的同时，还有利于保护环境与生态。资源再分配提供了一个经济和社会框架，通过有效利用闲置的资源来增强其可持续性（Tussyadiah & Pesonen，2018）。共享住宿的核心是对闲置房屋资源的分享和有效利用，是闲置资源再分配的重要体现，也是对可持续消费理念的实践。根据《中国共享住宿发展报告 2018》，88% 的 Airbnb 房东开展了包括使用环保清洁用品、鼓励客人使用公共交通、安装太阳能设施等在内的亲环境行动。66% 的房客表示，共享住宿模式在环境保护方面的正面形象是他们选择 Airbnb 的重要因素。

4. 安全消费理念。新冠疫情加速了消费升级和产业升级，催生了一系列新的需求、供给和监管。疫情的冲击使得共享住宿平台企业、房东的服务标准和房客的住宿需求均产生了不同程度的变化。房客对安全、卫生等住宿标准提出了更高的要求，房东也通过主动提供消毒液、温度计等卫生安全用品来践行防疫措施，同时保护自身与房客的安全。

（三）法律与政治因素

一个行业的长期健康发展，除了需要行业自治，也需要依靠政府的政策支持与监管。2022 年国家文物局印发的《关于鼓励和支持社会力量参与文物建筑保护利用的意见》释放政策利好，根据该意见，社会力量可通过社会公益基金、全额出资、与政府合作等方式，按照《文物建筑开放导则（试行）》要求，利用文物建筑开办民宿、客栈、茶社等旅游休闲服务场所，为社区服务、文化展示、参观旅游、经营服务、传统技艺传承和文创产品开发等，提供多样化多层次的服务，更好满足人民群众的精神文化需求。长期以来，共享住宿行业面临的重要问题之一是社区的长期居民和房客（短期居住者）之间存在着冲突。对此，地方政府可以颁布立法，以减少社区成员和短期租户之间的潜在冲突（Gottlieb，2013），通过改善和维护当地社区与房客之间的关系促进当地共享住宿行业的良性发展。

（四）经济因素

关于经济因素，我们主要分析所在地区的经济基础，需求和供应匹配程度，以及当地商业环境的竞争三个方面的经济因素对共享住宿发展的影响。首先，当地经济发展水平越高，共享住宿行业发展水平也相应越高。经济发展水平较高的地区具有更强金融实力，更高水平的基础设施（如技术服务、交通等），可用于共享的房源可能更多，居民的生活水平也相对较高，并愿意体验共享住宿这一新型住宿模式。此外，需求和供应匹配也会影响当地共享住宿行业的发展。共享住宿平台的正常运作需要一定数量的房东来维持（Bremser & Wüst，2021）。最后，当地共享经济商业环境之间的竞争也会产生一定影响。当地共享住宿企业的数量越多，竞争越激烈。

二、内部因素

（一）信任机制管理

信任机制的建立和完善是互联网经济能够持续发展的重要基石。在共享住宿中，信任机制的推动作用主要体现在基于社交媒体的信任机制、基于在线评论的信任机制和基于在线交易的信任机制三个方面。

1. 基于社交媒体的信任机制

工业社会中陌生人之间的信任壁垒是阻碍共享经济发展的一个重要因素。社交媒体的发展打破了传统社会中只能以合同契约为保障的信任构建，在线信任机制的建立消除了陌生人之间的信任障碍。通过研究发现，房客可以通过房东提供的网页照片来推断房东的可信度，并且他们的选择会受到这种推断的影响（Ert et al.，2016）。房东从他（她）的照片中被感知到的信任度越高，被客人选择的概率就越高。可以看出，通过对社交媒体上照片的视角感受，交易双方建立了陌生人之间的初步信任。

2. 基于在线评论的信任机制

在线评论机制的建立能够帮助房客提高决策效率。比如，国内在线短租平台小猪民宿和蚂蚁短租，在房客入住后，房客和房东可以进行互评。由此形成的双向评论机制为其他潜在用户的选择提供了参考依据。Airbnb为提高用户信任感，建立了在线评级平台，该平台鼓励房客和房东在提供的平台上发布他们的评分，鼓励房客和房东相互审查和评级。房客可以根据入住房屋的清洁度、位置和与房东的沟通等信息对房东进行评分。

3. 基于在线支付的信任机制

在共享住宿支付交易环节，交易双方交易风险的降低主要依赖于基于在线支付的信任机制。基于在线支付的信任机制的作用主要体现在平台对信用的积累记录和支付结算两个方面。一是平台对信用的积累记录。目前Airbnb、小猪等主流共享住宿平台都建立了基于交易信息的评价系统，通过双向打分点评等机制，将信用记录与房源排名、优先权益挂钩。此外，平台企业还可以选择与第三方信用机构合作，根据房客信用等级来提供免押金、快速审核等服务。二是支付结算。第三方支付担保和认证与反馈机制等因素会影响消费者的感知交易环境安全性，支付担保能够显著减轻消费者的风险感知（陈传红，2015）。目前绝大多数平台都采取安全可靠的线上交易，并使用第三方支付系统，即房费一般由平台代管，待房客退租确认无误后再支付给房东。

（二）利益相关者管理

共享住宿的成功取决于多个利益相关者之间的协调合作。共享住宿平台作为行业的核心主体，应该确保重要的利益相关者参与到共享住宿活动中，并保证利益相关者的利益。比如，部分房东可能出于机会主义进行分享，这有可能损害房客的利益，而房客在入住过程中的不文明行为也有可能造成房东的财产损失（Ma et al.，2020）。因此，平台必须通过管理措施保证参与者的权益。尤其在新型冠状病毒大流行期间，平台应适当补偿房客由于取消预订造成的损失，以及房东由于需求减少而带来的损失。此外，一旦投资者怀疑平台的运营能力和行业前景，他们可能会选择减少甚至停止投资。因此，平台必须尽力满足投资者的利益，给予相应的回报。

（三）基于动态定价的收益管理

定价是酒店管理领域中最经常研究的领域之一。在共享住宿中，房东可以通过灵活的房间定价，在满足房客的期望的同时提高盈利能力（Chattopadhyay & Mitra，2019）。比如，为了应对新冠疫情造成的需求量减少，房东应该采用灵活的定价策略来适应，并适当采取措施吸引更多和更稳定的需求。

第三节　共享住宿发展历程

现今，共享住宿已经经历了从萌芽、起步到快速成长的发展阶段，并以良好的态势继续在世界各地蓬勃发展。共享住宿已经成为人们旅游住宿的重要选择途径之一。

一、国外共享住宿发展历程

（一）萌芽阶段（2000 年前）

共享住宿较早起源于欧洲地区。早在 18 世纪，游学活动在欧洲贵族和富家子弟中就成为热潮，被称为"游学旅行"，当时很多旅游者在游学过程中便选择将私人住宅作为栖息之地（Black，1985）。20 世纪 50 年代，随着二战的结束，欧洲各国经济逐渐复苏，人们在满足基本物质生活需求的基础上，开始追求旅游等精神需求。因此，农村大量在战争中废弃的房屋和谷仓被改建为住宿场所，即早期的法国民宿（B&B）。

20 世纪 80 年代，澳大利亚出现住房共享的住房模式。住房共享的主要人群为离婚、没有婚姻的自愿同居者以及青年群体。在当时，对于许多人来说，住房共享只是一种临时的住宿方式，是为了应对住房成本上升、个人家庭生活周期和个人生活进程等各方面变化的替代住房方案（Burke et al.，1984）。在当时，很少有人知道共享房屋以实现伴侣关系或作为经济安全网的预期结果的可行性。共享可行的时间、共享的优势、适合不同共享家庭结构的住宅类型和数量等问题都需要进一步的研究（Edwards et al.，1986）。

整体而言，在 2000 年前，共享住宿已初具雏形，但在此阶段，共享住宿的发展尚处于萌芽阶段，规模较小，且出租房屋多简易化，产业形态发展并不规范。

（二）起步阶段（2000—2010 年）

进入 21 世纪后，互联网技术的发展、全球化进程的加快催生了更多在线旅游网站的诞生。共享住宿的发展开始由线下走向线上，由农村向城市发展。而 2008 年全球金融危机带来的经济大萧条，使人们的消费理念发生巨大变化，消费者们开始追求更加简约、理性的消费理念。三浦展（2014）指出，消费社会可分为四个阶段，第四消费时代是重视"共享"的社会，消费理念从崇尚时尚、奢侈品回归到关注内心的满足感、平和的心态、地方的传统特色、人与人之间的纽带上来。可以看出，消费体验的中心点由"物质"转向"人"是消费升级的核心。而共享住宿带来的与房东的互动交流、对金钱的节约，恰好满足了人们对个性化、社交化和简约化的需求，因此越来越受到人们的青睐。

2000年8月，Hospitality Club（好客俱乐部）诞生于德国，创始人名叫"维特（Veit）"。Hospitality Club提供酒店服务和社交网络服务，目标是提供公开化、透明化的住宿资源，以方便大家共享。该平台是成员们的社交中心，成员可以在平台网站上交流信息、评价和分享体验，也可以参加平台组织的各种活动，约见其他成员。通过网站的分享，Hospitality Club缩短了主人和客人、旅游者和当地人之间的距离。2005年2月，美国假日房屋租赁在线服务网站HomeAway（好美味租房网）成立，作为Expedia（亿客行）集团品牌家族的一部分，其目前可在全球190个国家、200多万个目的地为旅游者提供海滩别墅、度假屋、树屋和公寓等多种房源。

2008年，美国共享住宿平台Airbnb成立，这标志着真正意义上的共享住宿服务逐渐起步。2009年3月，Airbnb先后获得2万美元和60万美元的投资，开始将业务从单纯的房间预订扩大到公寓、独栋房屋和度假屋预订。成立初期，Airbnb用户基数并不多，通过出色的技术营销手段，Airbnb实现了流量的快速增加。为提高房源展示真实性和美观度，Airbnb为用户提供免费摄影服务项目，亲赴现场拍摄。通过实地调研，从线下接触用户，Airbnb为日后产品的发展打下了稳固的基础。在此时期，Airbnb的发展尚处于探索起步期，竞争对手较少，但自身发展也面临资金、流量、房源等多方面挑战。

在起步阶段，共享住宿的发展与扩张较为缓慢，主要在美国、德国等国家起步发展，尚未在全球范围内发展。此时，Airbnb等平台企业的竞争对手相对较少，资本较少介入市场，房屋分享质量较萌芽阶段有所提升，但专业化程度仍较低。

（三）成长阶段（2011年至今）

2011年，Airbnb设立德国办公室，标志着Airbnb开始由本土向国际扩张。2015年，Airbnb进入中国市场，进一步加快发展和扩张的步伐，同时也标志着以Airbnb为代表的共享住宿的发展开始进入快速成长期。在此时期，各国共享住宿日渐发展，各大平台企业如雨后春笋，不断崛起，在市场中逐渐形成较为激烈的竞争。同时，各大平台在实践中不断探索更适合市场的经营模式。

2015 年以后，共享住宿在全球范围内爆发式出现。2015 年 9 月，总部位于印度班加罗尔的全托管式公寓租赁服务公司 Zolo（住了网）公司成立。通过自身开发的互联网平台，Zolo 在印度一线城市的商务核心区以亲民的价格提供住宿服务，起步租金为每月 5000 卢比。Zolo 主要面向那些想要获得全托管式服务的年轻人，为他们提供舒适的住宿环境、日常餐饮、家政以及网络等服务。Zolo 于 2017 年初获得 500 万美元 A 轮融资（36kr，2017）。

2016 年总部位于印度班加罗尔的 StayAbode（暂住网）公司成立，StayAbode 是一家提供联合居住空间服务的印度初创公司，它利用自己的技术、设计、服务以及品牌为房屋出租市场建立合租空间。这类合租空间往往由多个小房间构成，每个房间都包括一张床和一个壁橱，另外合租空间还包括厨房、公共休息室、游戏室以及音乐艺术角。StayAbode 于 2017 年初获天使轮融资，主要在班加罗尔开展业务，未来计划将服务拓展到更多城市（36kr，2018）。

随着信用体系的不断完善，共享住宿行业逐渐走向标准化和专业化，各平台企业发展出 C2C、B2C 和（B+C）2C 等多种运营模式，如，Airbnb、小猪民宿的 C2C 模式，途家的 B2C 模式。与此同时，资本大量介入市场，市场竞争激烈程度加剧，同时也逐渐出现各种行业问题，因此政府开始介入行业发展。

二、国内共享经济发展历程

（一）萌芽阶段（2011—2014 年）

2011—2014 年，我国共享住宿处于发展萌芽阶段。2011—2012 年，中国共享住宿业态开始兴起。伴随共享经济在国内迅速发展，一方面，在去中心化背景下，人们消费理念升级，消费者对于非标准化、个性化住宿产品需求与日俱增，另一方面，移动互联网的快速发展、国民经济收入水平的提高，为共享住宿行业发展提供了良好的土壤，以小猪民宿、途家网、蚂蚁短租、爱日租、游天下为代表的共享住宿平台在国内兴起。不过，由于信用体系还不健全，行业市场规模还较小。

（二）发展阶段（2015 年至今）

2015 年至今，伴随移动互联网的迅猛发展、城乡旅游消费升级，以及乡村振兴战略和文旅融合政策的实施，共享住宿业迎来了爆发式增长。

移动互联网的快速发展为共享住宿的飞速发展奠定了基础，5G、云计算、大数据、人工智能等新技术为旅游和住宿场景提供了更好的支持，有助于创造更多的新应用和新业态，小猪民宿、途家网、美团民宿等共享住宿平台也进入高速发展期。2017 年，为了帮助更多的闲置房源发挥价值，途家推出由代理机构经营（Run By Agency，RBA）服务，从上房订价，到布草洗涤，利用智能物联，结合全方位的管家业务，为房东提供"一键托管，轻松入账"服务。受新冠疫情影响，房客对于住宿的卫生条件和设施更加关注，为给房客提供更加安心的入住体验，美团民宿特推出"安心码"服务特别推出"安心码"服务，整合了平台上强大的信息资源，为行业合规提供方案。对于房东而言，安心码可以传递房源卫生信息，让房客扫码实名登记录入信息，帮助房东了解房客健康状态；对于房客而言，安心码可以展示房源卫生状态，提高预订意愿，还可以让其一键直连WiFi，提升入住体验。

城乡旅游消费升级促使消费者个性化住宿需求激增。城市人们回归乡野生活和自然、在山水田园间放松身心的愿望更加强烈，用户对于民宿的品质和体验更为关注，如康养、疗愈、运动、生态、亲子等不同主题定位的精品民宿、乡村民宿更加受到消费者的青睐。2015 年，Airbnb 进入中国市场，进一步加快发展和扩张的步伐。提供个性化住宿体验是 Airbnb 区别于传统酒店业的独特竞争优势。比如，Airbnb 平台上的房源会根据所在地的风土民情和建筑风貌进行装修，增强原真性体验感。同时，本土品牌数量和质量也进一步提升。该阶段，面对日益增长的个性化出行住宿需求以及入驻平台高速增长的民宿房东，小猪民宿主要以 C 端用户心智、品牌形象输出、搭建 B 端房源闭环服务体系为核心目标。比如，2016 年小猪与国内近百家独立书店正式发布"城市之光"书店住宿计划，全网征集招募热爱文学以及新奇旅居的用户体验书店住宿，旨在通过新奇有趣住宿体验触达年轻消费者。途家致力于成为旅游者们"旅途中的家"，2018 年途家推出"优选 pro 全新计划"，在北京、上海等 10 个城市试运营，选出设计好、设施全、服务强的房源，并将其打造成为民宿品质标杆案例，来吸引对于服务体验有着更高标准的顾客。

与此同时，国家提出乡村振兴和文旅融合政策，民宿成为乡村振兴的重要支柱。在乡村振兴和文旅融合背景下，乡村民宿尤其是客单价及品质较高的精品民宿，成为交易规模增长的新亮点，小猪专门组建乡村度假产品事业部以支持乡村民宿运营服务。小猪以民宿产业为杠杆，带动文旅融合、乡村产业发展，助力乡村振兴。比如，小猪积极与目的地政府、企业合作，重点推动乡村民宿集群项目 – 宿集村在全国落地，致力于依托"互联网 + 乡村产业"引入品牌民宿集群等业态，将乡村闲置空心村宅活化，打造乡村度假目的地。通过乡村民宿集群打造乡村振兴新产业模式，探索"田园风光＋文化村落＋特色民宿"的乡村旅游发展新格局。Airbnb 积极融入乡村振兴战略，加快中国本土化步伐，更多寻求与政府的合作，与许多城市如桂林等签署战略合作协议，共同推动民宿业转型升级。比如，将国家 4A 级龙脊梯田景区内的贫困村金江村的两栋壮族传统干栏式建筑改造为现代民宿，从转变生产方式、重建生计模式、保护生态环境、传承本土民族文化和帮扶弱势群体五个方面，打造金江村可自行运转的旅游生态体系。该项目从经济、社会、文化、环境等多个维度对当地社区产生复合效应，为世界众多地处旅游风景名胜区、但难以从传统旅游业中获益的贫困社区在利用互联网平台、依托当地资源发展绿色减贫和传承本土特色文化等方面提供了有益借鉴。同时，Airbnb 积极促进文旅融合战略，于 2019 年推出首个非遗文化系列活动，40 位非遗传人发起的爱彼迎非遗体验产品在爱彼迎平台正式上线，体验产品覆盖了北京、广州、成都、黔东南的手工技艺、传统美食、戏曲武术、音乐绘画、民族歌舞等领域，涵盖多个世界级和国家级非物质文化遗产，促进了中国传统非遗文化的传播。

第四节　共享住宿对产业的影响

共享住宿作为一种颠覆性创新，丰富了住宿业的内涵，为市场提供了更优质的旅游服务，在共享住宿领域开创了一个全新的市场。共享住宿的发展为我们的生活带来了很多积极影响，同时也对传统酒店业造成了冲击。目前，现有的法律体系并不完全适用于共享住宿的发展，监管体系亟待完善。

一、积极影响

（一）满足消费者的新型消费需求

共享住宿的发展，更好地满足了消费者对个性化、社交化的住宿体验的需求。共享住宿从社区性和个性化等不同维度为消费者提供了更具有纪念意义的出行体验（Mody et al., 2017）。共享住宿作为一种住宿新业态，凭借个性化的产品、特色的在地化体验，迎合了消费者的陌生人场景化社交需求，满足了消费者对休闲旅游、文化、社交的诉求。旅游活动中人际互动的程式是旅游体验达到共睦态的必要条件（谢彦君、徐英，2016）。共享住宿为房东与房客双方的交流互动提供了必要条件，并最大程度满足了消费者对社交的需求。

（二）创新传统酒店业产品模式

共享住宿的发展倒逼传统酒店业创新现有产品模式。由于共享住宿房源主要为个人提供的住宅房源，因此房源在形式上具有明显的居家型特点，居家的温馨环境、个性化的产品模式，以及相对平衡的价格吸引了更多的消费者选择体验共享住宿，从而瓜分了传统酒店业的部分市场份额。为了提高自身的市场竞争力，传统酒店需要在产品模式上进行创新。在这种环境下，很多酒店选择通过数据管理系统过滤信息，与客人进行更有意义的连接，进而为客人提供更加个性化、精准化的服务体验。酒店也可通过原真性要素来满足消费者寻求独特体验的需求，进而获得持续竞争优势（曾国军、赵永秋，2013）。酒店通过创新产品研发过程，打造全新的产品链和服务链，为消费者提供更多具有文化内涵和审美情趣的产品。如，为更好地实现酒店产品开发与目的地市场的无缝对接，加强消费引导，旅悦集团推出花筑品牌，为住客打造"一花一世界，一筑一生活"的住宿体验。

（三）改变酒店业用工模式

共享住宿的发展使就业与以往传统模式相比更具灵活性、兼职性和便捷性，为社会带来了大量的灵活就业机会，更多传统的全职工作被合同工作所取代，充分就业和灵活用工之间的界限变得模糊（Sundararajan，2016）。相比传统酒店的工作员工，共享住宿催生的房东、摄影师、保洁管家等职位的工作人员拥有更加灵活自主的工作时间，且他们除了从事共享住宿的工作，如果拥有充足的时间和精力还可从事其他工作，这也较好地解释了为什么共享住宿中的很多房东都是兼职房东。

（四）提高对闲置房屋资源的有效利用

共享住宿的发展有效盘活了存量闲置资产，为房地产转型注入了活力。基于C2C模式的共享住宿对供应端和需求端的使用者均产生经济优势，同时通过更好的利用方案创造了资源效率，这种资源利用效率又转而提供了社会福利和环境福利（Teubner et al.，2014）。在中国由于房地产业的迅猛发展，一些城市住房空置现象严重，旅游热点城市尤为突出，如三亚的住房空置率高达80%。随着国家"租售并举"政策的出台，通过共享住宿盘活闲置房源成为重要产业共识。马双等人（2022）采用要素市场竞争理论，发现共享住宿房源密度能够促使房屋租赁价格上涨，同时，这一效应随着替代市场和供给市场规模（即中低档酒店占比和房屋中介数量）的增长而得以缓解。

（五）拓宽就业创业渠道

共享住宿的发展冲击了一些低端酒店的经营，造成了一定的社会失业（Fang B et al.，2016；Zervas et al.，2017），但同时又催生了房东、摄影师、保洁管家等新岗位，增加了社会用工机会和创业岗位。2019 年，中国共享住宿参与者人数约 2 亿人，同比增长 53.8%，其中服务提供者约 618 万人（中国共享住宿发展报告，2020）。

（六）增加居民收入

共享住宿为城乡居民提供了增加收入的机会。房东是共享住宿的直接受益者，可获得财产性收入，他们可以通过出租未使用的房屋或房间来赚取额外收入（Fang B et al.，2016）。经营管理者参与共享住宿还有助于在社区增加创业和就业机会（Pusiran & Xiao，2013）。2017 年，中国共享住宿业年平均收入水平，职业房东约 22 万元，兼职房东约 9 万元，平台保洁管家约 7 万元，摄影师约 6.5 万元（中国共享住宿发展报告，2018）。

（七）助力乡村振兴

乡村民宿是诗和远方的想象，为都市生活人们带来望得见山、看得见水、记得住乡愁的体验，作为涵盖农业、手工业和生活服务业的混合经济形态，具有附加值高、产业链长、融合度高等特征，在实现乡村振兴中发挥着重要的作用。2021 年 3 月，携程正式推出"乡村旅游振兴"战略，在全国布局携程度假农庄高端乡村民宿品牌。截至 2022 年 12 月 30 日，全国已上线 21 家携程度假农庄，不仅盘活了目的地旅游资源，提升了乡村民宿的经营收入，还赋能周边产业，带来集群效应（乡村旅游振兴白皮书，2022）。

二、消极影响

（一）降低传统酒店业的盈利能力

作为新兴旅游住宿业态，共享住宿的出现大大增加了旅游住宿的供给，加之其低投入和低成本的运营模式，给传统酒店业的盈利水平带来了较大的冲击。例如，在 Airbnb 供应量最高的美国奥斯汀，酒店收入降低了 8%~10%。多格鲁等人（Dogru et al.，2020）的研究也表明，共享住宿房源的增加对美国酒店业的每间可售房平均收入（RevPAR）产生负面影响。并且，相较于单体酒店和连锁管理酒店，特许经营酒店受到的影响最大。

（二）降低传统酒店业投资回报率

共享住宿的特点之一是其大众性，普通居民可以将自己的闲置房源出租给房客。较低的准入门槛和投入成本使共享住宿的扩张规模速度要快于传统酒店行业。这一特点改变了传统的住宿业投资模式，酒店和住宅之间的边界被模糊。瓦尔马等人（Varma et al.，2016）认为 Airbnb 可能会对酒店业产生持久威胁。在全球旅游目的地西班牙巴塞罗那，高密度的 Airbnb 房源出租使酒店的投资回报率显著下降（Juan et al.，2016）。哈吉巴巴和邓尼卡（Hajibaba & Dolnicar，2017）指出，一星级和无星级的酒店被认为是最危险的，有可能会被 Airbnb 等新的住宿业态所取代。

（三）对当地社区的消极影响

共享住宿发展过程中最明显的外生性问题之一是可能给当地社区带来过度旅游、社会治安等问题。共享住宿的快速发展要求目的地有较高的接待更多旅游者的能力（Paulauskaite et al.，2017），过多的人流会打破社区原有的平衡的生活环境，给社区居民的生活带来一定困扰。共享住宿的过快发展也容易引发社会治安问题。比如，房客入住带来的交通、噪音等问题会造成社区居民和房客之间的矛盾冲突。

三、产业发展中面临的问题

（一）合法性问题

共享住宿的合法性一直是行业面临的重要问题。共享住宿中新技术带来的商业模式已经超过现有相关立法的监管范围，因此不可避免地遇到了新生事物发展的合法性问题（Guttentag，2015）。目前，共享住宿的合法性问题主要体现在法律地位的合法性、无效监管和保险保障缺失三个方面。

1. 法律地位的合法性

在与传统酒店业竞争的过程中，共享住宿被认为具有"非合法"的竞争优势。共享住宿平台的经营没有遵守现有的住宿业管理条例，因而在与酒店业的竞争过程中具有不公平的竞争优势地位（Gonzalcz-Padron & Tracy，2017）。万豪等酒店集团呼吁需要一个公平竞争的环境，共享住宿平台应与酒店行业一视同仁，必须经过正式的注册审批才能够经营，并应主动缴纳税款。

2. 监管机制不完善

目前监管机构对共享住宿平台的监管尚不完善，共享住宿平台和现有的监管机构的关系仍处于紧张状态（Edelman & Geradin，2016）。古尔兰和菲博斯（Gurran & Phibbs，2017）通过对比澳大利亚悉尼 Airbnb 房源与长期租赁市场的收入发现，Airbnb 的房源可能不符合现有土地使用法规。政府相关管理部门应采取审慎措施，在过度放松的监管和过度严格的监管之间取得平衡，同时及时制定新的健康和安全管理政策，有效管理共享住宿平台的发展，解决监管机制的滞后性问题，通过法律来约束共享住宿的发展，保证其提供服务的合法性和安全性。

3. 消费者的保险保障缺失

对于共享住宿平台对消费者的保护问题，一种观点认为，有些法规是过时的或是保护主义的，对现有企业的保护大于对消费者的保护。另外一种观点认为，共享平台违反了重要的法律，给公众造成了各种各样的损失（Edelman & Geradin，2016），其中的重要问题之一是消费者的保险保障问题。共享住宿中存在诸多法律风险，例如客人到达预订的房间时发现房间或设备无法使用、客人不小心在出租屋摔倒等，这些在传统酒店中会通过商业保险机制来加以保障。然而，在共享住宿中，共享平台和房东可能都不购买相应保险，房客会因失去保险保障而承担额外风险。

（二）税收问题

共享住宿的税收问题主要包括房客税、房东税和平台税三个方面。

1. 房客税

在发展的早期阶段，由于 Airbnb 租赁被认为是在非正规部门开展的业务，因此房客通常可以避免支付传统住宿部门收取的税费。入住传统住宿时，客人通常需支付特殊住宿税，这些税可能专门用于某些与旅游相关的用途，并可能通过传统的销售税来补充（Guttentag，2015）。随着各地对 Airbnb 等共享住宿企业的监管，Airbnb 逐渐向房客征收房客税。目前房客在 Airbnb 上预订房源时，订单总费用会自动包含相应的税费。

2. 房东税

共享住宿的税收问题首先出现在纽约的 Airbnb，当时该市质疑 Airbnb 是否需要遵守 5.875% 的酒店客房占用税，该税约占该市税收的 1%（Edelman & Geradin，2016）。此后不久，旧金山、新奥尔良、马里布、柏林和巴塞罗那等城市出现了类似的问题。通常情况下，软件平台都允许房东提供房间而不收取或汇出税款，直到监管机构发现问题并坚持缴税。Airbnb 征收和缴纳税款省略了房东名字和监管机构地址，从而阻碍了监管机构对分区、安全或其他潜在问题的进一步调查。此外，澳大利亚政府可能还没有建立有效的方法来估计 Airbnb 房东应该支付的税款。有学者指出，在现行税收制度下，澳大利亚税务局依靠 Airbnb 的房东在纳税申报表中自行申报共享经济活动的收入（Chen et al.，2022）。

3. 平台税

短期租赁合法化时可以通过征税为地方政府提供收入。然而目前法律对共享住宿监管无效（或难以执行现有规则），其最明显表现即是否以及如何对 Airbnb 等平台企业征收旅游税和其他税（Oskam & Boswijk，2016）。2015 年 Airbnb 宣布将代表其房东在巴黎征收旅游税。客户以每人每晚 0.83 欧元（0.96 美元）的价格交税，这一新的进程将确保巴黎从共享住宿行业中获得更多收入。Airbnb 此前在荷兰阿姆斯特丹也采取了类似的措施来管理旅游税，直接收取小额费用，然后将其汇入城市。美国、波特兰、芝加哥和旧金山等城市也达成了类似的协议（Vincent，2015）。根据新西兰政府提出的一项税收法律修改，要对 Uber 的车费部分、Airbnb 的预订费用部分加征消费税。法律通过后，政府会要求 Uber 和 Airbnb 在新西兰客户端代征消费税（Russell，2023；腾讯新闻，2022）。

虽然各旅游目的地城市已经开始应对共享住宿业快速崛起带来的挑战，但在未来的几年里，监管和税收问题仍将是共享住宿行业面临的主要行业问题。旧金山和纽约等城市应对共享住宿发展的方法可以为其他地方提供参考，但每个目的地都有独特的特征，这些特征将影响它如何衡量短期租金的收益和成本。

（三）歧视性问题

共享住宿中长期以来面临的问题之一是种族偏见与歧视问题。早在 2016 年，Airbnb 就曾被指控存在种族歧视问题，许多黑人用户在使用 Airbnb 时遭遇过种族主义和偏见事件（澎湃新闻，2022）。为了防止种族偏见与歧视的发生，Airbnb 在美国推行"Lighthouse（灯塔）项目"，旨在发现、衡量和解决在 Airbnb 平台上预订或提供服务时的歧视行为（Airbnb，2022）。研究表明，客人在评论中的认可和赞扬，以及房东身份认证和房客的自我描述等都有助于减少歧视（Zhang L et al.，2022）。

（四）新冠疫情的负面冲击

旅游业是此次新型冠状病毒大流行中受冲击最大的行业之一，共享住宿平台企业、房东和房客等多方利益相关者的利益均受到不同程度的影响。受新冠疫情的影响，Airbnb 的营收与订单量都出现下滑。2020 年前三季度，Airbnb 的收入为 25.19 亿美元，同比下降 31.9%；公司总订单价值为 179.912 亿美元，同比下降 38.86%（界面新闻，2020b）。与 2020 年 1 月相比，2020 年 8 月的疫情导致 Airbnb 房东（约 1400 万人）的收入损失达 89.5%（Chen et al.，2022）。一方面，国外疫情难以控制和国内疫情零星爆发使得人们的外出旅行需求总体持续低迷；另一方面，国内部分地区监管政策趋严，也使得平台面临经营压力。2021 年中国共享住宿领域市场交易规模同比下降 3.8%，共享住宿收入占全国住宿业客房收入的比重约为 5.9%，同比下降 0.8 个百分点（中国共享经济发展报告，2022）。

综上所述，共享住宿是指个体或机构利用自有或租赁房屋通过共享住宿平台为房客有偿提供短期住宿及其附加服务的新兴住宿业态。共享住宿发展受到信息技术、社会文化、法律与政治和经济发展环境等外部因素和信任机制管理、利益相关者管理和基于动态定价的收益管理等内部因素的影响。共享住宿自萌芽发展到今天，经历了从萌芽、起步到快速成长的发展阶段，已经成为重要的旅游经济业态。与此同时，共享住宿行业也面临着合法性问题、税收问题、歧视问题和新冠疫情的负面冲击等多重挑战，需要在发展中克服挑战并不断增强创新力和竞争力。

第四章 房客参与动机与行为

第一节 房客类型

牛津词典将房客定义为"使用从房东那里租来的土地或财产的个人"。2018 年中国国家信息中心分享经济研究中心发布的《共享住宿服务规范》将房客定义为"通过共享住宿平台实现短期租住的用户"，房客类型多种多样，可以根据房客参与共享住宿活动的动机以及平台和房东运营管理视角来加以划分。

一、基于动机理论的划分

（一）五维度划分

古滕塔格（Guttentag et al.，2018）基于动机视角将房客划分为金钱储蓄者（Money Savers）、家庭寻求者（Home Seekers）、协作消费者（Collaborative Consumers）、务实的新奇寻求者（Pragmatic Novelty Seekers）和互动性新奇寻求者（Interactive Novelty Seekers）。

1. 金钱储蓄者

金钱储蓄者指追求低成本的房客。在所有促使房客选择参与共享住宿的动机中，金钱储蓄者最为看重经济动机。金钱储蓄者对大多数其他动机（比如，社交、新奇性）表现出一种中立的观点或反对意见，这一点与其他类型的房客有很大的区别。金钱储蓄者通常来说都比较年轻，因而带着孩子旅行的可能性非常小。此外，与其他类型的房客相比较，他们的品牌忠诚度最低。

2. 家庭寻求者

家庭寻求者指被家庭福利因素驱动参与共享住宿的房客。家庭寻求者受到经济动机的驱动作用并不是最大的，这一点显著区别于其他类型房客。吸引家庭寻求者的因素主要是家庭便利设施、宽敞的空间以及共享住宿平台所能提供的居家感觉等。对于其他动机，这一群体主要表现出大致平均的一致程度。家庭寻求者往往平均年纪较大，受过良好教育且他们的满意度和忠诚度比较高。家庭寻求者使用 Airbnb 的时间和次数较多，因而他们一般都拥有丰富的参与共享住宿的经验。家庭寻求者往往是与伴侣或子女一起外出旅行，而且通常都是长途旅行。

3. 协作消费者

协作消费者指具有共享经济精神且被与共享经济有关的因素驱动参与共享住宿的房客。协作消费者使用共享住宿的动机主要在于参与共享的精神动机方面，例如，参与共享住宿有机会与当地人互动，也可以拥有真正的本地体验。与其他类型房客相比，协作消费者在年龄方面最大，而且在收入水平上较低。此外，协作消费者通常选择单独旅行，因而这一类房客选择背包旅行的可能性很大。协作消费者往往拥有丰富的共享住宿经验，他们比其他类型的房客更有可能去选择住在共同的住所里，而且他们也表现出高度的满足感和忠诚度。

4. 务实的新奇寻求者

务实的新奇寻求者指被共享住宿的某些方面的实用性所吸引且追求新奇感的房客。务实的新奇寻求者参与共享住宿的动机在某种程度上和家庭寻求者有相似之处，比如，务实的新奇寻求者在选择共享住宿时也会受到家庭福利方面因素的影响，但是在人口统计特征方面，这两类房客有很大的不同。务实的新奇寻求者相对较年轻，而家庭寻求者的年纪通常较大。务实的新奇寻求者使用 Airbnb 的时间和次数相对较少，因而在共享住宿的经验方面相对有限。此外，务实的新奇寻求者的满意度和忠诚度也略低于平均水平。

5. 互动性新奇寻求者

互动性新奇寻求者指在住宿过程中追求新奇感及与他人互动的房客。互动性新奇寻求者在新颖性动机上与务实的新奇寻求者有较强的一致性，都是为了满足新奇感和求知欲，但是两者在与他人互动方面有很大的区别。互动性新奇寻求者参与共享住宿很大程度上受到互动动机的驱使，而务实的新奇寻求者对于与他人互动这一因素基本不在考虑范围之内。互动性新奇寻求者在共享住宿的经验方面最少，在平均使用 Airbnb 的时间及次数上都最少。与务实的新奇寻求者一样，互动性新奇寻求者的满意度和忠诚度略低于平均水平。

（二）四维度划分

劳森等人（Lawson et al., 2016）将参与共享消费（Access-based Consumption）的消费者划分为随波逐流者（Fickle Floaters）、溢价保持者（Premium Keepers）、觉悟实利主义者（Conscious Materialists）和寻求变化者（Change Seekers）。如图 4-1 所示。

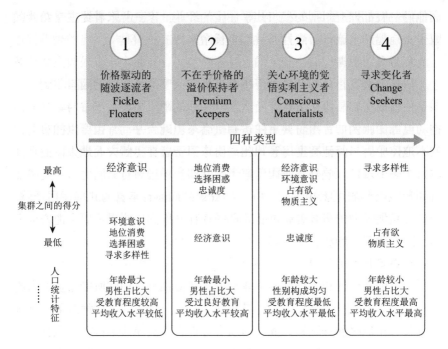

1 价格驱动的随波逐流者 Fickle Floaters	2 不在乎价格的溢价保持者 Premium Keepers	3 关心环境的觉悟实利主义者 Conscious Materialists	4 寻求变化者 Change Seekers

四种类型

集群之间的得分 最高↑↓最低	经济意识	地位消费 选择困惑 忠诚度	经济意识 环境意识 占有欲 物质主义	寻求多样性
	环境意识 地位消费 选择困惑 寻求多样性	经济意识	忠诚度	占有欲 物质主义
人口统计特征	年龄最大 男性占比大 受教育程度较高 平均收入水平较低	年龄最小 男性占比大 受过良好教育 平均收入水平高	年龄较大 性别构成均匀 受教育程度最低 平均收入水平最低	年龄较小 男性占比大 受教育程度最高 平均收入水平最高

图 4-1　房客类型细分框架

图片来源：借鉴罗森等人（Lawson et al.，2016）

1. 随波逐流者

随波逐流者指主要受价格因素驱动的房客。这一类房客经济意识强，但在环境意识、身份地位性消费、选择困惑和寻求多样性等方面较低。这意味着他们对共享消费的态度和购买意愿维持在最低限度，不追求地位，品牌忠诚度低，容易做出选择。这一群体主要是受过良好教育的男性，倾向于享乐主义的消费。

2. 溢价保持者

溢价保持者指那些对喜欢的产品不论价格高低也会保持忠诚的房客。他们的经济意识很低，但在地位消费、选择困惑和忠诚方面意识最高。另外，这类房客在环境意识、占有欲和多样性方面的意识也很强。这一群体通常是年轻男性。这一群体受过良好的教育，收入较高，家庭规模也更大。此外，这类房客的个性化和基础性消费最高，平均租金比率最高。不在乎价格的溢价保持者对共享消费持积极态度，但是这些人只是更喜欢共享消费理念，他们实际使用服务的意图较低。

3. 觉悟实利主义者

觉悟实利主义者指在经济、环境、占有欲和物质主义方面意识较强的房客。他们有较强的购买意向，但忠诚度最低。这一群体寻求多样性，但不寻求地位消费，并存在决策问题。此外，这一类房客的平均年龄较大，在性别构成上相当均匀，但在受教育程度方面最低、收入最少。觉悟实利主义者不仅重视物质财富，而且他们还注意寻求经济节约和保护环境。

4. 寻求变化者

寻求变化者指比任何其他群体都更追求多样性，在所有权和物质主义方面意识最弱的房客。这一群体对共享消费的态度最积极且有最强的购买意向，他们在地位消费和选择上的困惑程度较低，但环境意识和经济意识较高。寻求变化者总体偏年轻化，且男性多于女性，在受教育程度和收入水平方面最高，且其家庭的平均规模也是最大的。

二、基于多重因素的划分

基于特质、动机、感知等多重社会经济和行为因素，赫尔维希等人（Hellwig et al.，2015）将参与共享的消费者分为以下四种：理想分享者（Sharing Idealists）、实用分享者（Sharing Pragmatists）、反对分享者（Sharing Opponents）和规范分享者（Sharing Normatives）。

（一）理想分享者

理想分享者主要指愿意与更广泛的人群分享更多的物品类别的房客。这一群体在四个群体之间的实际分享行为最多，他们在与他人分享时唯一有保留的就是个人信息和私密物品。理想分享者的慷慨程度和广泛互惠程度最高，在与目标相关的完美主义方面低于平均水平，主要是由内在动机驱动参与分享。此外，他们认为自己资源充足。就人口特征而言，在所有群体中，理想分享者的女性比例最高，且兼职工人和家庭主妇的比例最高。在与他人的人际交往方面，这一群体也是最善于交际的人。例如，有一位以创建社区之间的联系为目的而参与分享的房客，当她被要求说明分享的概念时，她画了一颗心，表明她认为分享旨在建立和加强与他人的情感纽带（Belk，2010）。

（二）实用分享者

实用分享者主要指在分享时虽然慷慨程度和广泛互惠程度最低，但是却愿意与他人分享亲密物品的房客。实用分享者在分享方面非常冷静，虽然他们愿意参与分享，但是无论是综合动机，还是内、外因动机都不强。这一群体在感知资源稀缺性上很不敏锐，且有最强的完美主义倾向。在所有群体中，实用分享者中男性和独生子女的比例最高，也是接受全日制培训的人数比例最高的群体，他们或者从事全职工作，或者大部分是白领工人，相较于其他群体，他们的生活环境也较为富裕。

（三）反对分享者

反对分享者主要指在参与共享时持有最低的共享意愿的房客，与其他群体相比，他们倾向于分享更少的物品和更少的社交关系且他们的实际分享行为最少。反对分享者在所有集群中的完美主义的平均值最高，且无论是综合动机，还是内、外因动机，他们的分享动机都最低。此外，这一群体在感知资源稀缺性上相对不敏锐，分享似乎不是他们的风格。在人口统计特征方面，在反对分享者中，往往男性比例远远高于女性比例，且在独立的企业家、管理人员和退休人员中所占比例最高。

（四）规范分享者

规范分享者主要指适度参与共享的房客。这一群体在实际分享行为的数量上与实用分享者相似，但又表现出非常不同的心理特征。与其他群体相比，规范分享者的慷慨程度和广泛互惠程度较高，且无论是综合动机，还是内、外因动机都很强，这明确了他们与实用分享者的区别。然而，与外在动机相比，规范分享者的主要驱动因素来源于内因动机，这表明他们看到了共享是社会发展的潮流，是未来发展的趋势。这一群体在感知资源稀缺性上的感觉相对敏锐，这可能是他们表现出适度共享行为的另一个原因。在人口统计特征方面，男性和女性的比例几乎相等。与理想分享者相比，规范分享者只愿意与小部分人分享除了私密物品之外的几乎所有的物品。

三、基于产业实践的划分

（一）按不同消费层级划分

根据房客在平台的搜索、浏览和预订信息（比如点击率、页面停留时长、下单频次、客单价等）以及年龄、性别、区域等人口统计学特征，可以对用户进行消费分层。具体而言，根据消费频次和客单价，利用波士顿矩阵分析法，大致可以将共享住宿平台房客划分为"高消费频次＋高客单价""高消费频次＋低客单价""低消费频次＋高客单价"和"低消费频次＋低客单价"四类，分别对应不同房客群体。

"高消费频次＋高客单价"的房客更加注重服务体验和品质，并且有较高的支付能力。平台可以通过定期互动、会员制管理和权益、创新产品服务等措施维持此类房客的忠诚度和复购率。"高消费频次＋低客单价"的房客主要受价格驱动，尽管其单次消费的客单价比较低，但如果平台能够通过优质的服务和经营，保证并提高房客的消费频次，依旧能产生较好的收益。比如，平台可以通过定期提供优惠信息等措施吸引房客。对于"低消费频次＋高客单价"的房客，平台需要做好房客管理与服务工作，获取房客信任，并通过有针对性的营销与推荐提高其消费频次。比如，通过搜索竞价广告提高曝光率，利用抖音、小红书等社交媒体平台增加流量，提高转化率，尤其要注重发挥关键意见领袖（Key Opinion Leader）的作用。朋友与熟人之间的推荐也是吸引此类房客的重要策略。最后，对于"低消费频次＋低客单价"的房客，从理论上来说，不应该投入过多成本进行维护。比如 Airbnb 推出的会员计划，根据用户一定期限内的订单消费情况、任务完成情况及信誉记录，将会员等级分为新鲜冒险家、周游发烧友、资深活地图以及四海旅行家四个等级，其中最高级四海旅行家对应会员可享受到生日福利、积分兑好礼、出国驾照免费翻译以及租车出行礼包等优惠。Airbnb 通过建立完整的会员体系，来吸引以及留存活跃房客，激励房客平台预订。

（二）按市场黏性和忠诚度来划分

根据房客的入住预订情况，可以将房客分为核心房客和普通房客。核心房客主要指一年以内入住间夜超过 10 晚的房客；而普通房客一年以内入住间夜一般不超过 10 晚。平台需要具备精准识别核心房客的能力（比如通过大数据、人工智能算法等进行识别），并持续不断地为此类房客提供价值。当房客感知到并认可平台为其提供的价值后，平台黏性和忠诚度将会更高。此时，平台可以通过利用核心房客的力量来吸引更多的潜在用户。以小猪民宿为例，小猪内部会根据房客的消费间夜次数和金额，将房客进行划分，并对应精准提供运营服务，如针对入住间夜超过 10 晚的房客，小猪会通过企业微信为其提供小猪专享管家服务，一对一帮助房客解决订单入住的相关问题，并根据房客需求为房客提供房源推荐服务。

（三）按房客的个人文明素质划分

按照房客的文明程度可划分为文明房客与不文明房客。许多房客在入住过程中存在不文明行为，比如，有些房客可能会损坏家居设备、制造噪音，损害房东和社区居民利益；严重时，入住的房客甚至可能为罪犯，更给房东带来财产与安全隐患。对于不文明房客，平台也会采取"黑名单"制度来约束房客，限制其行为，同时维护房东的利益。而对于爱惜民宿环境卫生、遵守民宿所在社区集体规约管理制度、积累房东优质反馈点评的房客，在房东和房客双向选择时他们更加受到房东的青睐。

（四）按不同地理位置偏好划分

根据民宿所处的地理位置不同，可以将其分为城市民宿和乡村民宿。

而城市民宿房东和乡村民宿房东面对的房客细分群体也有所差异。城市民宿一般具有"短平快"的特点。具体而言，入住城市民宿的房客大多出于短期旅游、求学求医和商务旅行等目的。乡村民宿则更注重打造慢生活和享受生活的消费体验，且提供的特色服务更多。相应地，入住房客的动机也具有标签细化和颗粒度更细等特点，比如，房客可能出于家庭亲子出游、公司团建、朋友聚会和名人效应等目的入住乡村民宿。此外，很多乡村民宿提供特色服务，比如，宠物友好、商业拍摄、亲子采摘、非遗手工等附加服务，这也吸引了很多房客。

第二节　房客参与共享住宿动机

房客参与共享住宿行为的动机可分为经济动机、道德动机、社交互动动机、享乐动机及文化动机五个方面（见图4-2）。

图4-2　房客参与共享住宿动机

一、经济动机

经济动机是指主体通过从事相应活动，以实现自身利益最大化的行为动机。在共享住宿中，影响房客选择共享住宿而不是酒店的关键因素是经济动机（Guttentag，2015），经济利益是房客选择共享住宿的最主要原因。

二、享乐动机

享乐动机是个体通过分享获得内心的愉悦、乐趣以及新鲜感（Deci & Ryan，1985）。共享经济自身所具有的享乐性构成了消费者参与共享经济的动机。在共享住宿中，房客的享乐动机表现在追求快乐的体验、享受愉快的生活等。

三、社交互动动机

社交互动动机主要指个体与个体、个体与群体、以及群体与群体之间出于相同的兴趣爱好、人际交往等社交需求而进行交流、活动的动机，而寻求人与人之间的联系是分享的一个关键动机（Belk，2014）。古滕塔格（Guttentag，2015）指出参与共享经济可以让人们建立和维持社会关系。也就是说，通过参与共享住宿，房客能够与当地居民直接互动，并与当地社区建立联系。

四、文化动机

文化动机是指房客在遵循一定的社会规范的基础上，出于体验和学习当地文化而参与共享住宿的动机。布赫等人（Bucher et al.，2016）提出，构建新的社会关系、成为社群中的一员、在社群中寻求同伴关系、学习当地社区文化是房客参与分享的主要动机。

五、道德动机

道德动机主要指主体的分享行为是基于分享是一种更有意义、更可持续和更环保的选择这样一种观念，而不是以所有权为基础的获取形式的动机（Belk，2007）。个人价值观影响道德认同，进而对道德判断和行为意图产生积极影响（Balaji et al.，2022）。房客参与共享住宿的行为意图受到可持续和环境友好意识等道德动机的驱动，对分享的态度产生影响（Bucher et al.，2016）。

第三节　房客参与共享住宿的影响因素

房客参与共享住宿的影响因素可以划分为外部影响因素和内部影响因素。外部因素主要包括价格、文化体验性、在线评论、房东信息和新冠疫情，内部因素主要包括社群感、信任感和个体创新性。

一、外部影响因素

（一）价格

低成本带来的高性价比是共享经济的一个典型特征和重要吸引力，当参与共享经济的成本相对较低时，消费者就会积极参与。根据研究，房客使用 Airbnb 的主要原因是节省成本（Tussyadiah，2015），而高房价会对房客的未来预订意愿产生显著负面影响（Luo et al.，2021）。

（二）文化体验性

近年来随着社会经济的发展，房客对独特和真实的当地文化和生活体验的渴望日益增长。在这样的大背景下，类似 Airbnb 的共享住宿平台正好可以满足房客的此类需求，Airbnb 也公开宣称自己是此类体验的提供者（Yannopoulou et al.，2013）。无论是在新冠疫情发生之前还是当下，感知价值和真实性都是房客对共享住宿持积极态度的关键驱动因素（Braje et al.，2022）。约翰逊和诺伊霍夫（Johnson and Neuhofer，2017）认为与连锁酒店不同，Airbnb 房源的设备、家具和装饰都带有独特的本地风味。例如，2009 年，Airbnb 主页上写着："欢迎回家——租住 190 个国家的本地主人的独特地方"；2014 年，Airbnb 推出的广告宣传重点是"留下来可以获得独特的真实的个人体验"（Mortimer，2014）。此外，Airbnb 首席执行官称，住在不同的社区，Airbnb 可为旅行者提供一种新的、真实的体验目的地的方式。另一位联合创始人表示，Airbnb 不仅仅是住宿的提供者，也是经验的提供者，Airbnb 致力于向房客提供具有本土化、真实感的体验（Fung，2013）。

（三）在线评论

在线评论是消费者通过互联网提交的对产品或公司的评论信息（Hennig-Thurau et al.，2004）。在线评论一般来说是从消费者的角度出发，结合自身亲身经历（Zhu & Zhang，2013），对产品的优缺点提供真实的描述。在线评论内容包含消费者对产品的个人感受，具有感情倾向。在线评论一直是影响房客决策的重要影响因素。当房客对产品或服务产生兴趣时，他们会求助于其他房客在互联网上发布的在线评论。在线评论在一定程度上可以帮助消费者评估房源品质以及房东的服务质量，并影响他们的购买意愿。例如，其他房客评论时所晒出的真实图片，往往比房东在平台上介绍房源时放的图片更容易影响房客的选择。在线评论数量能够积极影响房客的未来购买意愿（Luo et al.，2021）。

（四）房东信息

房东提供的信息数量和质量是影响房客判断和行为决策的重要指标。主要的影响指标包括房东照片、超赞房东称号、房东响应速度、回复率和展示的房屋规则等。房东在平台上发布的房屋规则的内容信息丰富度能够积极影响房客的预订和评论发布决策（Gao L et al.，2022）。房东的回复率和接受率与未来的房间预订呈正相关（Luo et al.，2021）。不仅如此，房东在平台上提供的信息可以被视为一种间接的互动形式，客人对房东提供的信息会产生期望，当客人的期望与现实不符时，会加剧客人的焦虑；而当房东提供的信息与现实相符甚至超预期时，将成为房东缓解客人焦虑、建立双方信任的有效手段（Lee et al.，2023）。

（五）新冠疫情

新冠疫情的爆发显著改变了旅行者的消费习惯和需求，尤其是增加了房客的感知风险和不确定性，相比新型冠状病毒大流行前，房客更加注重健康和安全卫生方面的标准，担心房源是否消毒并配备卫生安全用品以及房东的健康等。在新型冠状病毒大流行期间，相较于酒店和合租公寓，旅游者更愿意预订整座公寓或房屋（Bresciani et al.，2021）。

二、内部影响因素

（一）社群感

社群感指个体渴望参与到更强大社区的归属感。寻求社群感是许多房客参与共享住宿的重要影响因素。通过参与分享，房客可以拓展人际关系，获得社群的认同，找到归属和依赖（Bucher et al.，2016）。例如，Airbnb 就将自身定位于社群驱动的酒店品牌，致力于构建房客与当地居民的联系和交流，为房客带来本土化的原真性的旅游体验。

（二）信任感

信任和互惠是个体相互合作的基础，共享经济需要消费者之间建立陌生人的信任（Botsman & Rogers，2010）。在共享住宿中，房客的信任包括对房东、平台和参与共享的其他房客的信任。尔特等人（Ert et al.，2016）发现，从房东照片中感知的信任感越强，房客选择该房东的可能性越大，愿意接受的房价也越高。

（三）个体创新性

个体创新性指消费者接受新事物、新思想，尝试新产品、新技术的倾向（Goldsmith & Hofacker，1991）。共享住宿是住宿业态创新的代表产业，接受和采纳共享住宿的房客往往更具开放性和创新性（卢东等，2018）。影响房客选择共享住宿的一个重要因素是共享住宿所提供产品的独特性。房客通过参与共享住宿，能够获得各种各样的产品和服务。例如，房客可以通过 Airbnb 预订具有特色的度假房源（如城堡或树屋等）。

第四节　房客文明行为

房客在参与共享住宿的过程中，既要享受应得的服务并行使权利，又要遵守法律法规和公序良俗，注意自己的言谈举止，避免不文明行为。然而，一直以来，消费者的不文明行为是一个重要但却被忽视的话题。不文明行为是消费者行为的一部分，代表了消费者行为的消极面，并且是整个消费文化的关键组成部分。

一、不文明行为

消费者的不当行为可以被定义为消费者违反消费情况下普遍接受的行为规范、从而破坏了消费秩序的行为举动（Fullerton & Punj，2004）。根据《中国公民出境旅游文明行为指南》和《中国公民国内旅游文明行为公约》，文明行为通常包括维护环境卫生、遵守公共秩序、保护生态环境、保护文物古迹、爱惜公共设施、尊重别人权利、讲究以礼待人及提倡健康娱乐八个方面。在共享住宿中，房客的不文明行为通常包括不良习惯、不道德行为和违法行为三个方面。

（一）不良习惯

不良习惯是一种自动化的不文明的行为方式。房客在民宿中的不良习惯一般包括以下几个方面：第一，公共场所的不文明行为，如随处抛丢垃圾、废弃物，随地吐痰、擤鼻涕、吐口香糖，污染公共环境、在非吸烟区吸烟、在公共场所大声聊天、接打电话等。第二，衣着不整或不合时宜，如在房间外穿睡衣活动或穿着暴露等。第三，未经房东同意，在民宿房间随处张贴、涂鸦。第四，不顾及他人感受，未经许可随意拍摄他人，或将其分享到社交网络。

（二）不道德行为

不道德行为指违反社会共同生活及其行为准则的行为。房客在民宿中的不道德行为一般包括以下几个方面：第一，部分房客在上传在线评论时语言粗俗，用词不文明。此外，也有一些房客知道在线评论对于房东的重要性，因而故意恶评以此来获取房东的补偿。第二，在与房东交往时，房客在预订后存在着提前入住、推迟入住、提前退房、推迟退房或取消预订的情况，但部分房客并没有及时与房东联系，共同协商解决，从而影响房东收益及其他房客租住。第三，部分房客的资源保护意识薄弱，存在过度使用资源（如水、电资源）的不道德行为（Ma et al.，2020）。第四，部分房客在民宿的景观、服务设施上乱刻乱画，踩踏禁行绿地，攀爬摘折花木，破坏民宿周边环境，损坏和未经许可拿走服务用品等。第五，在公共场所喧哗吵闹，或将电视机音响音量开得过大，从而产生噪音影响其他房客和社区居民的生活。第六，在语言上对他人尤其是服务人员进行辱骂，服务人员在被口头辱骂或指责后，通常会受到来自情绪和精神上的困扰，导致其服务质量大大降低。

（三）违法行为

违法行为是指违反现行法律，给社会造成某种危害的、有过错的行为。在共享住宿中，房客的违法行为可分为一般违法行为和严重违法行为（即犯罪行为）。第一，房客存在故意伤害其他房客、社区居民及社区内动植物等违法行为。第二，房客存在故意偷窃民宿财产的违法行为。第三，房客利用共享住宿条件，将所租住的房间作为生产经营场所从事嫖娼、卖淫、赌博、吸毒、贩毒、传销等违法活动。第四，房客通过在共享住宿内私自安装摄像头、入侵平台等手段窃取其他房客信息并私自发布售卖。第五，房客在上传、发布文本、图片、音频、视频等资料时涉及违法内容，如危害国家安全、损害国家利益、破坏民族团结、宣扬邪教和封建迷信、散布谣言和侵害他人合法权益等的内容。

二、房客不文明行为影响因素

（一）外部影响因素

1. 社会因素

环境对人的习性的形成有很大的影响。古人说"近朱者赤，近墨者黑"，个体行为受到包括来自父母、配偶、同事、朋友和同学等社会关系的影响。这些因素影响了消费者的行为决策，可以促进或抑制不文明行为的形成。

2. 共享住宿环境体验

房客不文明行为的发生通常与共享住宿中的物理环境有关。温馨舒适、整洁卫生的住宿环境，以及带有独特本地文化风格的建筑装饰在提升房客的体验时，也会促进房客的文明行为。相反，当共享住宿环境出现设施损坏、环境脏乱差、清扫不到位、社区管理混乱时，就会严重影响到房客的情绪和体验感知，可能会导致房客的不文明行为。

3. 平台治理

平台治理是共享住宿平台的职责，为共享住宿的参与者提供了应遵循的规则以确保房客的行为符合法律法规和日常规范。如小猪平台要求房客在逗留期间必须确保设施、家具和电器的完好，否则业主有权在其定金中扣除相应罚款（Ma et al.，2020）。

（二）内部影响因素

1. 个人特质

个人特质包括态度、文化素养、价值导向等。对不文明消费者来说，在他们的认知里他们所做出的不文明行为根本是正常行为，这种个人特质的形成与其自身受教育程度及家庭教育密不可分。有研究发现，房东的外貌吸引力对顾客公民行为存在倒 U 型（先上升后下降）影响，并且外貌吸引力的非线性效应取决于顾客的文化价值导向（Ma et al.，2023）。

2. 寻求刺激

寻找刺激和冒险是不文明行为的主导因素之一。对一些消费者来说，不文明行为是一种难以形容的刺激体验，他们违抗基本的法律和道德限制，被抓住的危险只会加剧紧张的程度（Fullerton & Punj，2004）。感到孤独的消费者也可能会做出不文明行为来刺激他们的生活。消费者的不文明行为可能是赫希曼和霍尔布鲁克（Hirschman & Holbrook，1982）发现的享乐主义消费的反常变体。

3. 行为模仿

行为模仿是指房客在住宿过程中仿效他人的行为过程。在服务场景中，消费者之间往往相互影响，这种学习因素在影响消费者不文明行为决策中起着重要的作用（Liu et al.，2015）。当房客没有可参照的行为规范时，他们常常会模仿其他房客的行为。

4. 人际信任

人际信任是指对交易伙伴的可靠性和诚信的信任程度（Morgan & Hunt 1994）。如果房东被认为是值得信赖的，房客就会通过合作的态度和行为表示感谢并给予回报。相反，人与人之间的不信任意味着房东未能有效和高效地向房客提供高质量和可靠的服务（Constantinos-Vasilios et al.，2017），从而引起房客的不合作和不满，进而导致房客为了发泄情绪而做出不文明行为。

5. 机会主义认知

机会主义，也称投机主义（Opportunism），主要指个体为了达到个人目的不择手段，突出表现为不遵守规则。机会主义是造成消费者不文明行为的一个重要影响因素，富勒顿和旁遮普（Fullerton & Punj ，2004）发现，权衡不文明行为的风险和回报可能会导致一些消费者做出不文明行为。换言之，机会主义者有意识地、理性地对机会进行评估，采取不文明行为是基于预期收益和成本计算的结果。因此，风险较低的机会主义成为房客不文明行为的一个重要因素。

三、促进房客文明行为措施

（一）加强文明教育，提高房客素质

一个人的文明行为很大程度上是由他的意识决定的，通过加强教育培养行为主体的自主文明意识对于避免不文明行为具有决定性作用。在共享住宿中，应充分利用各种宣传信息来说服房客减少或是根除不文明行为，并促进消费者加强抑制不文明行为的内在道德约束。例如，曝光个别房客如浪费食品、损坏设施、乱丢垃圾、踩踏绿地等的不文明行为。此外，加强对房客的文明引导也是约束不文明行为的重要途径。加强教育活动还能影响其他原本对这一现象漠不关心的消费者。事实上，当大多数消费者对不文明行为持有负面态度时，有助于营造文明风气，进而抑制不文明行为的产生。

（二）加强制度建设，提高房东和平台管理水平

共享住宿平台和房东可以通过平台治理策略及房东规则来促进房客文明行为。例如，通过制定严格的规则来解决与房客的纠纷，并授予员工一定的权力对房客的不文明行为进行处罚。制度和规则的作用是规范和威慑，对确保房客的文明行为是很重要的一种管理方式。在共享住宿中，房东直接服务于房客，所以他们制定的规则更为有效；第三方平台制定的规则所发挥的作用较为间接；政府指定的规则起着引导作用，因而对顾客不当行为的约束作用更弱（马双等，2021）。威慑是当今最广泛使用的控制策略，它强调使用正式和非正式制裁。威慑理论认为，系统的、持续的威慑政策可以有效地阻止不文明行为的发生，因为它会使人们可以感知到风险扩大化。平台和房东可以让房客了解文明行为的重要性，进而知道如何在共享民宿中做出文明行为。

（三）加强正向激励，提升文明行为意愿

正向激励是促进文明行为的重要手段，通常有两种形式，一种是金钱和物质奖励，另一种是信任、表扬等精神奖励。有学者发现，在共享住宿中，通过给予房客价格优惠等经济激励，能够显著提升房客对房东的信任以及促进其文明行为（Ma et al., 2020）。

综上所述，根据动机理论、个人特质、感知等多重社会经济和行为因素，以及平台和房东运营管理视角，可以将房客划分为不同的类型。房客参与共享住宿的动机可分为经济动机、道德动机、社交互动动机、享乐动机和文化动机。价格、文化体验性、在线评论、房东信息等外部因素和社群感、信任感和个体创新性等内部因素综合影响房客的共享住宿参与行

为。文明行为是共享住宿中房客的基本行为准则，然而，由于个人素质、习惯以及治理水平等因素影响，不文明现象也大量存在，从而影响他人体验，甚至带来冲突。提升房客文明水平措施包括加强教育引导、制度建设和激励措施等。

第五章　房东服务与管理

第一节　房东类型

房东是共享住宿中的参与主体，是服务的提供者和业务经营者。根据不同的划分标准，可将房东划分为不同的类别，且不同类别的房东呈现差异化的特征。

一、按职业属性划分

根据房东职业属性的不同，可将房东分为兼职房东、专职房东和职业民宿运营公司。

（一）兼职房东

兼职房东指从业主体在从事一个主要职业的同时开展房屋短租业务，短租房东身份只是其从事的一个副业。个人兼职房东主要指房源数量小于3套的个体，通常房东有全职工作，利用业余时间经营民宿作为副业。对于兼职房东而言，分享房屋获取的是额外收入，而不是主要或唯一的收入来源。在此过程中，很有可能会伴随着社交等动机（Arvanitidis et al.，2022）。伊卡拉和兰皮宁（Ikkala & Lampinen，2015）指出，房源提供者最初是因为经济收入而选择从事房东的职业，但随着时间的推移，伴随更多热情好客服务经验的积累，他们越来越欣赏房东这个职业，并将其作为个人的社交实践。同时，通过共享获得补充资金收入还可以为房东提供更有力的支持，他们可以有选择地根据自己的喜好选择房客，并控制潜在房客的需求量和类型。

（二）专职房东

专职房东或称职业房东，指通过拥有或租赁房屋来开展住房出租服务，且将出租作为唯一职业和唯一经济收入来源的房源经营者，一般经营3~10套民宿。专职房东具有经营房源时长较长且较稳定、更加追求经济利益和可能拥有多套房源的特点，专职房东通常全年经营他们的房源。近年来，拥有多套房源的房东数量激增，人们通常将拥有多套房源的房东视为专职房东（Arvanitidis et al.，2022）。不同国家对房东监管政策不同，卡萨马塔等人（Casamatta et al.，2022）将专职房东定义为"在法国贸易和公司注册处（French Trade and Companies Register）注册的房东，以确保他们的专业地位"。

（三）职业民宿运营公司

在中国民宿业实践中，受市场需求和政府激励和监管政策因素影响，近年来出现众多的职业民宿运营公司，他们拥有多套甚至百套以上房源。比如，乡村民宿的许多运营者都为职业运营公司，他们通过租赁当地的宅基地房屋，雇佣"民宿管家"专门负责房源的运营与维护。这种"资本＋管理"的模式成为促进中国民宿业发展的重要推动力量。

二、按规模和专业化管理程度划分

根据房东对酒店行业了解程度和从业经验的不同，可将房东分为专业房东和非专业房东。

（一）专业房东

专业房东指之前从事过旅游、酒店等相关领域的工作，具有一定酒店经营管理经验的房东。专业房东能够更准确地分析消费者的心理，在实践中有更深入的管理经验。专业房东能够充分利用市场供需变化、消费者的停留时间等因素最大化自己的收入（Kreeger & Smith，2017）。

（二）非专业房东

俗称业余房东，指之前未从事过旅游、酒店等相关领域的工作，在没有相关经营管理经验的前提下进入共享住宿领域的初创房东。克鲁格和史密斯（Kreeger & Smith，2017）认为大多数的业余 Airbnb 房东还不能及时有效地调整其节假日和其他高需求时段的平均每日房价（ADR），在收益管理控制方面仍缺少经验。

三、按房源所在位置划分

不同的地理位置面临不同的竞争者和消费者（Mahadevan，2020）。根据房东经营短租房屋的所在位置，可将房东分为城市房东和乡村房东。

（一）城市房东

城市房东是指"利用个人拥有所有权或使用权（自有或租赁）的城市住宅，通过共享住宿平台发布房源、管理预订申请、提供短期住宿接待服务的个人或组织"（共享住宿服务规范，2018）。较之在农村，在城市区域拥有房源的房东对房源拥有易获得性。城市有相对更多的空置房屋，在城市经营短租行业能够更加便利地获取二手房源。中国自有住房率高，同时受老龄化程度加深等因素影响，未来城市住房空置率可能进一步提高，而城市房东可以有效地提升城市闲置房源利用率，并促进老龄人口房产资源的优化配置。

（二）乡村房东

乡村房东指利用个人拥有所有权或使用权（自有或租赁）的乡村住宅或房屋，通过共享住宿平台发布房源、管理预订申请、提供短期住宿接待服务的个人或组织。相对城市房东，房源位于乡村的房东在对可用资源的利用上具有相对狭隘性。与城市房东相比，乡村房东的可用资源相对较少。比如，在房源的可获得性方面，乡村房东拥有的房源会相对更为单体，不容易实现多套房源的同时管控。在基础设施方面，乡村的基础设施还不够完善，尚未形成较为完备的服务体系。随着我国乡村振兴战略的实施，传统民宿数字化、品牌化水平的不断提升，现代民宿将成为现代乡村发展的重要支柱产业，乡村房东也会成为返乡就业的重要组成部分。

四、按等级划分

根据房东自身经验和服务运营质量两个维度，可将房东分为普通房东和高级房东。

（一）普通房东

普通房东指依法通过共享住宿平台发布房源、管理预订申请、提供短期住宿接待服务的个人或组织。所有提供合法合格房源、满足住客基本入住需求和经营管理达到平台基本要求的合法个人或组织都可以称为普通房东，他们是共享住宿经营中最基础的参与者，也是平台发展规模的根本体现。由于普通房东在自身经验和服务运营质量等方面进入门槛较低，构成相对复杂，管理难度也相对较大。同时，由于普通房东给平台带来的业务量相对有限，因此，在平台上享有的特殊权利有限。

（二）高级房东

高级房东指自身拥有相对丰富的旅游或住宿经验，同时通过共享住宿平台发布房源、管理预订申请、为房客提供高服务质量的房东。如 Airbnb 平台设有超赞房东，小猪平台设有超棒房东。获得并保持优秀的评级是获得 Airbnb "超赞房东"称号的最重要标准，其次是房东的可靠取消行为、响应能力和足够的 Airbnb 需求（Gunter，2018）。

高级房东一般具有两个特点。第一是丰富的自身经验。丰富的自身经验主要指房东在旅游、住宿等方面拥有较丰富的经历和经验。丰富的经验有助于房东设身处地站在房客视角，为房客提供更加温馨的服务。第二是高效、高质的运营服务质量。房东的运营质量包括优秀的评级、快速的响应，以及较少的取消率等。在 Airbnb 平台上，每三个月会评估一次超赞房东资质，只有总体评分在 4.8 分或以上、在过去的 12 个月内至少完成了 10 次旅行或 3 次订单，接待的住宿总晚数达到 100 晚、90% 以上的回复率和低于 1% 的预订取消率才有可能获得超赞房东称号（Airbnb，2022）。

相比普通房东，高级房东身份能够为房东带来更多益处，包括更多的平台特权、更多的房源预订量、更高的评论等级和更高的房源价格。第一，更多的平台特权。在 Airbnb 平台上，获得"超赞房东"称号的房东可以访问 Airbnb 的独家活动和未来发布预览，获得 Airbnb 的优先支持，以及向潜在房客展示个人"超赞房东"称号（Gunter，2018）。第二，更多的房源预订量。在 Airbnb 平台上，"超赞房东"称号会被潜在房客视为住宿质量和房东承诺的重要信号，这会进一步影响房客的信任、预订意愿和行为意向，并最终影响房东的房源预订数量和收入水平（Gunter，2018；Zhang L et al.，2018）。第三，更高的评论等级。"超赞房东"称号会影响住宿的评论数量和等级，具有"超赞房东"称号的房东更有可能获得更多的评论和更高的评级（Liang et al.，2017）。第四，更高的房源价格。"超赞房东"身份能够提高房东的房源列表价格，通常客人更愿意在"超赞房东"住宿上支付更高的价格（Wang & Nicolau，2017）。

五、按所有权划分

根据房东对房屋拥有权利的不同，可分为自有住房房东和租赁住房房东。

（一）自有住房房东

房屋的所有权分为占有权、使用权、收益权和处分权四项权能。占有、使用和收益权有时会与所有权分离。房屋的使用权指对房屋拥有的利用及有限占用权，租赁或借用实现的是房屋的使用权。在共享住宿中，将对房屋同时拥有占有权、使用权、收益权和处分权四项权能，并依法对其房屋行使短租权利的所有权人称为自有住房房东，俗称"一房东"。自有住房房东具有以下三个特点。

第一，对出租房屋具有全面的支配权利。从法律意义上讲，自有住房房东对自己的房屋具有占有、使用、收益和处分全面的权利。因为自有住房房东是直接对自己的房屋进行出租，是房屋的所有者，因此对房屋具有完全的支配权利。

第二，出租房屋多为闲置房源。很大程度上，自有住房房东出租房屋是因为本身拥有闲置房源，出于对闲置房源的优化利用而对房屋进行出租。2017年中国在线短租房东运营房屋来源中，14.8%的房东将自有并正在自己居住的房屋进行分租，44.7%的房东将自有并闲置的房屋进行分租或者整租（中国在线短租行业小猪平台案例研究报告，2017）。

第三，初期投入成本相对较低。相比较租赁住房房东，自有住房房东的初期投入成本相对较低，主要体现在对购置房产的资金投入的节省上。因为本身拥有房源，因此自有住房房东在进行房屋出租时不需要购置房产，相比较租赁住房房东节省了购房或租房的资金投入。但随着租赁住房房东管理房源数量的不断增加，房源的规模化会使租赁住房房东的边际成本逐渐降低，进而减少在初期投入成本上与自有住房房东的差距。

（二）租赁住房房东

在共享住宿中，将通过租赁活动从原房东手里获得房屋的占有、使用和收益权，并对其依法行使二次短租权利的所有权人称为租赁住房房东，俗称"二房东"。从法律意义上来讲，房屋出租人为房东，承租人为房客。将承租的房屋以高于原租金的价格转租他人，获取差价利益的房客被称为"二房东"。"二房东"是在中国情境下产生的投资型房东类型，具有以下三个特点。

第一，对房屋的二次转租。租赁住房房东区别于自有住房房东最根本的特征是其对房屋的二次转租。通常租赁住房房东是将自己承租的房屋对房客进行再转租。也正是因为其二次转租的特点，其与房主直接的矛盾冲突、极易带来的房客权益受损等问题为短租市场带来更多风险。《中国在线短租行业小猪平台案例研究报告》显示，将租用且自己正在居住的房屋进行分租的房东占21.4%，租用多余房屋并进行分租或者整租的房东占48.5%。

第二，更显著的经济动机。相较于自有住房房东，租赁住房房东具有更明显的经济动机。将房屋进行再次装修或装饰进行转租，赚取其中的差价是其最主要的目的。因此，城市房屋租赁市场价格和盈利水平、竞争强度、政策限制、社区关系等对于投资回报具有重要影响，也是经营活动中需要考虑的重要因素。

第三，呈现公司化特点。在房屋租赁市场中，有时候虽然与房主实际接洽联络、运营资金、承租转租的为个人，但很多时候"职业二房东"会以"物业管理公司""投资公司"等名义开展业务，"职业二房东"未必真的隶属某个公司，只是在人员、财务等形式上符合成立公司的各项要求。

借此，"二房东"能够更加快速便捷地租赁并运营掌控多套房源，更快地实现房源的扩张。

六、按品牌划分

根据民宿知名度可以将民宿分为头部民宿、中小品牌民宿和无品牌的个体民宿，相对应地，可以将运营品牌民宿的房东称为品牌民宿主（连锁经营者），将运营个体民宿的房东称为单体房东。随着共享住宿市场的发展，精品民宿产品越来越丰富，品牌民宿也更受到平台和房客的欢迎。比如，杭州的"山舍"，重庆的"松间"，北京的"隐居乡里"等。小猪民宿平台提供多样化的房源供房客选择。小猪2022年的"双十一"民宿产品多为精品民宿，包含官方评定的金银宿、网红打卡地、特色乡村民宿等特色民宿。

七、按平台黏性划分

根据平台黏性和知名度两个重要衡量指标，可以将房东划分为"高平台黏性＋高知名度""高平台黏性＋低知名度""低平台黏性＋高知名度"和"低平台黏性＋低知名度"四类。住宿平台采取不同的措施增加房东的平台黏性，比如，Airbnb成立了全球房东社区来增加社区黏度。例如，2020年受新冠疫情影响，短租民宿经营受到不同程度的冲击，而Airbnb中国房东社区的凝聚力却显著提升。在平台推出扶持举措的基础上，社区积极互助；Airbnb房东学院携手各类房东讲师，共同推出40期主题课程及系列图文；各地房东亦积极创新，通过加强安全防护、转型周租月租、进行房源升级、资源整合"民宿＋"、以新需求引爆新产品等"花式自救"（2020年中国房东社区报告，2021）。

第二节　房东参与分享动机

根据马斯洛需求层次理论，可以将房东参与共享住宿行为的动机分为经济动机、社交互动动机、享受动机、个人声誉动机、利他主义动机和可持续性动机六个不同的维度。如图5–1。

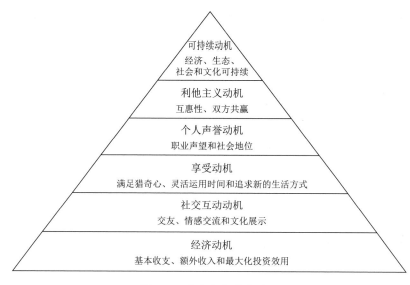

图 5-1 房东参与分享动机

一、经济动机

经济动机主要指主体通过从事相应活动，以实现自身利润最大化的行为动机。收入动机是房东参与共享住宿的主要动机（Bremser & Wüst，2021）。在平台上出租房源从而获得经济收益会影响房东参与共享住宿的态度，较高的经济收益对房东参与分享有积极的影响作用，能够促使房东主动加入到房屋分享中。在共享住宿中，根据房东对经济收入的不同层次的追求，可将房东的经济动机分为解决基本收支问题、获得额外收入和最大化投资效用三个维度。

（一）解决基本收支问题

从最基础层面来看，通过参与共享住宿，房东可以获得经济收入，尤其是全职房东，房屋短租是其唯一的收入来源，房屋分享获得的收入可以解决其最基本的收支问题。例如，Airbnb 平台上的房东经常使用共享房屋收入来支付基本生活费用，其中一半用于基本的生活开支如租金或抵押贷款、水电费和其他账单（Guttentag，2015）。《中国共享住宿发展报告2018》对 Airbnb 中国房东的调查结果表明，31% 的房东表示房屋共享收入可以帮助他们分摊住房成本，14% 的房东表示房屋共享收入是一项重要的财产性收入，可以显著改善日常生活。

（二）获得额外收入

对于大多数房东而言，通过房屋共享赚取的收入并不是总收入中不可或缺的一部分，而是被视为一种额外收入。业主可以通过出租他们未使用的房屋或房间来赚取额外收入（Fang B et al.，2016）。对于非职业房东来说，通过分享可以获得额外收入，用来满足自身更高层次的物质追求。比如，共享住宿为房东带来的额外的经济收入可以用于补贴前期购房的投入、旅行等。

（三）最大化投资效用

对于另一部分房东来说，参与共享住宿是为了最大化投资效用。轻资产的投入模式和较高的入住率可以使房东较快收回成本，并利用回笼资金扩张更多房源，实现自身投资的最大化收益。一些更具投资眼光的房东会把他们对房屋的共享视为更理性和高回报的投资，而不仅仅是获得额外支出的手段（Kreeger & Smith，2017）。《中国共享住宿发展报告2018》指出，随着共享住宿的深入发展以及众筹模式的规范成熟，民宿众筹将成为共享住宿的一个新热点。因为众筹作为一种投资方式，投资门槛低，投资者既能从中获得分红，最大化自己的投资效用，还能享受免费入住等权益。

二、社交互动动机

社交互动动机主要指个体与个体、个体与群体，以及群体与群体之间出于相同的兴趣爱好、人际交往等社交需求而进行交流、活动的动机。共享住宿点对点的交流方式，互相连接、开放沟通的性质，让用户的社会交往需求得到极大满足。基于共享住宿的特征，可将社交互动动机分为更广泛的交友动机、更深入的情感交流动机和更高层次的文化展示动机。

（一）更广泛的交友动机

交友动机主要指房东希望通过房屋分享结交更多的朋友，扩大自身的人际交往圈，体现了房东将社交互动与提供住宿相结合的兴趣特征。社交动机（如接待更多的客人、认识更多有趣的旅行者等）是房东（主人）参与寄宿家庭的重要动机（Lynch，1998）。金等人（Kim et al.，2018）指出"交朋友"是影响房东参与共享住宿的因素之一，提供住宿分享是房东结交新朋友的新途径。房客与房东的频繁互动是吸引双方参与共享住宿的重要原因，既包括线上也包括线下，如 Airbnb 平台能够促进主人和客人之间的直接互动（通过分享个人经验等），使旅行者与当地社区联系（Tussyadiah，2015）。

（二）更深入的情感交流动机

情感交流动机主要指行为主体希望通过语言交流、社会活动等形式，彼此之间能够相互理解，形成情感链接，获取感情上的依赖。共享住宿房东的一个普遍特点是比较喜欢与人沟通，期盼与客人形成情感链接，努力将顾客发展成回头客。除此之外，房东希望在沟通过程中获取顾客对住宿的不满之处，并及时弥补，争取好评。分享"我的世界"是房东分享动机中的一个重要维度（Karlsson & Dolnicar，2016）。相比较分享闲置空间资源，分享精神理念的分享动机是更深层次的分享动机。房东可以将自己的价值观、信念等精神理念与志同道合的朋友分享，获得精神上的愉悦和满足感。

（三）文化展示动机

文化展示动机主要指房东出于展示当地或旅游目的地社区文化的目的而进行房屋分享的动机，是较高层次的分享动机。共享住宿的重要特征之一是分享房屋的在地性，房东希望通过房屋分享为房客提供具有文化内涵和体现当地文化特色的住宿体验，为房客提供体验当地特色文化活动的机会。许多旅游目的地拥有强大的文化或遗产资产，但并非所有目的地都能够将旅游者带到该地区的主要景点（Huang et al.，2016），通过房东的文化展示可以为当地社区文化的传播提供平台。

三、享受动机

享受动机指个体通过分享能够获得内心的新鲜感、愉悦、乐趣和满足的动机。享受动机是人们参与协作消费的重要内在动机（Hamari et al.，2016）。从房客反馈中产生的积极感知使房东认为他们的努力是有意义和值得的，这能够激发房东的内在参与动机，从而影响其持续分享行为（Chen et al.，2023）。在共享住宿中，享受动机是影响房东分享意愿和分享行为的重要因素。房东的享受动机可以分为满足猎奇心、灵活运用时间和追求新的生活方式三个维度。

（一）满足猎奇心

共享住宿相对于传统的酒店住宿是全新的住宿业态，有的房东会抱有尝鲜的心态，出于对共享住宿的新鲜感和猎奇心，不计较结果地享受这个参与过程，因而加入共享住宿的大军。有成长心态的人倾向于寻求有助于他们追求目标、改进和学习新事物的产品（Murphy & Dweck，2016）。奖励能够推动消费者多样化的度假行为，且消费者能够从不同的产品和服务中获得好处（Martenson，2018）。猎奇心作为一种成长心态，不仅能够推动消费者追求多样化的度假行为，同样也能够激发房东追求新事物的尝鲜心态。房东参与共享住宿不仅能够体验经营新产品的乐趣，还可以满足猎奇心、增加收入等。

（二）灵活运用时间

时间灵活也是共享住宿房东进行分享的一个重要特征，对碎片化时间的充分利用既为房东的分享工作提供了便利，也充实了闲暇时间。正因如此，充实时间成为房东选择参与共享住宿的原因之一。房东通过从事寄宿家庭经营活动可以充实空闲时间，排解生活的空虚，获得满足感（Lynch，1998）。《中国在线短租行业小猪平台案例研究报告》中有 66% 的被访者表示成为房东的原因是"认为房东时间灵活，可以自己安排时间"。由于大部分服务如订房、结账等都可以在线上完成，房东可以采取灵活弹性工作时间、地点和方式，非常适合作为第二职业。

（三）体验生活方式

生活方式和企业家精神是两种最强的旅游就业动机（Vaugeois & Rollins，2007）。参与共享住宿作为旅游创业的一种全新途径，是人们放松自我、实现自我和追求新的生活方式的集中体现。很多房东为了缓解工作压力，将共享住宿当做自己的事业。保劳斯凯特等人（Paulauskaite et al.，2017）指出，Airbnb 通过主客互动形成体验价值共创的过程，从而提供原真性的住宿体验。房东通过提供房屋分享使房客能够更深入地融入当地生活，同时自身也可以参与其中，形成主客互动，体现了追求社交和互动的生活方式。小猪民宿将自己标榜为"居住自由主义"，体现了对个性化、多样化和自由化生活的追求，契合了房客和房东双方追求全新生活方式的生活理念。

四、个人声誉动机

个人声誉动机主要指主体通过从事相应活动，获得他人认可、得到相关奖励，或提高自身社会地位的动机。在共享经济中，个人声誉是鼓励人们参与网络分享活动的重要因素。瓦斯科和法拉杰（Wasko & Faraj，2005）认为提高个人声誉是人们愿意在网络结构中进行知识分享的重要因素。个人声誉动机可以分为基于个人职业声望的声誉动机和基于个人社会地位的声誉动机两个维度。

（一）基于个人职业声望

个人职业声望动机是影响房东参与共享住宿的重要因素。在双向评论机制的作用下（即消费者和生产服务商因其服务绩效而被公开评级），声誉的重要性日益增加，协作消费是人们获得认可和声誉资本的一种新方式。在共享住宿中，客人和主人在 Airbnb 上彼此打分，这使得提供良好的体验成为一种巨大的激励，也为双方积累了信任度和声誉（Botsman & Rogers，2010；Tussyadiah，2015）。研究发现，房东在平台的个人声誉是影响其参与分享住宿的重要动机（Liang et al.，2017）。房客积极的在线评论是对房东服务的认可，通过在线声誉机制的形成，房东可以在线上不断积累、提升自身的个人声望。

（二）基于个人社会地位

很多共享住宿房东原来为自由职业者、没有工作的待业者、待业在家的妇女或退休人员等人群。在家庭中和社会上获得地位的提高是女性参与分享的主要因素之一（Lynch，1998）。通过参与共享住宿，参与者不仅可以充实时间，获得经济收入，而且可以提升自身自信心，增强自身成就感，获得个人家庭地位和社会地位的提升。

五、利他主义动机

利他主义动机指个体自愿付出个人的时间、金钱和精力等资源帮助他人实现价值，获得利益的一种心理动机。参与者出于帮助别人，为他人提供信息和建议的目的而在网络上进行分享，是利他主义动机的体现（Belk，2010）。

互惠性是利他主义动机的一种体现方式，即对他人增加（减少）的努力作出增加（减少）的反应的趋势。在共享住宿中，买方（卖方）通过自身良好的表现使卖方（买方）付出更多的努力。最后这种共同努力可以提高双方的效用，达到互惠的目的（Proserpio et al.，2018）。为房客提供温馨、有人情味的居住体验以及让房客体验到当地的特色，从而使房客产生归属感是房东的目的之一，也体现了房东的助人利他主义动机。因为房东本身也可以是房客，因此当房东作为房客的身份在体验共享住宿时，曾经体验过的温馨体贴的房东服务，以及特色有趣的入住体验会激励自己作为房东时为房客提供热情友好、有家的感觉的入住体验。

六、可持续性动机

可持续消费指优化消费的环境、社会和经济后果，以满足当前和未来世代的需求的消费（Luchs et al.，2011）。可持续性动机是影响参与者分享意愿和行为的因素之一，对注重生态消费的参与者来说尤为重要（Hamari et al.，2016）。共享住宿中的可持续性动机可分为经济可持续性、生态可持续性、社会可持续性和文化可持续性四个维度。

（一）经济可持续性动机

经济可持续性动机指个体通过参与相关活动，不仅能够提高自身的收入，而且能够为团体、组织或社会带来良好的经济效果。房东参与共享住宿不仅可以提高自身收入，而且有利于整个社会经济水平的提高，具体包括提高社会整体收入水平和增加社会就业机会两个方面。

一是提高社会整体收入水平。房东参与共享住宿，不仅可以通过自我雇佣，减少用工成本，提高个人收入水平，而且为家庭、旅游目的地社区的其他人群提供了增加收入的机会。共享住宿的发展使旅游业的市场规模随着旅游者数量的增加而扩大。例如，需要更多的餐馆来满足大量旅游者带来的食物需求的增加，进而提高饭店业主的收入（Fang B et al.，2016）。与共享住宿相关的保洁、管家等服务人员也是重要的受益群体。根据《中国共享住宿发展报告 2018》对小猪平台的调研数据，平台管家平均年收入大约 7 万元，摄影师 6.5 万元左右。

二是增加社会就业机会。基于社区的旅游能够创造更多的就业机会，助力社区发展，尤其是促进农村地区发展（Tolkach & King，2015）。房东作为共享住宿主要的参与主体，可以带来就业的乘数效应。共享平台上每增加 1 个房东，可带动 2 个兼职就业岗位。一线城市的保洁服务管家主要为外地务工人员，二线城市的保洁服务管家主要为当地低收入人员（中国共享住宿发展报告，2018）。

（二）生态可持续性动机

生态可持续性动机指消费主体出于对生态环境的保护和对资源的有效利用，在经济活动和日常生活中采取绿色环保行为的动机。消费方式的转变促进了低碳绿色消费，从而推动可持续发展。共享活动是提高人们对可持续性消费和过度消费等各种问题的认识的一种手段（Albinsson & Yasanthi Perera，2012）。

共享经济坚持生态可持续性理念，支持环境友好型行为。用户认可共享经济对可持续发展的作用，而在线短租也被证实可以显著节约闲置房屋资源，这吸引了秉持环保绿色消费理念的房东参与共享住宿。分享闲置空间是房东进行分享的一个重要维度（Karlsson & Dolnicar，2016）。通过分享闲置空间可以避免闲置资源的浪费，实现闲置资源的再分配利用。Airbnb 平台以共享住宿致力于减少旅游设施的过度开发和对环境的影响。《中国共享住宿发展报告 2018》显示，Airbnb 上有 88% 的房东会积极主动开展环保行动，如使用环保清洁用品、鼓励客人使用公共交通、安装太阳能设施等。

（三）社会可持续性动机

社会可持续性动机指个体或组织的行动不仅能够实现自身的目标，同时能够促进所在目的地社区，乃至整个社会的和谐发展的行为动机。

一是促进社区和谐。房东参与共享住宿对社区的和谐能够起到积极的作用。通过自觉爱护所在社区公共设施、配合社区维持良好的管理秩序和卫生环境，以及积极参与社区的公益活动等，房东和所在社区，以及居民形成良好的关系，有利于促进整个社区的和谐。再者，房东通过雇佣社区零散劳动力，可以提高整个社区的经济收入水平，有利于邻里之间和谐关系的形成。房东提供房屋共享服务对消费者来说是一种新型的可持续消费市场，如果消费者能够将共享住宿这种可持续的消费选择作为实际的选择，不仅能够为社会和环境提供利益，而且可以为自身和所在社区带来直接的利益。

二是提高社会文明水平和开放程度。房东经营共享住宿为社区与外界的联系搭建了桥梁，有利于整个社会文明水平和开放程度的提高。房客入住社区后，通过与社区居民的交流互动，可以分享不同的趣闻逸事，了解不同的文化知识。积极的交流和分享既提高了社区的开放程度，同时有助于陌生人之间信任的建立和文化的共享，提高了社会的文明程度和开放水平。

三是共享住宿有助于实现城乡一体化发展，解决城乡发展不平衡问题，促进共同富裕。发展乡村民宿，一方面可以带动促进农产品的就地消费，创造更高价值，同时可以提升乡村环境卫生、水电通信等基础设施水平。

（四）文化可持续性动机

文化可持续性动机指行为主体出于对文化的传承、保护和传播而实施相关行为的行为动机。房东参与共享住宿的文化可持续性动机主要体现在对社区文化的传承和对参与者文化素养的提升两个方面。

一是对社区文化的传承。了解旅游业对目的地社区影响的一个关键方法是通过主人与客人的互动。"问后行动"作为旅游者经常使用的一种策略，反映了旅游者对占有特定空间的所有者地位的尊重，更准确地说是对民族文化和习俗的尊重（Zhang et al.，2017）。房东通过参与共享住宿，形成与房客和社区的互动，在这个过程中，房客对社区文化活动的参与和学习，是传承和创新当地社区文化的体现。文化旅游是地方可持续发展、提高生活质量的替代战略，其目标是将具有文化资源特征的地区转变为度假、居住或商务的理想场所（Shin，2010）。共享住宿是旅游领域中文化旅游的较好体现。房东作为共享住宿的参与主体之一,可以通过对社区文化的传承提升房客入住满意度及社区居民满意度,尤其可以通过传承各项物质和非物质文化遗产,推动文化传承和社会进步。

二是对参与者文化素养的提升。共享文化(公平、认同、开放)是影响人们参与网络分享如知识共享的态度和意愿最重要的因素(Pi et al.,2013)。房东参与共享住宿能够促进主客之间的知识共享,而文化的展示和传播进一步提升参与者的文化素养和技能。例如,2021年,在七塘镇政府、四川美术学院、重庆市雕塑学会等机构联合推动下,重庆市璧山区七塘镇将军村莲花穴院落进行了艺术"活化"改造。通过艺术赋能,昔日的"空心村"变为美丽乡村。

第三节　房东服务

根据服务营销理论,服务消费过程中的价值创造是一种发生在服务使用者和提供者之间互动的消费体验。将这一逻辑应用到共享经济的协同消费模式中,可以从消费前、消费中和消费后三个不同阶段探讨价值创造的作用(Zhang T et al.,2018)。基于价值创造的互动服务过程,根据共享住宿的服务流程,可将房东为房客提供的服务划分为房源提供、预订服务、入住服务和离店服务四个阶段。如图5-2所示。

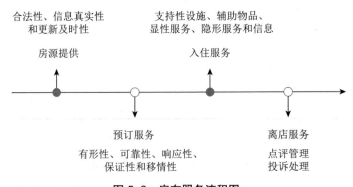

图5-2　房东服务流程图

一、房源提供

房源是指房东通过平台提供的供房客租用的房间或整套房屋及相关信息。房东为房客提供的房源需符合国家相关规定,保证房源的合法性、房源信息的真实性,以及房源信息更新的及时性。

（一）房源的合法性

房源的合法性指房东提供的房源需确保符合所在地区房产和土地相关法规政策，房东拥有对房屋的合法所有权或使用权，在此基础上开展短租服务。房东提供的房源应确保安全性，房屋主体建筑结构、消防设备设施、出入口和通道等需要符合消防安全和治安管理规定；同时，房源必须具备合法使用的条件，不存在所有权、经营权等方面的法律纠纷；此外，房屋在使用中必须获得经营许可，并保证房客的隐私安全。

（二）房源信息的真实性

房源信息的真实性指房东在平台上发布的房源信息须符合平台房源发布规则及相关填写标准。房东在平台上为房客展示真实的房源信息（包括房源照片、设施描述、房价、房源地址、周边环境、交通路线、房源租住状态等信息）需与房源实际情况相符合。

（三）房源信息更新的及时性

房源信息更新的及时性指对于已经上线的房源，如果房源的设施、价格、预订政策、运营时间等信息有所变化，房东应及时进行更新，确保房源信息的真实性和准确性。

二、预订服务

（一）预订阶段房东的服务质量

帕拉休拉曼等人（Parasuraman et al.，1985）依据全面质量管理理论在服务行业中提出 SERVQUAL 模型。该服务质量评价体系的测量主要包括服务的有形性、可靠性、响应性、保证性和移情性五个维度（Parasuraman et al.，1994）。根据该测量维度，可以评估共享住宿中预订阶段房东的服务质量。

1. 有形性。房东提供的有形性服务主要指房东通过共享住宿平台向房客展示的房源信息，包括房源价格、房源位置、房间美学、图片美观度和在线评论等。房东提供的房源信息的吸引力会影响房客的入住预订选择、入住体验满意度和再次预定的意愿，是共享住宿体验的重要主题（Cheng et al.，2019）。详细内容见表 5-1。

表 5-1　房东提供的有形性服务

有形性服务	重 要 性
房源价格	房客选择在共享住宿平台预订的一个重要原因是相对较低的价格。经济成本是房客在预订房源时会考虑的重要因素之一，房客会选择预订在自己支付能力范围之内的房源。
房源位置	出行便捷是影响房客预订的因素之一。房客希望预订距离景区、商圈或地铁站比较近的房源，方便出行。
房间美学	房间美学包括设备设施、房间装饰风格和干净度等。房间美学是影响房客体验和房客对房东信任的重要因素。
图片美观度	图片美观度直接影响房客的视觉感受。美观的房源展示更容易吸引房客的注意力。房东可选择平台提供的专业摄影师拍摄服务，以展现更加美观的房源照片。
在线评论	房客对房东的在线评论能一定程度上反映房东提供产品和服务的质量，也是影响房客消费决策的重要因素。很多房客会在预订前阅读以前房客对房东服务质量的评论，了解房东的服务质量。

（表格来源：笔者根据相关文献整理）

2. 可靠性。房东提供服务的可靠性主要指房东按照承诺和预订流程可靠、准确地提供服务。在预订阶段，房东历史订单的接受率是房东能力可信度的体现（Wu et al.，2017）。房东的性别也会影响房客对其可靠性的认知。同时，作者还指出女性房东比男性房东更易获得可靠性的感知，从而获得更多预订。在预订私人住宅时，房客更有可能选择女性房东而不是男性房东。

3. 响应性。房东提供服务的响应性主要指房东能够及时、迅速地响应顾客的需求，为顾客提供服务。及时的响应有助于提高房客对房东的好感度，提高房客预订的成功率。共享住宿平台上的房东信息能够反映信任维度，包括仁慈、能力和诚信，房东对房客请求的响应速度和对订单的确认时间是房东仁慈可信度的体现（Wu et al.，2017）。研究表明，房东的回复率通过基于提示的信任显著影响房客对房源的预订（Xie & Mao，2017）。

4. 保证性。房东提供服务的保证性主要指房东表达自身信心与自信、激发顾客信任感的能力。如完成服务的能力，与顾客的有效沟通等。尔特等人（Ert et al.，2016）证明房东的个人照片会影响房客对房东的视觉信任。在共享住宿平台上，房东的照片对房客的购买决定有重大影响。通过照片被房客感知更值得信赖的房东会拥有更高的房源价格和更大的可能性被选择。因此，房东更自信的呈现有利于获得更多来自房客的信任，提高服务的保证性。

5. 移情性。房东提供服务的移情性主要指房东能够设身处地为顾客着想和对顾客给予特别的关注，包括努力地理解顾客需求，换位思考，善于倾听等。Airbnb、小猪等平台都为房客和房东提供沟通的渠道，双方能够在预订阶段进行沟通。房客能够与潜在的意向房东沟通，询问付款方式、房间状况和可用性、预订情况等。这时，房东热情的响应与善于倾听的服务能够影响房东的感知信任和移情性（Zhang T et al.，2018；Ikkala & Lanpinen，2015）。

（二）预订服务流程

房东提供预订服务的流程主要包括预订前与房客的沟通、收取房客房款、审核房客订单和受理房客入住申请四个环节。

1. 预订前与房客的沟通。很多房客在下单前可能会通过多种联系途径与房东交流，以获取更多关于房源的信息（Zhang T et al.，2018）。在此阶段，房东提供的房源信息和房东的服务质量（响应速度、服务态度等）会影响房客对房东的印象，并影响房客的预订决策。

2. 收取房客房款。在支付环节，房东应自主制定并严格执行房客交易规则，包括全额退款时限、订单金额、免费取消订单时限、免费提前离店时限及违约金的设定等。

3. 审核房客订单。房客提交订单后，平台会实时验证房客姓名和身份证信息匹配情况，房东也可通过平台随时查看入住人身份验证状态。

4. 受理房客入住申请。在房客成功预订房屋后，房东应及时受理房客的入住申请。根据预订房客的不同属性（性别、年龄和入住人数等），房东有权决定是否接受房客的入住申请（Karlsson et al.，2017）。

三、入住服务

服务包指在某个环境下提供的一系列产品和服务的组合（黄沛，2005）。房客入住服务涉及到吃、住、休闲娱乐、文化体验等各种服务，这些服务构成整体的服务包，包括支持性设施、辅助物品、显性服务、隐形服务和信息服务五个维度（Fitzsimmons & Fitzsimmons，1994；Kellogg & Nie，1995）。

（一）支持性设施

支持性设施，也称服务设施，主要指服务前必须到位的物质资源，包括建筑物风格、装修装饰、服务设备设施等。完善的服务设施提供是房东提高服务质量的重要基础，是优化房客体验、提高房客满意度的重要影响因素。如房东用于提供短租服务的房屋应为房客提供配套齐全、功能良好的服务设施；房屋建筑风貌及装饰装潢应尽可能与周边环境和谐统一、充分体现当地文化特色，为房客提供有地方特色和文化内涵的房源；同时，床、家具等也需要根据房客消费习惯和房屋所在地气候等特征进行配置，以满足房客的高质量及个性化需求。

（二）辅助物品

辅助物品指顾客购买和消费的物质产品或顾客自备的产品。很多房东所提供的房源内会配备一些辅助物品，比如，Airbnb 的房客可以使用所租赁的房屋的设施设备，如厨房、洗衣机和烘干机等（Guttentag，2015）。新型冠状病毒大流行期间乃至现在，部分房东还会为房客配备酒精、消毒液和温度计等卫生健康用品。

（三）显性服务

显性服务指可以由感官感觉到的、为顾客提供的基本的或具有本质特征的利益或收获，如性价比、质量的稳定性和一致性，以及配套服务的齐全性等。房东提供的显性服务主要包括基本住宿服务、网络服务、餐饮服务、卫生服务和安全服务五类。

1. 基本住宿服务。基本住宿服务指能够满足房客住宿需求的最基本服务，包括相对独立的主、客区，整洁卫生、安全舒适的床上用品、桌椅等家具。如，房东应为房客提供舒适温馨的床上用品（如床单、枕芯、枕套、被芯、被套及床衬垫等），并做到一客一换。房东应为房客提供功能良好的衣柜、桌椅等必备家具，同时应做好房屋内设备设施的维修、保养、添置和更换工作。

2. 网络服务。网络服务指用于短租服务的房屋若在电信和无线网络覆盖的地区，应确保电信、无线网络信号良好。

3. 餐饮服务。餐饮服务指房屋内应设有供房客自行准备餐饮饮食的空间和设施。如，房屋内设有整洁安全的厨房、冰箱，供房客准备和存储饮食所用。

4. 卫生服务。卫生服务指房屋应具备必备的卫生设施，并保持房屋环境整洁有序，包括淋浴设施、防滑设施等。如，房屋应提供单独的淋浴空间并采取有效的防滑防潮措施；应有适量的垃圾桶，及时清扫生活垃圾；应及时开窗换气，确保房间无异味；应有防鼠、防虫措施。

5. 安全服务。安全服务指房屋应配备用于保障房客人身安全的安全设施，主要包括消防设施和应急设施。如，房屋应配备消防四件套（灭火器、防烟面罩、多功能手电筒、逃生绳）；尽量配备智能烟雾烟感器、智能燃气传感器；同时在易发生危险的区域和设施处设置安全警示标志，提供应急照明设备、用品；在房屋显著位置明示紧急求助电话及相关信息，为房客提供安全应急措施。此外，在山区等地质敏感区，民宿所在地还应具备相应的应急救援条件，以确保旅游者生命和财产安全。

（四）隐形服务

隐形服务主要指除提供的房源外，房东个人接待房客所展现的服务态度和服务行为。主客互动的质量是评判房客入住阶段房东服务质量的重要方式。互动仪式链理论认为，人们的一切互动行为都发生在一定的情境中，而情境中的互动仪式必然是一个具有因果关联与反馈循环的过程（柯林斯，2009）。在旅游者的情境化体验过程中，互动有时会以某种仪式的形式呈现出来，并成为聚集和释放情感能量的重要因素（谢彦君、徐英，2016）。在共享住宿中，房东与房客之间的互动是房客情感体验的主要体现，主客之间彼此信任，相互交流，实现价值共创，共同创造房客追寻的"远方的家"。

在房客入住阶段，房东应为房客提供人性化、个性化和特色化的服务，为房客提供与众不同的入住体验。房东个人声誉和所提供产品的描述是房东在共享住宿平台中提升知名度的两个主要声誉属性，且个人声誉比重大于产品（Mauri et al.，2018）。有学者认为在入住阶段，房客与房东之间通过互相问候、房东为房客提供食物和聊天活动等多种形式实现价值共创（Zhang et al.，2018）。房东的亲和力寻求策略包括温暖和能力两个维度，并表现为呈现友好态度、展示个性特征、提供服务和帮助、促进社会互动和分享，房东亲和力能够促进积极的房客情感和行为（Chen et al.，2022）。

（五）信息服务

信息服务指房东通过平台和其他途径提供的用于满足房客需求的当地交通、气象、旅游景点、节庆活动、当地特产、休闲娱乐等服务。由于共享住宿经营大多面向家庭和散客，顾客们多采用自驾车等方式出行，对信息的依赖度更高。目前，很多房东都通过小红书、抖音、共享住宿平台等渠道提供详细信息；此外，抖音、快手短视频等直播平台也成为房东分享信息的新途径。

四、离店服务

（一）在线评论管理

在房客离店后，很多房客会对本次的入住体验和房东的服务给予自己的评价，主要体现为房客的在线点评。房东应及时回复房客的在线点评，进行积极的反馈。具体的在线评论管理包括在线点评发布、在线点评处理和负面点评处理三个部分。关于点评管理的详细内容，请见第八章。

（二）服务失败补救

共享住宿属于典型的服务业，房东作为服务提供者是影响房客服务体验质量的主要因素。平台和房东都是服务的重要提供者，区别于酒店，在共享住宿中服务失败主要源于房东提供的服务。主客互动过程中房东不专业的服务、房间设备设施的老旧和不干净等因素都是导致房东服务失败的重要原因（Chen & Tussyadiah，2021）。因此，当出现房客投诉事件时，房东作为主要负责人，应采取有效的服务补救措施处理房客的投诉，充分利用金钱等物质补偿措施和真诚道歉等精神补偿措施影响房客的心理，最大程度消除房客的不满，化解矛盾，挽回房客的信任。房东处理投诉的具体措施包括快速响应、真诚道歉、实际补偿和及时反馈四个方面。

1. 快速响应

时间对投诉事件的处理有着重要影响。尤其在互联网环境下，公众可以进行在线投诉，互联网的传播会加快事件的发酵速度，带来不良影响，而企业对时间的把控会显著影响投诉客人的情绪（Grégoire et al.，2009）。哈伦等人（Harun et al.，2018）认为服务方的响应速度代表着程序正义，能够影响客人的心态。在共享住宿中，面对房客的投诉房东应快速响应并认真分析房客的投诉问题，发现问题所在，并在最短的时间内与房客取得联系，立即采取补救措施。了解顾客抱怨的问题，并帮助顾客发泄他们的不满可以更好地解决问题，这也是处理顾客投诉必不可少的步骤（Lawrence，2000）。

2. 真诚道歉

真诚道歉、认真倾听、为客人提供可以解决问题的方案，或主动询问客人的意见，可以让客人获得心理上的尊重感（Lawrence，2000）。服务方在发生投诉事件后应向客人确认责任，并进行道歉（Grégoire et al.，2009）。哈伦等人（Harun et al.，2018）基于公平理论认为解释、礼貌和道歉是一种互动正义，通过有效执行服务恢复策略，可以在客人的头脑中产生强烈的正义感，服务业从业人员可以通过忠诚度利用这一点，从而影响投诉后的客人心态。共享住宿的本质是服务业，面对房客的投诉，作为服务提供主体的房东应该用真诚的心态对待房客，尊重房客，对出现的问题主动承认并道歉，主动化解矛盾。

3. 实际补偿

克里萨富利和辛格（Crisafulli & Singh，2016）认为，当一项服务失败时，公司的保证政策可以作为一种恢复策略。在互联网环境下，服务方应特别注意客人的在线投诉活动，迅速向他们提供礼券或替代品，而不是现金补偿的"正常"补偿（Grégoire et al.，2009）。有研究探讨了社会媒体环境下酒店管理者服务恢复沟通策略的重要性，并指出服务恢复沟通过程，特别是真实性和补偿，是社交媒体环境下服务恢复策略的一个组成部分（Jeong & Lee，2017）。当管理者将真实性和报酬因素结合起来时，顾客更可能表现出更高的信任度、满意度和行为意图。在共享住宿中，房东应向房客提供适当的承诺和保证。如当房客投诉实际的服务体验与房东描述不完全相符时，房东应根据之前的承诺和保证，通过适当优惠或退款等经济性措施给予房客实际的补偿。

4. 及时反馈

在投诉事件处理后，服务方应对投诉处理结果进行及时的反馈。一方面，服务方要从客人处直接获得反馈（Liao，2007）。另一方面，也可以向一线员工寻求反馈，包括一线员工在提供快速响应方面是否感到受限，以及是否由于组织政策而在解决问题方面存在任何瓶颈等。根据反馈，服务方可以调整现有政策（Harun et al.，2018）。对于房东来说，主要应从房客处直接获得反馈，一方面可以使房客感受到房东的关怀和诚意，提高房客的满意度和忠诚度；另一方面房东可以明确问题所在，并根据房客对处理结果的建议进一步改善处理措施。

综上所述，房东是共享住宿的重要参与者。根据不同的划分标准，可将房东划分为专职房东和兼职房东、城市房东和乡村房东等多种不同类型。房东出于经济、社交互动、享受、个人声誉、利他主义和可持续性等多种动机参与共享住宿。房东服务包括房源提供、预订服务、入住服务和离店服务等不同阶段的服务。随着行业的日渐成熟，房东的服务标准将日益精细化、规范化和品质化。

第六章　共享住宿平台内部管理

第一节　共享住宿平台概述

依赖互联网信息技术的发展，共享住宿平台得到了快速发展。Airbnb、小猪民宿、途家和蚂蚁短租等平台企业的发展都渐趋成熟，成为连接房源供给方和房源需求方的重要桥梁，越来越多的用户在旅游出行时选择使用共享住宿平台进行住宿预订。因此，共享住宿平台日益成为共享住宿市场发展的重要推动力。

一、共享住宿平台概念

共享经济具有典型的点对点经济特征，资源提供方和资源需求方通过共享平台完成交易（李立威，何勤，2018）。奥斯卡姆和博斯威克（Oskam & Boswijk，2016）认为共享平台是一个通用的"生态系统"，能够将潜在客户与任何人、任何私人企业和跨国公司联系起来。每一个人只要点击一个按钮，就可以成为各种产品和服务的供应商。这是数字化和数字化平台带给我们的真正创新。Airbnb 和 Uber 将自己定位为共享或协作经济的一部分，通过 Airbnb 和 Uber 平台，个人能够相互分配和共享过剩的住宿（如备用房间）和交通（如闲置的汽车或自行车）资源（Tussyadiah & Pesonen，2018）。

共享住宿平台，也称在线短租平台、P2P 住宿平台，是伴随着共享住宿的发展而产生并蓬勃发展的点对点在线房屋分享交易平台。它是以互联网为依托，整合房源供需信息，根据服务协议为房东及房客提供在线住宿交易的服务商。其性质是构建一个双边市场交易平台，降低信息不对称和搜寻成本，提高资源匹配效率。Airbnb 将自己定义为"一个社交网站，将有空闲空间的人与寻找住宿地点的人联系起来"，而不是连锁酒店（Bashir & Verma，2016）。

二、共享住宿平台类型

（一）根据商业模式划分

朔尔（Schor，2014）提出，共享平台的商业模式、交易逻辑和对传统商业颠覆的潜力是由市场导向和市场结构两个维度共同塑造的。杨帅（2016）根据经营和供给者特征将共享平台划分为 P2P（盈利）、P2P（非盈利）、B2P（盈利）和 B2P（非盈利）四种类型。比如，Airbnb 和小猪民宿都属于"P2P（盈利）"型平台的代表，Airbnb 为房源提供者和旅行者创建了一个基于佣金的 Web 平台，协调产品和服务供需，代表着数字技术推动的市场经济扩张（Oskam & Boswijk，2016）。途家属于"B2P（盈利）"平台的代表。途家网采取自营 B2P 模式，对房源实行酒店式全托管，统一装修和管理，提供标准化服务（宋琳，2018）。

（二）根据平台治理模式划分

共享经济平台通过创新的方式将组织机制和市场机制结合起来，以赢得竞争优势。根据对平台参与者的控制程度（严格控制 vs. 松散控制）和参与者之间的竞争程度（高竞争 vs. 低竞争）两个维度，共享经济平台可以划分为特许经销商（Franchiser）、委托人（Principal）、监护人（Chaperone）、园丁（Gardener）四种模式（Constantiou et al.，2017）。特许经营商属于严格控制和高竞争型，委托人属于松散控制和高竞争型，监护人是严格控制和低竞争型，园丁则体现出松散控制和低竞争特征。例如，Airbnb 是"监护人"的代表，因为它促进了高竞争（根据实时供求变化推荐服务的价格），并且对平台参与者的控制相对松散（比如，设定社会规范和社区价值）。CouchSurfing（沙发客）是"园丁"的代表，它促进了平台参与者之间的低竞争（比如，只允许参与者通过以物易物的方式获得服务成本的一部分或只允许交换礼物），也对平台参与者的控制相对松散。可以看出，二者的共同点是对平台参与者的控制都较为松散。

（三）根据社交属性划分

根据平台的社交性和平台中介程度两个关键维度，可以将共享经济平台划分为论坛（Forums）、使能者（Enablers）、匹配者（Matchmakers）和连接者（Hubs）（Perren & Kozinets，2018）。论坛的特征是社交性高、中介作用低，使能者是社交性和中介作用都高，匹配者是社交性低、中介作用高，连接者则是社交性高、中介作用低。例如，Airbnb 平台具有高社交属性和高平台中介的特点，属于匹配者的代表；CouchSurfing 具有高社交属性和低平台中介的特点，属于论坛的代表。

（四）根据平台经营方式划分

根据平台经营中重点关注房源提供者还是房屋租赁用户群体，依次可以将共享住宿平台划分为 C2C 模式、B2C 模式、（B+C）2C 模式和（B+C）2（B+C）模式。其中，Airbnb 和小猪民宿是 C2C 模式的代表企业，途家是 B2C 模式的代表，且由 B2C 模式向（B+C）2（B+C）模式转变。对于以上四种不同的共享住宿平台企业的经营模式的详细介绍，请见第九章第一节内容。

第二节　共享住宿平台内部管理

共享住宿平台的内部管理是确保平台运行质量和各个利益相关方权益的关键，主要包括用户信息审核、交易服务管理、在线评论管理、投诉管理、违规行为管理、安全管理和知识产权管理七个部分。如图 6-1。

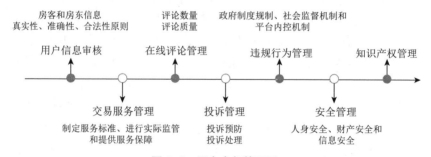

图 6-1　平台内部管理图

一、用户信息审核

平台用户信息审核主要指平台依据国家相关政策、法律法规的要求，依法对平台上的用户信息进行审核的程序。

（一）信息审核内容

共享住宿平台对用户的信息审核主要包括对房客的信息审核和对房东的信息审核两个方面。

1. 房客信息审核

平台对房客的信息审核主要包括对房客身份信息和交易信息的审核。平台对房客身份信息的审核主要指平台应对房客在注册和预订时提供的相关身份信息进行审核，审核内容包括房客（预订人和主要住宿人）的真实姓名、身份证信息和联系方式等个人信息，以及房客发布的用户名、头像及其他个人资料。平台对房客交易信息的审核主要包括对房客的支付方式、支付时间和交易结果等信息进行审核。比如，房客在途家预订时必须输入正确的身份信息，否则将无法完成预订流程。

2. 房东信息审核

平台对房东的信息审核安全主要包括对房东身份信息、房东交易信息和房东提供的房源信息三个方面内容的审核。房东身份信息的审核主要指平台应对房东提供的姓名、身份证件、电话号码和家庭住址等个人身份信息，以及房东发布的用户名、头像及其他个人资料进行严格的审核。房东交易信息的审核主要包括对房东的收款方式、收款时间和交易结果等信息进行审核。房源的信息审核主要指平台应对房东在平台上发布的房源类型、房屋环境、配套设施，以及周边环境等房源描述信息和图片等进行严格核实，并对上线房源进行实地验真，保证上线房源信息与实际房源的一致性。

（二）信息审核原则

平台应尽最大可能对用户提供的信息的真实性、准确性和合法性予以核查。

1. 信息审核的真实性

信息审核的真实性指平台应确保用户在平台上进行注册和交易等环节时提供的信息是真实可查的。平台组织应对个人和企业成为用户进行法律界定，应从技术性角度对用户的身份予以确认。在短租平台小猪上，为确保房东发布房源的信息真实有效，在房源发布后，小猪客户经理会对房东的房源进行实地验真。验真时，小猪客户经理会对房东的身份信息、房屋状况及房屋权属证明（如，房产证、房屋租赁合同、出租人合法授权书等）予以核实。根据《小猪房东规则》，小猪会为通过验真的房源添加"已验真"标识，以帮助通过验真房源获得更多的有效订单。

2. 信息审核的准确性

信息审核的准确性指平台在审核信息时应确保信息的真实可靠，对一切模糊性信息均不予审核通过；同时应定时审核网站信息，并及时对网站信息进行更新，确保平台信息的准确无误。欧盟《一般数据保护法案》中对与个人数据处理相关的原则规定，个人数据应保证准确、必要和及时。我国《"十三五"国家信息化规划》提出，要强化数据资源管理，加强数据资源目录管理、整合管理、质量管理、安全管理，提高数据准确性、可用性和可靠性。

共享住宿平台应及时对上线房源信息和用户信息进行更新，并积极利用技术手段优化对平台信息的管理。如，与第三方技术公司合作，通过建立相关信息审核制度和建立用户档案信息数据库等措施加强对信息的管理，提高信息的准确性和可靠性。

3. 信息审核的合法性

信息审核的合法性指平台应按照国家相关法律规范和平台自身的相关规定对平台上的信息进行审核，确保所有信息均符合国家相关法律规范和平台的规定。欧盟《一般数据保护法案》中对与个人数据处理相关的原则规定，要以合法、公正、透明的方式处理与数据主体有关的个人数据。

在共享住宿平台上，信息的合法性主要包括房源信息的合法性和房客信息的合法性。对属于国家明令禁止出租或转租的房源类型，平台应不予审核通过。对于提供虚假信息，以及包含危害国家安全、损害国家民族尊严、违背公序良俗、容易引起公众不良反应或误解等信息的用户，平台应拒绝其相关请求，并保留相关信息记录，及时向相关部门报备。

二、交易服务管理

平台交易服务管理主要指平台应为房客和房东双方的交易服务制定服务标准并进行实际监管，为房客和房东提供权益保障，以确保交易服务过程的合法性和安全性。平台交易服务管理可概括为 3S 管理，即制定服务标准（Standard）、进行实际监管（Supervision）和提供服务保障（Support）三个方面。

（一）制定服务标准

共享平台应在日常运营管理过程中制定相应的服务标准和规定并严格执行，通过整齐划一的产品质量标准为用户提供更高的服务质量。平台应制定的服务标准一般包括平台房源信息审核、平台安全保障、用户隐私保护、保洁标准、保险理赔等方面，标准的制定能为平台企业的实际运作提供指导。

（二）进行实际监管

实际监管指平台在制定相关标准后，应严格执行标准并进行监管。比如，"榛果管家"保洁卫生及检查标准中规定了八个检查要点，涉及 46 项标准化工作流程，例如，更换床品平整无皱褶、地面清洁、物品按要求摆放整齐、下水畅通、绿植花盆内无杂物等。

（三）提供服务保障

提供服务保障主要指为保证房客和房东在在线预订、交易期间的相关权益得到保障并顺利完成订单，平台为此提供的相关服务保障，以及对房客和房东在订单处理环节应履行的相关义务进行相应规范的管理程序。共享住宿平台提供的服务保障主要包括安全保障、财务保障和运营保障。

1. 提供安全保障

安全保障指平台应通过保险等制度性保障保护房客和房东在人身、财产等方面的安全。目前国内市场上的主流平台均为交易双方提供赔付基金或人身、财产保险等保障。一方面，平台应为房客提供人身及意外保险服务，保障交易和入住安全。小猪民宿和途家等平台均为房客提供房客保险，保障交易和入住安全。2018 年小猪平台通过布局智能设备、加强人脸识别身份认证技术的运用进一步提升房客的安全保障和入住体验。途家通过信用认证、评论展示、7×24 客服、普及智能硬件使用和设立专项基金等多个方面的措施，加强平台的安全保障（中国共享经济发展年度报告，2019）。另一方面，平台应为房东提供财产保险服务，保障交易和出租安全。比如，小猪平台为房东提供房东财产综合保险，保障交易和出租安全。房客入住期间，房屋如出现财产损坏，将由《家庭财产综合保险》为房东提供理赔解决方案。榛果民宿推出了"房屋财产无忧保障计划"，房东可免费享受相关条款规定的条件，并可得到 50 万元的房屋及财产保险（中国共享住宿发展报告，2018）。

2. 提供财务保障

财务保障指平台应确保房客和房东在整个服务过程中的财产安全。平台应为房客和房东双方提供第三方担保支付体系，而且应支持多种付款和收款方式。比如，在小猪平台上，房客不是直接支付给房东，而是由小猪代为担保，入住完成后才支付给房东。平台同时为房客和房东提供资金安全保障。在保护房客的资金安全方面，设置入住体验监督机制和订单取消机制。在房东方面，如出现房客取消入住，或提前退房的违约情况，房东可按照房东交易规则约定比例收取合理的违约金，从而保障房东的利益。途家引入商户芝麻信用分，作为商户（房东）经营担保（中国共享经济发展年度报告，2019）。

3. 提供运营保障

运营保障指平台应为房东提供培训、保洁和专业摄影等一系列便利服务，为房东提供经营管理上的支持和帮助。比如，在培训服务方面，平台应定期组织房东及从业人员开展住宿登记管理、治安防范、消防安全、法律法规方面的培训，加强房东合法经营。同时，平台应通过线上或线下方式对房东及从业人员开展服务礼仪、清洁卫生、食品安全、社区关系、信息发布规定、信息安全等专业培训，提升房东服务质量。Airbnb 在中国开设"爱彼迎房东学院"，通过房东学院平台为中国房东搭建互相交流学习的桥梁，并分享一些最佳的实践和案例，以帮助房东们快速成长。尤其在新冠疫情发生后，Airbnb 采取了一系列支持房东和房客社区的保障措施，比如，为了帮扶支持社区共渡难关，推出"爱在行动"志愿房东和"暖心房东"活动，推出帮助房东把握复苏趋势、赢得订单的周租月租推广活动、房源预售预付和安心住项目，自动延长中国大陆地区超赞房东身份等（中国共享经济发展报告，2021）。榛果民宿则依托母公司的综合优势，通过美团点评的产品、技术、运营等资源协同，为房东提供包括专业摄影、智能门锁、保洁等在内的一体化便利服务，让房东从日常事务性管理工作中解脱出来，真正聚焦民宿经营的核心，即为房客创造独特的互动体验。

三、在线评论管理

平台在线评论管理指平台应对房客发布的在线评论，以及房东对房客的评论回复进行及时的审查管理。在线评论所形成的在线声誉机制是维护平台声誉的重要作用机制，应该引起平台的高度重视。共享住宿平台在线评论管理主要包括对评论数量和评论质量的管理。

（一）评论数量

在评论数量管理上，平台应积极鼓励房客进行评论，鼓励房东积极对房客的评论予以及时的回复。合理适当的评论数量有可能为潜在客人提供更多的房源信息，提供更多的参考意见，进而为房东吸引更多房客，为平台积累更多用户，为平台品牌知名度的扩张提供流量支持。与此同时，在线点评可以帮助建立房东房客互相信赖的平台环境，在真实可靠的双向点评机制下，不断积累的评论等级会转化为对双方的信任。评论等级越高，双方越容易达成信任。因此，平台应进行公平、细分的评论等级管埋，充分发挥评论等级带来的激励效用。

（二）评论质量

在线评论质量指在线评论满足评论阅读者需求的程度（吴秋琴等，2012）。有学者认为评论的质量至关重要，读者不只是盲目地追随评论，人们更愿意接受真实可靠的评论信息，且人们的购买决策会受此影响（Cheung et al.，2009）。然而一些商家受利益驱动会产生操纵行为，试图通过虚假评论影响消费者的认知和决策（李雨洁，李苑凌，2015）。在共享住宿中，房东受利益驱使可能会通过不正当手段获得虚假评论，影响房客的正常判断。对此，平台应对房客发布的评论信息和房东的评论回复进行严格的审核。

四、投诉管理

平台投诉管理主要指平台应有效预防投诉事件的发生，并对已发生的投诉事件采取服务补救措施，进行及时处理。顾客投诉管理作为企业的一种防御性营销是十分重要的（Fornell & Wernerfelt，1988）。从某种意义上讲，防御策略涉及到减少客户流失或顾客转换。当产生新客户的成本相对于保留现有客户的成本较高时，这种防御性营销就变得至关重要。普里姆和普拉斯（Prim & Pras，1999）认为使用投诉中包含的信息并对此类投诉作出正确的答复至关重要。管理投诉可以是一种沟通手段，也可以是维护和建立忠诚度的手段。顾客投诉的信息主要来源于公司及竞争对手，如果投诉处理得当，反而可能提高企业口碑。共享住宿平台的投诉管理主要包括投诉预防和投诉处理两个部分。

（一）平台投诉预防

共享住宿平台在日常的运营管理中应当制定明确的经营管理制度，如房东房客规则、点评发布要求等，并通过严格执行平台的制度与规范，为用户提供公平的服务，预防投诉事件的发生。除正式的规章制度外，平台应开通 24 小时客户服务热线，对客户的建议适当采纳，对客户的问题及时处理，防止不良事件事态的恶化，提高用户的使用满意度，减少双方的矛盾或冲突，最大程度上预防投诉事件的发生。此外，因为共享住宿平台企业属于服务型企业，尤其注重顾客的体验，更应该注重预防投诉事件的发生。而且，服务的提供方不仅包括平台，还包括提供房源的房东个体，平台应该通过专业培训等措施提高房东的专业水平和沟通技巧，最大程度地避免投诉事件的发生。

（二）平台投诉处理

在投诉处理方面，针对已经发生的投诉，平台应予以高度重视，建立健全在线投诉解决机制，并在最短时间内妥善处理。如平台可设立线上投诉和举报渠道，认真审查用户的申诉请求，及时受理和依法处理用户投诉，主动解决消费纠纷，同时建立快速理赔通道，对客户的损失给予及时和适当的补偿。平台可以采取的服务恢复策略主要包括补偿、替代、道歉和不采取行动（Chen & Tussyadiah，2021）。补偿措施包括退款、给予优惠券和提供升级服务等；替代策略主要指为客户提供新的入住房源；道歉要及时和真诚；不采取行动包括两种情况，一种是即使客人提出投诉，房东和平台都没有积极尝试解决问题，另一种是在服务失败后客人不想花时间或努力寻求补偿（Chen & Tussyadiah，2021）。

平台可能会面临不同类型和复杂程度的投诉情况。具体而言，平台面对的处理抱怨情况可能是两个主体（房东与房客、房东与平台、房客与平台）之间的矛盾，也可能是房东、房客与平台三者之间的矛盾；更复杂的情况下，还可能涉及第四方主体，比如监管机构和社区居民（Moon et al.，2019）。当平台采取干预方式介入主客之间的矛盾时，尽管负面事件可能并不是由平台直接造成的，但作为平台提供者促进双方之间的交易，平台被认为要对事件负责关联责任。此外，平台在解决过程中拥有更大的权力，但平台无法掌握关于负面事件的第一手信息，很多时候平台要依据房东和房客提供的证据（比如，照片是最常用的证据）来处理事件。尽管缺少关于主人和客人之间实际发生了什么事情的第一手信息，但由于平台在解决过程中发挥了更多的影响力，通常被认为是解决房东和房客投诉的最终决策者并可提供解决方案（Moon et al.，2019）。

五、违规行为管理

违规行为管理主要包括对房客违规行为的管理、对房东违规行为的管理和对平台违规行为的管理。主要的监管机制包括政府制度规制、社会监督机制和平台内控机制。

（一）平台中的违规行为

共享住宿平台的参与各方都可能存在主观恶意或无意失误的违规行为。房客的违规行为主要包括虚假注册、刷单、线下交易、虚填或拒填入住人信息、违规点评等。房东的违规行为主要包括提供虚假房源、流量刷单、干预点评、线下交易、刻意拒单、到店无房、到店加价、态度恶劣等。平台违规行为主要包括纵容和提供虚假评论、流量刷单、泄露敏感信息、利用大数据算法等技术手段进行不正当操纵等，如平台利用大数据算法等删除不利评价、进行部分信息阻隔、操纵商家排名，以及算法歧视等行为。

（二）对违规行为的管理机制

1.政府制度规制

政府制度规制主要指通过国家法律政策、制度法规等强制性措施来规范房客、房东和平台的行为，以解决共享住宿中可能存在的违规、违法、不文明、不正当竞争等行为，是规范化、制度化的体系结构。针对行业中存在的不规范现象以及民众关注的热点问题，2018 年 11 月，由国家信息中心牵头，组织包括 Airbnb、小猪、美团、途家等龙头平台企业，联合北京第二外国语学院共同推出了我国首部《共享住宿服务规范》，该标准主要从共享住宿平台（企业）服务与管理要求、房东要求与规范、房客行为要求等方面提出具体的要求，规范共享住宿运营管理，促进行业自律。

2. 社会监督机制

社会监督机制主要指通过社会组织（如在线社交平台）和公众对个体或组织的行为进行规范和约束。社交媒体技术（在线评论和即时通讯）通过增强在线互动和信息披露，使信息更加透明，增强了互动双方的信任，也使双方的行为更加符合道德规范（Chong et al.，2018）。

3. 平台内控机制

平台内控机制主要指平台为管理违规行为，提高运营效率，确保运营质量而设立的管理机制，它是平台的一种自律行为。用户对共享平台的制度机制（比如反馈机制、服务提供者身份认证机制等）的感知有效性是影响用户对平台的信任的重要因素（Lu et al.，2021）。共享住宿平台可以建立信息共享机制，通过黑名单公示，防止和减少房客和房东违规行为的发生。同时，平台应建立惩罚机制，对房客和房东的违规行为予以处罚。此外，平台还应制定涉及房客、房东权益保障的赔偿措施和应急预案，对房客、房东的损失提供违约金补偿等服务。

六、安全管理

平台安全管理是指平台应建立健全风险管控体系，最大程度降低用户的风险感知，维护平台和网络环境的安全。共享住宿平台的安全管理主要包括人身安全、财产安全和信息安全管理。

（一）人身安全管理

平台对用户人身安全的管理主要指平台应保证房客和房东在整个服务过程中（包括预订、入住等环节）的人身安全，尤其要保证房客的住店安全。

一方面，平台应严格核查房屋安全性，确保房客入住的人身安全。核查应确保房屋主体建筑结构、消防设备、出入口和通道等符合消防安全和治安管理规定。另一方面，平台应建立包括涉嫌违法犯罪线索发现、异常情况报告、安全提示和案件调查配合等方面的公共安全防范配合制度，确保用户人身安全。比如，对于房东，应制定对房东的经营条件约束，对于有过犯罪记录的人群，禁止其房源上线；对于房客，应严格认证房客身份，防止在逃人犯入住。小猪平台通过国政通科技有限公司提供的大数据服务实时验证房客姓名和身份证信息匹配情况。"国政通"对入住人进行犯罪记录核验，如属于在逃犯人将触发平台报警机制，第一时间通知相关管理部门。

（二）财产安全管理

平台对用户财产安全的管理主要指平台应确保在整个服务过程中（包括预订、入住等环节）房客与房东的财产安全。随着科技的发展，智能锁具、保险箱、针孔摄像机和智能防盗系统等越来越多的先进技术被用来保障人们的权益不受侵害（奥妮尔，2017）。在共享住宿服务中，在交易阶段，平台应通过第三方支付保障体系等保障体系确保交易双方的财产安全。在入住阶段，平台应提供相应的智能安全设备。包括智能门锁或人脸识别系统、监控设施等。接入智能化、自助化的安全设施有助于保障房客的人身和财产安全。比如，通过面部识别技术对房客进行身份认证，快速办理入住的同时保证安全；或安装密码锁并确保一客一换。房客住所应备有保险箱。

（三）信息安全管理

平台对用户信息安全的管理主要指平台对用户身份信息、交易信息等信息的安全管理，对用户信息的安全管理是平台的义务。网络安全已经成为国家和政府高度关注的问题，必须重视网络安全工作，以保护隐私、自由、创新和互联网的开放性。共享经济的商业模式引起了对用户隐私安全的合法关注。Airbnb 需要确保他们列出的公寓对出租人是安全的，美国第二大打车应用商 Lyft（来福车）需要确保司机使用的汽车对乘客是安全的（Cannon & Summers，2014）。一方面，平台应建立健全用户信息安全管理制度和规范，合理存储并使用用户信息，确保用户信息安全，维护用户的利益。另一方面，平台应自觉配合相关部门管理，维护网络安全。我国《共享住宿服务规范》中对安全管理的规定指出，平台应根据法律要求，实时或定期向有关政府部门报送预订、交易信息，依法积极配合有关政府部门发出的协查事项，接入与公安联网的信息采集系统，同时设专门人员负责配合公安机关的网络安全处理、网络有害信息清除等工作，并建立与公安警务进行快速沟通、联系的渠道。

七、知识产权管理

互联网的开放性和透明性弱化了知识产权的地域性，知识产权的无形性特征体现更加明显，这也使互联网环境下的知识产权保护形势更加严峻（孙其，巩顺龙，2007）。尤其在 P2P 网络中，知识产权所有者的权利极易被侵害（Dong et al.，2002）。根据共享住宿的服务特征，共享住宿平台上的知识产权管理主要包括房客和房东的肖像权、著作权和平台自身的知识产权管理。

（一）用户肖像权

肖像权是公民可以同意或不同意他人利用自己肖像的权利，受到法律保护。肖像权作为一种绝对权利，具有对世性和排他性。在共享住宿平台上，用户发布的个人头像、私人照片等都属于用户肖像权的范围，未经同意，平台和其他用户都不得以营利为目的擅自使用。平台应采取相应措施对房客等发布的照片等利用技术加以保护，防止用户的肖像权受到侵害。

（二）用户著作权

著作权，也称版权，是作者及其他权利人对文学、艺术和科学作品享有的人身权和财产权的总称。《中华人民共和国著作权法》规定，未经著作权人许可，不得擅自复制、发行、表演、放映、广播、汇编、通过信息网络向公众传播其作品。

共享住宿平台上的著作权主要包括用户在平台上发布的文字、照片和音像等资料。共享住宿平台作为共享住宿中的主要参与主体，应严格实行知识产权管理，维护平台、用户及相关利益主体的知识产权。对平台中侵犯他人知识产权的内容依法处理，并严肃处理平台中侵犯他人知识产权的行为。

小猪在其《知识产权声明》中规定，对于小猪网所刊登的所有内容，包括但不限于图片、文字及多媒体形式的信息等，未经著作权人合法授权，禁止一切形式的下载、转载使用或者建立镜像。获得合法授权的，应在授权范围内使用，必须为作者署名并注明"来源：小猪网"字样，且均以获得信息为目的，不得用于商业目的。对于违反者，将依法追究其相关的法律责任。Airbnb 的知识产权政策声明，Airbnb 尊重其他人的知识产权，并希望其用户对知识产权给予同等尊重。Airbnb 的政策是，在适当情况下自行决定禁用和 / 或终止屡次侵权或者屡次被指控为侵犯他人著作权或者其他知识产权的用户的账户或访问权。

（三）平台知识产权

平台拥有自身经营管理所特有的品牌商标、服务标准、管理控制系统、软件专利、算法程序和 IP 创意等方面的知识产权，保护知识产权可以激发平台的创新活力。由于市场竞争，一些企业和个人会存在模仿、抄袭等恶意竞争行为，平台应通过正当法律和技术手段保护自身的知识产权不受侵犯。相关政府部门也应加大对知识产权侵权行为的处罚力度，维护公平公正的市场环境。同时，共享住宿平台应充分利用大数据和人工智能等技术手段加强内部保护，实时监测和维护平台的相关权益。

第三节　共享住宿平台信息安全

共享住宿平台的数据信息可以分为人口统计学特征信息、个人标识信息、生活方式信息、消费偏好信息和财务数据信息五大类（Hughes，1994；Phelps et al.，2000）。保护平台上的数据隐私和信息安全是平台的义务。各国通过不同的法律标准和规范对网络信息安全问题进行规范。

一、信息安全保护的范围

（一）信息安全界定

欧盟 GDPR《一般数据保护法案》中规定，个人数据指任何指向一个已识别或可识别的自然人（"数据主体"）的信息。该可识别的自然人能够被直接或间接地识别，尤其是通过参照诸如姓名、身份证号码、位置定位数据、在线身份识别等标识，或者是通过参照针对该自然人一个或多个如物理、生理、遗传、心理、经济、文化或社会身份的要素。

中国 2018 版《大数据安全标准化白皮书》中指出，大数据安全主要是保障数据不被窃取、破坏和滥用，以及确保大数据系统的安全可靠运行。

（二）信息安全类型

共享住宿平台上房客和房东的数据信息包括人口统计学特征信息、个人标识信息、生活方式信息、消费偏好信息和财务数据信息五大类。

1. 人口统计学特征信息

人口统计学特征信息指能够用来反映或体现个体特征的指标、数据或资料。通常包括性别、年龄、职业、收入、婚姻状况、家庭状况和受教育程度等指标信息。在共享住宿平台上，房客和房东需要通过实名注册享受相应权益。在此过程中，房客和房东提供的性别、年龄、职业、收入、婚姻状况、家庭状况和受教育程度等信息都是共享住宿平台可能收集的信息。

2. 个人标识信息

个人标识信息指能够用来辨识和确认个体身份的信息。共享住宿平台可能收集的房客和房东的个人标识信息包括姓名、电话号码、邮箱、家庭住址、微信、用户昵称、上传照片和头像等信息。例如，小猪在其《隐私保护声明》中声明，消费者在注册"小猪民宿"账户或申请开通新的功能时，需根据"小猪民宿"要求提供姓名、Email 地址、住址和电话号码等个人信息。Booking.com（酒店订房网）声明会收集的个人数据主要包括消费者的姓名、联系方式和同行人的姓名等。同时，Booking.com 会收集客人在点评中包含的信息，包括显示名字和头像。房东申请上线房源时，平台也会对房东的姓名、性别、年龄和所在地等身份信息进行审核，同时进行信息存储。

3. 生活方式信息

生活方式信息指房客在日常消费过程中形成的个人购买习惯，包括支付方式、支付时间、习惯使用的浏览器、经常浏览网站页面的时间段和发布点评的特点等。在共享住宿中，房客的生活方式信息体现为使用意向和行为的内部倾向，即由个体所形成的习惯和行为偏好。北京第二外国语学院《共享住宿业消费者参与动机与行为研究》（2018）的调研显示，消费者住宿计划和购买之间的时间间隔普遍较短，旅行住宿趋于短期计划，大多数消费者更倾向于入住前两周预订。根据消费者的这一消费行为习惯，共享住宿平台企业可以制定更具针对性的营销方案，在适合的时间段进行营销活动的预热，吸引更多消费者预订。

生活方式信息是企业实施精准营销、精准定位目标客户群体的重要信息。通过对房客点击量及浏览过的页面等偏好信息的整理、分析，平台和房东可以提供更加精准的产品和服务。小猪在其《隐私保护声明》中声明，"小猪民宿"自动接收并记录消费者的浏览器和计算机上的信息，包括但不限于消费者的 IP 地址、浏览器的类型、使用的语言、访问的日期和时间、软硬件特征信息及需求的网页记录等数据。

4. 消费偏好信息

消费者偏好指消费者对一种商品（或商品组合）的喜好程度。在共享住宿中，消费偏好信息主要指房客对平台提供的各类不同房源产品和服务的喜好程度，如房源类型、地理位置、主题特色等信息。相对于消费者的生活方式信息，消费偏好信息是一种外部倾向。它既是房客兴趣和喜好的体现，也受房东和平台所提供的产品和服务的影响。一方面，通过对房客偏好信息的收集，平台对房客的喜好有更加详细的了解，可以通过分类统计等数据分析工作，优化平台网站或 App 等页面显示，精准推送房客感兴趣的产品，改进网站的管理和服务。另一方面，平台可在大数据的帮助下，为房东提供更符合其房源风格和类型的消费客群，为房客提供更个性化体验。

5. 财务数据信息

财务数据信息指能够在一定程度上反映房客的收入水平和经济消费水平的信息。共享住宿平台可能收集的房客财务数据信息主要包括预订价格、收付款方式、收付款时间和消费账单等。财务信息属于高度隐私性，在交易过程中，房客担心自己的财务信息安全，一般愿意提供个人身份信息，但对财务信息非常谨慎（Ward et al.，2005）。由于在共享住宿平台上进行交易会留下个人的财务数据信息，并存在被泄露的风险，因此，平台应对房客的财务数据信息予以保护。

二、信息安全保护的措施

（一）信息安全保护的重要性

网络信息安全在整个市场中发挥着越来越重要的作用。互联网的发展使营销人员能够以更高的效率从用户那里收集个人信息。然而，许多企业的安全监管体系不完善，数据隐私问题正日益成为大众广为关注的重要话题之一。数据泄露会对消费者的个人信息安全以及财产安全带来极大威胁，也会对企业的客户忠诚度、经营业绩产生负面影响。在欧盟，网络和信息系统的弹性和稳定性被视为完成数字单一市场和内部市场顺利运作的关键。信息安全事件不仅威胁到经济损失、破坏、名誉损害、诉讼和知识产权损失，还威胁到网络基本服务和国家安全（Tauwhare，2016）。2021年6月中国正式发布《数据安全法》，对数据分类分级、重要数据保护、跨境数据流动和数据交易管理等提出了要求。

（二）信息安全保护的原则

获取并使用网络用户的数据信息是整个网络行为的基础，共享住宿平台作为网络企业，应在法律允许范围内获取用户个人信息，并在收集用户数据信息后，依法保护用户的隐私安全。保护信息安全应遵守合法性、公平性、透明性、保密性、准确性、目的限制性、存储限制性和数据最小化八项原则。

1. 合法性原则

共享住宿平台对信息安全保护的合法性原则主要指平台在获取、使用和存储网络上的信息时必须符合国家相关法律规范，一切活动均应在安全有保障的合法环境下进行。

欧盟《一般数据保护法案》第6条规定，对个人数据的处理必须保证合法性，如处理是为履行数据主体参与的合同之必要，亦或处理是因数据主体在签订合同前的请求而采取的措施。我国《共享住宿服务规范》（国家信息中心，2018）中规定，平台应依法存储用户个人信息，制定并公布隐私保护协议，尊重用户的个人隐私权，未经用户许可不得非法公开、编辑、透露用户的非公开资料给第三方。经用户同意方可将其个人资料的部分资料（如个人头像、名字和描述等）以及通过平台发表的评论、意见公开。平台有义务创建和维护服务环境安全，包括验证身份信息，监测、评估、防范和处理可能的欺诈、窃取、破坏或其他违法行为。同时，平台应依法配合相关国家机关数据信息的查询和调取工作。

2. 公平性原则

共享住宿平台对信息安全保护的公平性原则主要指平台在获取、使用和存储网络上的信息时需要做到公平公正，禁止一切暗箱操作和不正当交易。

欧盟《一般数据保护法案》第 40 条中指出主体对数据信息的处理要坚持公平透明的处理程序。我国《第三方电子商务交易平台服务规范》中明确提出公正、公平、公开的原则。平台经营者在制定、修改业务规则和处理争议时应当遵守公正、公平、公开原则，保障交易的公平与安全。

共享住宿平台作为第三方网络平台，应当遵守相关规定，同时制定平台内部管理条约，建立内部监察体系，加强行业自律，始终坚持公平公正的原则，确保整个交易过程的公平公正。

3. 透明性原则

对信息安全保护的透明性原则主要指平台在获取信息时应保证用户的知情权，在使用信息时应公示使用用途和范围。共享住宿平台不得收集与其提供的服务无关的个人信息，不得违反法律、行政法规的规定和双方的约定收集、使用个人信息，并应当依照法律、行政法规的规定和与用户的约定，处理其保存的个人信息。

知情同意权是交易的基础，可以运用在各种地方（奥妮尔，2017）。如，共享住宿平台应该积极联系第三方公司，建立房客与房东的征信系统，确保双方信息透明、安全可靠。对于使用的用户信息，平台应该进行公示，向公众说明使用的用途及范围。

4. 保密性原则

信息安全保护的保密性原则是指平台应妥善保管和使用用户信息，不能向非授权个体和组织泄露用户信息。共享住宿平台应严格保密用户的个人信息，通过建立专门的信息安全管理制度、流程和组织，对用户提供的信息采取保密管理及保护措施，避免信息泄露。当前，科技进步提供的新的加密技术为数据隐私安全的保护提供了新的可能（奥妮尔，2017），因此，平台应通过技术手段加强对数据的保密工作。

5. 准确性原则

信息安全的准确性原则是指平台应妥善保管和使用用户的信息，要保证信息的完整性和真实性，不能随意篡改。共享住宿平台可通过积极引进和采取技术措施保障数据信息的准确存储。共享经济是基于技术手段提高闲置资源利用效率的一种新范式，客户信息安全问题是阻碍共享经济模式发展的重要因素，而区块链运营有利于促进共享经济模式的创建，较好地解决共享经济客户信息这一问题。如平台可充分发挥科技协会等第三方机构的作用，加快建立和完善区块链技术应用监管体系（Xiao，2020）。

6. 目的限制性原则

信息安全的目的限制性原则是指平台对信息数据的获取、使用和存储应处于正常合理的目的。根据欧盟《一般数据保护法案》，个人数据应出于特定的、明确的、合法的目的收集，当不符合以上目的时主体不得进行进一步的处理。

共享住宿平台收集和使用信息的目的是为了更精准地了解消费者的需求，以提供更加精准和个性化的产品和服务，提升房客的体验。平台收集的信息既包括消费者的姓名、年龄和性别等基本信息，也包括财务信息等比较敏感的信息，在线隐私关注和信息控制对非常敏感的信息（如联系方式和财务信息）的公开具有更强的影响（Georgiana，2018）。因此，平台在公开和使用用户信息时要充分考虑敏感性和隐私性的问题，必须保证出于合理的目的而对信息进行特定的处理。

7. 存储限制性原则

信息安全的存储限制性原则是指平台对信息数据的存储应有存储时间上的相应规范，不能存储期限过短，也不能无期限存储。根据欧盟《一般数据保护法案》，当个人数据仅用于达到公共利益、科学或历史研究或统计的目的而处理时，个人数据能被长时间存储。中国《第三方电子商务交易平台服务规范》关于数据存储与查询的规定中也对保存期限和查询下载等进行了明确规定。因此，共享住宿平台应根据各国相关法律规范，在合理的期限内存储用户的信息，保证数据的有效性，确保在有限期内数据的可查性。

8. 数据最小化原则

信息安全的数据最小化原则是指平台应出于最直接的目的，获取和保存最相关的信息，减少信息冗余。数据最小化原则可以减少企业因数据丢失和破损带来的风险，并降低平台企业的存储成本，减少数据资源的浪费。欧盟《一般数据保护法案》中规定，个人数据的处理应是充分的、相关的，并以该个人数据处理目的之必要为限度，即数据最小化。随着Airbnb、小猪等主流共享住宿平台的不断壮大，其需要获取和存储的信息越来越多，对平台的信息基础设施和管理的要求也越来越高，存储成本也进一步提升。因此，坚持数据最小化原则可以最大限度降低平台的经营风险，并提升运营效率。同时，从某种程度上看，是一种有效的数据安全保护措施。

　　综上所述，共享住宿平台是依托互联网技术，并整合房东房源为房客提供住宿服务的供需平台。共享住宿种类有很多，大致分为 C2C 模式、B2C 模式、（B+C）2C 模式和（B+C）2（B+C）模式。共享住宿平台的蓬勃发展离不开其科学的内部管理，共享住宿平台的内部管理由用户信息审核、交易服务管理、在线评论管理、投诉管理、违规行为管理、安全管理和知识产权管理七个部分组成，同时共享住宿平台应基于合法性、公平性、透明性、保密性、准确性、目的限制性以及数据最小化原则对信息安全进行保护。

第七章　共享住宿信任机制

第一节　共享住宿信任概述

信任是现代商业活动的重要基石，尤其在互联网环境中，用户在虚拟环境中通过平台进行交易，面临信息不对称、个人隐私被泄露等风险，信任发挥重要作用。在共享住宿中，涉及房客、房东、平台等多方交易主体，存在更多不确定性和风险，信任是降低风险、促成用户参与共享住宿的重要机制。

一、信任概念界定

关于信任的概念多种多样。梅耶尔等人（Mayer et al.，1995）认为信任是指尽管一方有能力监督或控制另一方，但该方却愿意放弃这种能力而相信另一方会做出对己方有利的行为。帕夫卢（Pavlou，2003）认为 B2C 电子商务中的信任是指消费者在考虑了网络零售商的特征后，心甘情愿地使自己变得容易受到网络零售商行为的伤害的一种意愿。姚公安和覃正（2010）将消费者对电子商务企业的信任定义为"消费者相信电子商务企业在交互过程中不会做出于其不利的行为"。虽然学者们对信任的定义不同，但普遍的共识是，信任是一个人对其他对象的期望或善意，且这种意向会进一步影响和引导他们接下来的行为。

信任的定义随着情境发生变化，表 7-1 总结了一般情境、B2C 情境和共享情境中的信任概念。在 B2C 和共享情境中，部分定义由一般情境下的信任概念衍生而来。比如，有学者认为信任信念是对共享平台提供的服务的认知信念，包括善意（Benevolence）、能力（Ability）和正直（Integrity）三个维度（Lee & Kim，2019）。在共享住宿中，信任是服务过程的重要部分，具有相互性，涉及人、平台、产品三个维度（胡姗等，2020）。

表 7-1　信任定义

情　境	定　义	作　者
一般情境	信任是一个人愿意将善意归于他人并对他人的言行有信心的程度。这种意愿反过来又会影响一个人对待他人的方式。	John Cook 和 Toby Wall（1980）
	信任是对善意意图的期望，是基于对互动伙伴的个人特征和意图的推断。	Toshio Yamagishi 和 Midori Yamagishi（1994）
	信任是一方愿意受另一方行为的影响，其基础是期望另一方会采取对委托人重要的特定行为，而不考虑监督或控制另一方。可信度的三个要素是能力、善意和正直。	Roger C. Mayer 等人（1995）
	人际信任是指一个人对另一个人的言语、行动和决定的信心程度，并愿意据此采取行动的程度。人际信任的两个维度是基于认知的信任和基于情感的信任。	Daniel J. McAllister（1995）
B2C 情境	网络信任由能力信任、正直信任和善意信任组成。	陈明亮等人（2008）
	消费者对 B2C 电子商务的信任是在曾经的购买经验，或通过与他人口头交流并持续一段时间之后建立起来的。	Hyun Shik Yoon 和 Luis G. Occeña（2015）
共享情境	共享经济中有三个信任目标：同伴、平台和产品，可以由能力、正直和善意三个维度来表示。	Florian Hawlitschek 等人（2016）
	信任信念是对共享平台提供的共享服务的认知信念，包括善意、能力和正直三个维度。	Kwang-Ho Lee 和 DongHee Kim（2019）
	信任是指在互动后阶段，对共享平台的善意和能力的一种普遍的、积极的态度。	Shun Ye 等 人（2019）
	信任是房客相信另一方（特别是房东）会基于其他房客与同一房东的体验，从而以适当和仁爱的方式行为，目的是为他们提供良好的住客体验。	Efpraxia D. Zamani 等人（2019）

（表格来源：笔者根据相关文献整理）

二、共享住宿中信任的分类

（一）基于信任对象的划分

基于不同的信任对象，霍利切克等人（Hawlitschek et al.，2016）将信任划分为对个体的信任、对产品的信任和对平台的信任三个维度。进一步地，又细分为房客对房东的信任、房东对房客的信任、房客对产品或服务的信任、房客对平台的信任和房东对平台的信任。塔斯西亚和帕克（Tussyadiah & Park，2018）将信任分为基于平台的信任和基于房东的信任，两者都对房客的决策起着关键作用。

1. 对个体的信任

（1）房客对房东的信任

房客对房东的信任会影响房客最终的预订意愿和选择。房东的个人特征（性别、年龄、个人面部特征等）会影响房客对其信任感知（Barnes，2021；Ert & Fleischer，2020）。比如，房客对经常旅行的房东表现出较高水平的感知可信度和预订意图（Tussyadiah & Park，2018）。因此，房东应展现积极、负责任的个体形象强化房客对其信任度。共享平台的认证与标记也会影响房客对房东的信任，Airbnb 的"超赞房东"称号通过影响评论数量和等级，影响房客对房东的信任，对房东的感知信任度越高，房客越愿意支付更高的房源价格（Liang et al.，2017）；与之类似的还有小猪民宿中的"超棒房东"认证。

（2）房东对房客的信任

共享住宿模式具有陌生个体之间互动和交流的特点，房东面临着"让陌生人住进来"的种种风险，比如财务丢失、房屋着火、家具损坏以及房客犯法活动等，因此，房东对房客的信任是一个重要的问题，是决定房东是否接受房客住宿预订请求的重要衡量标准。房东的信任倾向（指个体表现出的愿意依赖他人的倾向）会影响对房客的信任，在实际生活中，房东拒绝房客预订的现象很常见，房客特征（例如性别、年龄、预订住宿人数、预订住宿时长、旅行目的和旅行同伴等）都会影响房东的信任，进而影响房客获得房东预订许可的可能性（Karlsson et al.，2017）。

2. 对产品和服务的信任

对产品和服务的信任主要指房客对房源质量和房东服务质量的信任。不同于传统的电子交易市场，在共享住宿市场中，房源和房东服务质量同时对房客的消费决策产生影响。房东个人声誉和所提供的产品描述能够影响房客对产品和服务的信任水平（Mauri et al.，2018）。高品质的产品和服务能够提升房客的服务体验，并形成口碑，从而帮助房东培养更多忠诚房客，获得二次效益。

3. 对平台的信任

（1）房客对平台的信任

房客对平台的信任影响房客是否选择该共享住宿平台进行交易，甚至有可能进一步影响房客对房东的信任。强大的流量资源是平台提升知名度的重要突破口，也是衡量平台受欢迎度的重要参考依据。塔代利斯（Tadelis，2016）认为，一个运作良好的声誉系统的核心特征是向未来的买家提供有关卖家过去行为结果的信息，因此，平台可以通过建立在线评论机制，解决信息不对称问题，增强房客的信任感知；同时，平台可通过保护房客隐私安全、增强预订操作系统的可用性、简化预订操作程序、设计清晰美观的网站页面等方法优化房客的预订服务体验，增强房客对平台的信任。

（2）房东对平台的信任

房东对平台的信任影响房东是否选择在该平台上线房源。房东数量，以及房东在平台拥有的房源数量是平台吸引流量的重要标准，而平台为房东提供的权益保障、激励措施等是获取房东信任、吸引房东的重要手段。比如，平台可通过提供保险保障、降低服务费、提供培训等方法留住已有房东并吸引新的房东不断入驻平台。房东的信任倾向和对平台的熟悉度是影响房东对平台信任的主要因素（Mittendorf，2016）；除此之外，平台的信息质量、服务质量和隐私保护等因素也发挥了重要作用（Wang et al.，2020）；塔代利斯（Tadelis，2016）指出平台可通过对支付系统的完善，减少买方的失信行为，增强房东的信任感知。

4. 对当地政府的信任

优质的产品与服务离不开政府的监管与支持。2017年发改委印发的《关于促进分享经济发展的指导性意见》对共享经济的技术资源等方面进行了要求，作为被信任者，政府需要推动共享经济产品与服务质量的提高与不同平台、房东间的有序市场秩序的建立。

（二）基于交易阶段的划分

共享住宿中的交易活动是分阶段完成的，根据不同的交易阶段和信任形成的不同机理，信任可划分为初始信任和后续信任。

1. 初始信任

双方之间的初始信任不基于对另一方的任何经验或第一手知识，相反，它基于个人的信任倾向或基于制度的线索，使一个人在没有第一手经验或知识的情况下信任另一个人（McKnight et al.，1998）。信任的形成是一个三阶段的动态过程。初始信任往往发生在第一阶段（McKnight et al.，2002；Prayag & Ozanne，2018）。在共享住宿中，初始信任是指房客初次与房东进行交易，并在预订阶段依据房东对房源和个人的展示，对房东产生的信任。

赢得参与者的初始信任是建立共享市场中信任的重要环节，因为这可能决定参与者未来互动的程度。房客在最初进行交易时，对房源和房东的了解都是不充分的，因而会存在一定的感知风险，平台社会声誉和安全保障在建立初始信任阶段发挥着关键作用。

2. 后续信任

在产生初始信任后，交易双方的信任会随着下一交易阶段进入后续信任阶段。随着交易次数的增加，交易双方的交易经验逐步累积，所搜集的交易信息也逐步增多，于是双方关系进入承诺阶段，此时便会产生后续信任，如基于经验的信任、基于知识的信任等（王玮，陈蕊，2013）。在共享住宿中，后续信任是指房客初次与房东进行交易，并在入住阶段依据实际入住体验而对房东产生的信任，以及房客基于第二次及两次以上与房东的交易而产生的信任。

基于经验的信任是交换的结果，是在买方与卖方过往交换的基础上，买方对卖方的信任程度做出的判断（Warrington et al.，2000）。基于知识的信任凭借交易双方的交易经验而建立，在很大程度上是以对方的可预测性为基础的，这种可预测性随着双方充分了解对方而发展，从而能够预测对方的行为，避免意外（Xiao & Benbasat，2007）。当房客重复预订同一位房东的房源时，便产生了后续信任。房客对房东的初始信任会显著影响后续交易和信任，因此，在初始信任产生阶段，平台就应通过安全保障、交易透明、保证产品质量和服务水平等方式加强声誉建设与维护。

（三）基于信任产生模式的划分

祖克尔（Zucker，1986）提出了基于过程的信任（Process-based Trust）、基于特征的信任（Characteristic-based Trust）和基于制度的信任（Institution-based Trust）三种信任产生模式，并强调了制度信任模式。

1. 基于过程的信任

基于过程的信任是根据与被信任方的交往过程和经验而建立起来的信任（陈传红，2015），强调交易的历史信息能够导致信任的产生，无论这些历史信息是通过直接的交易体验还是交易历史信息记录所获得的。以往的交易历史信息能够为交易双方了解对方的声誉状况提供信息来源。尤其是在缺少交易经验的情况下，这种声誉信息便显得尤为重要。在共享住宿市场中，房客与房东的初次交易是陌生人与陌生人之间的交易。在缺乏经验的情况下，房东的声誉信息会直接影响房客对其信任度。

2. 基于特征的信任

基于特征的信任认为信任的建立是基于被信任方的可信性特征建立起来的（陈传红，2015）。当因交易信息不对称导致产品不确定性发生时，房客通过产品特征描述及图片等信息线索来预判产品的质量。当交易对象不确定性发生时，房客根据房东的身份验证信息和图片等线索来预判其表现质量。比如，当潜在房客看到房东的照片时，会对房东的可信度形成一个直接印象，这通常被称为基于视觉的信任。具体而言，房客从房东的照片中感知到的可信度越高，越有可能选择该房东的房源（Ert et al.,2016）。

3. 基于制度的信任

与人际信任不同，基于制度的信任侧重于对平台的信任（Arvanitidis et al., 2022），是指通过建立有效的第三方制度机制，以促进交易成功（Pavlou & Gefen, 2004）。祖克尔（Zucker, 1986）认为制度信任是在不熟悉的客观环境中最重要的信任产生方式。作为被信任人的外部参照物，制度是一种担保，对被信任人的可信度发挥着积极作用，因此，基于制度的信任是共享经济模式下共享住宿平台信任建立的重要模式。

政府及相关监管部门应做好制度性保障，尽快将这种新型业态纳入到合法的监管体系当中，为平台企业做好服务。一方面，政府可以出台相应的合法化准入制度，这不仅可以保障房客体验到质优价廉的住宿方式和服务，又能促使共享住宿企业依法纳税，监管制约利用平台进行的各类非法活动。另一方面，政府可以出台相应的激励政策，评估认证平台的经营资质，授权相关的政府部门，开放更多与信用和公共信息相关的数据。

三、共享住宿中信任的特征

（一）交易主体的多元性

交易主体的多元性主要体现在参与分享的产品和服务提供方不仅包括共享住宿平台（如 Airbnb），还包括房源提供者（如房东）。房东的参与使共享住宿市场中构成了平台、房东和房客三方相互关联的信任，房客的服务体验与房东紧密相关，因此，房东的个人特征也成为影响房客信任和体验的重要因素。

（二）交易内容的多样性

一方面，共享住宿涉及房客在租赁期间对设备设施等住宿产品的良好使用。在共享住宿交易中并不涉及产品所有权的转移，而是产品使用权的临时让渡。房客在入住过程中可能存在破坏家居、破坏清洁环境等不文明行为，导致房东与房客之间无法构建信任纽带。另一方面，不同于传统电子商务（如淘宝）以产品交易为主，共享住宿是以服务为特征的交易，生产和消费具有同一性，房客只有在购买和使用后才能评估产品属性和服务质量，这在无形中增加了房屋分享的风险。

（三）交易形式的复杂性

交易形式的复杂性主要表现为大部分交易都是在陌生个体间进行，且需要线上和线下两阶段交易，这会使交易双方构建的信任体系更加脆弱。在共享住宿中，房客和房东不仅通过平台在线互动，在房客正式入住期间，可能会和房东有线下的互动交流（Luo et al.，2022），这意味着房客和房东双方会面临更多的信任风险。在入住之前，房客可能会担心房东提供的服务质量（如浴室的毛巾是否干净、房间私密性和财产安全等），房东也可能会担心房客入住带来的不确定性（如房客可能是罪犯、会损坏财物和打扰邻居等）。

第二节　共享住宿中信任的影响因素

共享住宿中信任机制的建立涉及房客、房东、共享住宿平台和当地监管部门等多方面利益相关者，其中，房客、房东和社区居民既是信任者又是被信任者，平台和监管部门主要作为被信任方。共享住宿中多方利益相关者之间的信任机制建立受到多方面因素的影响。如图 7-1 所示。

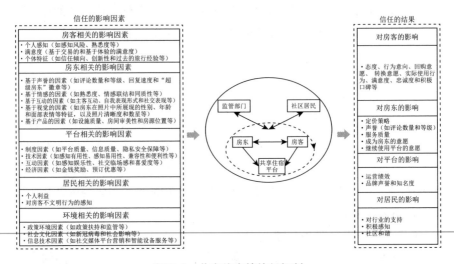

图 7-1　共享住宿的信任机制

一、房客对房东信任的影响因素

（一）房客相关的影响因素

房客相关的影响因素包括感知风险、体验、满意度和个体特征等。研究表明，基于交易的满意度能够影响房客对房东的信任（Liang et al.，2018）。个体特征是影响房客对房东信任的重要因素，包括性别、年龄、信任倾向、创新性和过去的旅行经验等。其中，信任倾向是影响房客对房东信任的主要个人因素（Agag & Eid，2019；Park & Tussyadiah，2020）。

（二）房东相关的影响因素

房东相关的影响因素包括基于声誉的、基于情感的、基于互动的、基于视觉的和基于产品的因素。

1. 基于声誉的影响因素包括评论数量、评论等级、房东回复率、房东响应时间、"超级房东"徽章、负面评论和房东的专业性等。作为重要的在线反馈机制，在线评论能够为房客提供真实可靠的产品和服务信息，是房客用来判断房东可信度的重要指标。房客对房东不信任的主要来源之一是负面评论（Sthapit & Björk，2019）。此外，"超级房东"徽章是共享住宿平台对房东经营能力和服务质量的认可和奖励，能够一定程度上减少房客对房东的感知风险，减少不确定性，从而促进房客对房东的信任（Zhang L et al.，2018）。

2. 基于情感的影响因素包括房客与房东之间的熟悉度、情感联结和同质性等。房客对房东的价值观、兴趣爱好等方面的熟悉度被认为是影响房客对房东信任的刺激要素之一（Yang et al.，2019）。房客与房东之间的同质性（如性别、年龄）也会影响房客对房东的信任（Cho et al.，2022；Su & Mattila，2020）。

3. 基于互动的影响因素包括主客互动、房东的自我表现形式以及社交表现等。主客互动能够促进房客和房东之间的交流，加深对彼此的了解，增加彼此之间的熟悉感，减少不确定性，是在主客之间建立信任的重要驱动因素（Yang et al.，2018；Zamani et al.，2019）。塔斯西亚和帕克（Tussyadiah & Park，2018）发现房客对旅行频繁的房东表现出更高的信任度。

4. 基于视觉的影响因素包括房东在照片中所展现的特质（如性别、年龄和面部表情等）和照片特征（如多人照片、清晰度和数量等）。在对他人进行评估时，照片经常被用作视觉线索。房东特征是影响房客对房东信任的关键因素（Ert et al.，2016）。比如，房东通过照片所展现的面部特征（如微笑）会影响房客的信任；多人照片在信任推断中也发挥重要作用（Ert & Fleischer，2020）。然而，面部线索的作用也可能被高估，房客可将面部线索与声誉信息（如在线评论）结合使用，以确保评估的准确性（Barnes，2021）。

5. 基于产品的影响因素包括设施质量、房间审美性、房源位置和房屋特征（如房间类型、清洁度）等。设施质量是影响房客对房东信任的最显著的产品属性之一（Cheng et al.，2019；Gu et al.，2021）。房间美学（如房间类型、大小、装饰和清洁度等）也会影响房客对房东的信任（Cheng et al.，2019；Yang et al.，2018）。

（三）平台相关的影响因素

平台制度因素是影响房客对房东信任的关键因素，包括平台质量、隐私和安全保障、第三方认证和企业社会责任活动等因素。平台制度因素通过减少信息不对称、降低施信者感知风险和交易不确定性来促进信任的生成（张闯，郝凌云，2022）。平台的企业社会责任活动也会影响房客对房东的信任（Chuah et al.，2022）。此外，房客对平台的信任和对房东的信任相互关联，对平台的信任可能会对房客对房东的信任产生积极影响（Mittendorf，2018；Park & Tussyadiah，2020）。

（四）环境相关的影响因素

环境相关的影响因素主要包括政策环境、社会文化和信息技术等外部因素。在政策环境方面，小猪、途家等共享住宿平台与公安等监管部门协同配合，规范房客入住登记审核流程，既推动了行业规范经营，也降低了房客的感知风险，促进了房客对房东和入住房源的信任，提升了房客的安全体验。

在社会文化因素方面，新冠疫情等突发事件和亲人朋友等的建议会影响房客对房东的信任。一方面，通过加强房客的安全消费理念、改变消费习惯，新冠疫情使得共享住宿中的信任问题越发重要。例如，房客会担心房屋所在的社区缺乏安全和卫生保障（Lee & Deale，2021）。来自房东、平台和在线评论的清洁度信息积极影响房客对房东的信任（Godovykh et al.，2022）。此外，新冠疫情改变了房客的出行习惯，房客更加注意保持社交距离，通过减少面对面的互动交流来防止病毒的蔓延和传播（Braje et al.，2022），很多房客倾向于信任在平台上出租整个房屋的房东（Bresciani et al.，2021）。另一方面，亲人、朋友、同事和其他房客等外部群体是影响房客对房东信任的另一重要外部因素。特别在人情社会和熟人文化的影响下，许多房客在面临高风险和信息不对称时，更倾向于信任亲人或朋友等熟人推荐的房东及其房源。

在信息技术方面，小红书、抖音等应用程序和社交媒体平台的营销和传播会影响房客的决策和对房东的信任。此外，智能设备服务一定程度上能够保护房客的安全和隐私，有助于形成和促进房客对房东的信任。比如，密码锁通过保证一人一码，提升房客入住安全系数。

二、房客对平台信任的影响因素

（一）房客相关的影响因素

房客相关的影响因素包括信任倾向、对平台的熟悉度、个人性格特征（如创新性）和之前的旅行经验等。房客的创新性是影响对平台信任的重要因素（Wang & Jeong，2018），Airbnb 等共享住宿平台是旅游住宿行业的一种创新模式，开放创新和爱冒险的个体更愿意尝试和体验。对平台的熟悉度被认为是影响房客对平台信任的刺激要素之一（Mittendorf，2018）。房客过去的旅游和住宿经验（如经常旅行的个体）也会影响他们对平台的信任，他们对此类平台可能更加熟悉，从而产生信任。

（二）房东相关的影响因素

房东相关的影响因素主要包括房客对房东的信任和房东的社交表现等。房客对房东的信任进一步影响对平台的信任（Yang et al.，2018）。有学者发现房东的社交表现正向影响房客对平台的信任（Ye et al.，2020）。房东依赖于共享住宿平台向房客提供产品和服务，如果房东及其服务被房客认可和信任，当再次选择共享住宿服务时，房客会因为信任该房东而选择信任其所在的平台。

（三）平台相关的影响因素

平台相关的影响因素包括制度、技术、互动和经济因素。

1. 平台制度因素。包括平台质量、隐私和信息安全保障、交易安全保障、信息质量、企业社会责任活动、法律法规监管及税收问题等因素。研究表明，平台质量、感知隐私和安全性能够影响房客对平台的信任（Mao et al.，2020）。平台的企业社会责任活动能够帮助其树立良好的企业社会形象，增加房客的好感度和口碑，提高房客的信任感；相反地，法律、监管和税收问题会让房客产生负面感知，从而降低对平台的信任（Chuah et al.，2022）。

2. 平台技术因素。包括感知有用性、感知易用性、兼容性和便利性等因素。感知有用性和感知易用性是影响房客对平台信任最重要的技术类因素。研究发现房客对平台的感知有用性和感知易用性会影响房客对平台的信任（Ye，2019）。平台兼容性正向影响房客的信任（Lee & Kim，2019）。共享住宿平台的便利性主要体现在是否符合房客的使用习惯。比如，Airbnb 平台会通过邮件通知房客一些重要消息，这对于很多中国房客来说，有可能"水土不服"，一旦房客因此而错过重要信息，会失去对平台的信任。

3. 平台互动因素。主要由感知娱乐性、社交临场感和喜爱度等因素组成。享受是房客使用共享住宿平台的重要因素。平台的社交临场感能够增加房客的感知娱乐性、感知互动社交性和房客对平台的信任（Ye et al.，2020）。

4. 平台经济因素。主要体现在金钱奖励和为房客提供预订优惠等方面。比如，小猪民宿推出了"今晚特价"功能，这一功能的推出为房东和房客都提供了便利，是小猪平台获取信任的有效尝试。房东能够通过经济手段吸引房客，房客也能够根据自己的个性化需求，选择相对低价位而又满足自身需求的房源。

（四）环境相关的影响因素

环境相关的影响因素主要包括政策环境、社会文化和信息技术等外部因素。共享住宿平台积极与国家监管部门进行协同合作，提升房客的安全体验和文化体验，促进房客对平台和行业的信任。在安全体验方面，小猪、途家等共享住宿平台与公安系统打通，实现人脸识别身份认证，打造智能安防体系，保障了房客住宿过程的人身及财产安全。在文化体验方面，2019年爱彼迎与北京东城、广州越秀、成都、黔东南四地政府合作，建立非遗文化推广战略合作伙伴关系，并在平台正式上线非遗体验产品，为房客提供更深入、更丰富的文化体验，赢得了房客的信任和支持。

社会文化因素主要包括新冠疫情和社会影响（如亲人、朋友、同事和其他房客等）。新冠疫情使得房客对住宿的安全、清洁和卫生标准有更高的要求，出于安全等考量，房客可能会取消订单，而平台不会全额退还房客相关的房款（Farmaki et al.，2020；Hossain，2021），这会导致平台失去房客的信任，甚至可能带来更多的抱怨、投诉和预订量的减少。此外，亲人、朋友、同事和其他房客等的推荐也会影响房客对平台的信任，比如，如果社会推荐平台是有用的、易用的和可靠的，房客会更加信任平台（Kong et al.，2020）。

在信息技术方面，5G、大数据、人工智能等新技术赋能共享住宿平台业务的发展与升级。比如，美团民宿通过独家能力"定位实拍比对"审核房源，通过"算法识别+AI训练"精准审核房源设施，通过公安联网身份审核房东，对民宿商家进行全方位的资质审定。这保证了房东和房源信息的精准性，提高了平台的专业化服务水平，更有利于建立平台信任机制以及促进房客对平台的信任。

三、房东信任的影响因素

（一）房客相关的影响因素

房客相关的影响因素包括互动交流方式、在线预订信息和不文明行为等。许多房客会在预订前通过在线互动聊天的方式向房东了解相关信息，在此过程中房客和房东所表现作出的言语态度会影响彼此的信任感知。房客在预订时所提供的信息，包括入住人数、入住时长等，也会影响房东对其信任推断。在正式入住期间，部分房客做出大声喧哗、损坏物品、乱涂乱画和浪费水电等不文明行为，在造成房东损失的同时也带来房东的不信任。

（二）房东相关的影响因素

房东相关的影响因素包括主要情感因素和互动因素。社交亲近感是房东与房客之间信任的重要情感前因（Nguyen et al.，2020），当房东与房客感到彼此之间有更多的相同点，比如相似的兴趣爱好和价值观，会产生社交亲近感，这会拉近彼此的距离，降低心理防备，从而建立信任。类似地，主客互动在建立和维持房东与房客之间的信任关系中也发挥着关键作用（Luo & Zhang，2016）。房东的体验、分享的社会效用和社会价值取向影响他们对平台的信任（Wang et al.，2020）。

（三）平台相关的影响因素

平台相关的影响因素可分为制度因素、技术因素和经济因素。制度因素包括信息质量、服务质量和隐私政策的有效性等。技术因素包括平台使用的有用性、易用性、兼容性和便利性等。经济因素主要指平台奖励和报酬。平台的服务质量、系统质量、信息质量、外部奖励以及隐私政策的感知有效性都是影响房东对平台信任的关键因素（Wang et al.，2020）。

（四）环境相关的影响因素

环境相关的影响因素主要包括政策环境、社会文化和信息技术等外部因素。政策扶持与鼓励是影响房东对平台和行业信任的关键因素。小猪民宿与海南省旅文厅、浙江省旅文厅、厦门市文旅局等地围绕乡村民宿品牌推广和营销展开合作，助力区域等级民宿品牌影响力打造，帮助目的地乡村民宿形成品牌营销和市场竞争力，为民宿房东带来可持续的生意增量，提升房东对平台和行业的信任感。

在社会文化因素方面，部分房客会因为新冠疫情带来的健康和安全风险而取消预订的房源，造成房东的经济损失，导致房东对房客的不信任。进一步地，由于在大流行期间缺乏地方政府和平台的支持，房东可能失去对行业和平台的信心（Farmaki et al.，2020；Zhang et al.，2021），甚至有可能不再使用该平台或停止经营。此外，部分房东出于对房客和自身健康的担忧，也会产生更高的感知风险。

在信息技术方面，各大社交媒体平台作为重要的数字营销和运营体系，成为民宿房东进行品牌营销和推广的重要渠道，帮助民宿房东解决在品牌营销、获客和盈利等方面的经营痛点，促进了房东对平台和行业发展的信任。

四、居民信任的影响因素

社区居民是共享住宿信任机制构建的重要利益相关者。不文明的房客行为和无效的政府监管可能会导致居民对房客、房东、平台等多方主体，以及对共享住宿行业的不信任。例如，房客造成的交通拥堵、噪音和社区公共环境污染等负面现象会引发居民和房客之间的冲突，地方政府可以通过颁布相关法规保护社区免受干扰。此外，目前大众越来越注重自身健康和安全，共享住宿会让更多陌生个体进入社区，这会加剧社区居民的不安全感。

第三节　共享住宿中信任的结果

共享住宿市场中有很多不确定和风险，个体面临人身安全、财产安全、信息不对称和服务质量等多重交易风险，信任是减少不确定性的主要机制，能对房客、房东、平台和居民等多方利益相关者产生重要影响，如图7-1（见本书第120页）所示。

一、房客信任的结果

（一）对房客的影响

信任会影响房客的态度、行为意向、回购意愿、转换意愿、实际使用行为、满意度、忠诚度和积极口碑等。建立共享住宿参与主体之间的信任可以降低房客的感知风险，也是增强房客参与分享意愿的关键环节，需要房客、房东和平台三方主体的共同努力。对房东和平台的信任会对房客的回购意愿产生积极影响（Mao et al.，2020）。比如，信任通过降低房客对房东行为的感知不确定性，使房客对潜在的不确定性交易有一定的控制权，进而降低房客的感知风险。研究表明，房客对房东的信任能够降低他们的转换意愿（Liang et al.，2018）。

（二）对房东的影响

信任会影响房东的定价策略和声誉（如评论数量和评级）。房客从房东照片中感知到的可信度程度越高，越有可能选择该房东，愿意接受的房价也越高（Ert et al.，2016）。巴恩斯（Barnes，2021）发现更高的信任能使房东获得更高的评价等级。新冠疫情带来的信任问题促使房东更加注重服务质量，从而提高服务标准。比如，部分房东为了响应防疫政策，以及保护自身和房客的健康安全，会主动为房客提供消毒液和温度计等物品；也会更倾向于采取电子门锁等技术手段，减少面对面接触，为房客提供无接触服务。

（三）对平台的影响

平台的在线评论机制有利于平台上各主体间信任的达成，也是提高平台品牌声誉和知名度的有效方式之一。通过增强在线声誉机制的有效性，能够帮助企业获得更多信任，扩大品牌知名度（Dellarocas，2003）。当平台积累了一定的用户后，会逐渐形成声誉和知名度，并吸引越来越多的用户参与，逐渐形成流量优势。在共享住宿平台上，房东良好的个人声誉和产品描述会影响房客的信任感知（Mauri et al.，2018），进而提升房东和平台的知名度。

二、房东信任的结果

（一）对房东的影响

房东信任的结果包括房东成为提供商的意愿、继续使用平台的意愿以及定价策略等，研究发现信任对房东的继续使用意愿有积极影响（Wang et al.，2020）。在定价策略方面，专业和非正式的房东对信任的重视程度不同，这可能导致不同的定价策略（Arvanitidis et al.，2022）。

（二）对平台的影响

完善的信誉机制能够有效促进房客与房东之间的交易，为房东带来更多的订单成交量，同时也提高平台的运营绩效。如 Airbnb 通过向房东收取服务费获得收益，房东的订单成交量越多，平台获得的收益就越高。房东越信赖平台，越愿意在平台上进行分享。根据美团民宿联合环球旅讯发布的《后疫情时代，民宿行业发展趋势展望报告》（光明旅游，2020），房东职业化将成为未来民宿业发展的趋势，专职房东数量将会越来越多。

三、居民信任的结果

信任通过促进社区居民与房客之间的和谐程度，为社会的资源共享提供了可能，搭建了桥梁，并通过资源共享降低了社会的管理成本，提高了管理效率。居民作为当地社区和当地旅游发展的重要利益相关者，他们对行业的支持程度不可忽视。尤其在共享住宿情境中，许多房客需要入住到居民所在的社区，这一居住环境的变化会直接影响居民的生活质量和幸福感。房客入住带来的一些负面影响容易造成居民对当地旅游业发展的抵制或负面情绪，这将不利于共享住宿在当地的长期健康发展。居民对地方政府的信任能够促进他们对共享住宿的积极影响感知（Ikeji & Nagai，2021），当地政府和共享住宿平台可以通过建立有效的监管机制，规范共享住宿的发展，获取居民的信任和支持，从而为共享住宿在当地的长期健康发展提供制度保障。

第八章　共享住宿平台在线评论管理

第一节　共享住宿平台在线评论概述

在线评论是现代商业运营中重要的工具。在共享住宿领域，房客在预订并入住房源之后，有权在共享住宿或第三方平台上对房源情况或房东的服务进行评价，以供潜在房客参考。潜在房客在预订房源前，通过浏览其他房客的在线评论，可以更加全面地了解房源的相关信息，从而更有效地完成购买决策。

一、在线评论相关概念

（一）电子口碑概念

电子口碑来源于传统的口碑概念，又被称为在线口碑或网络口碑。阿恩特（Arndt，1967）基于面对面的视角，首先提出口碑的定义，即"在接受者和传播者之间进行的关于品牌、产品或服务的口头的、个人对个人的、且接受者认为传播者是基于非商业性目的的交流"。随着互联网的发展与普及，人们逐渐习惯在网络上发布口碑，越来越多的消费者信任并使用在线评论（Online Consumer Review）来评估他们所购买产品和服务的质量和性能（Fang B，Ye，Q.，Kucukust D.，& Law R.，2016），在线评论是电子口碑（Electronic Word-of-Mouth）的一种特定通信类型（Liu，2006），也是在线口碑传播的最主要形式（杜学美等，2016）。

亨尼格·图劳等人（Hennig-Thurau et al.，2004）指出电子口碑是由潜在的、实际的或以前的消费者通过互联网向其他消费者和机构提供的对产品或公司的正面或负面评价；利特温等人（Litvin et al.，2008）将电子口碑定义为消费者通过互联网技术的所有非正式沟通，这些沟通内容的产生与特定商品和服务的使用或其销售者的特征有关；黄敏学和王峰（2011）认为网络口碑是指消费者借助网络媒介发布的个人看法。消费者发送的电子邮件、在网络虚拟社区发表的帖子或者回帖、在博客上发表的个人看法、借助即时通讯工具的互动交流等都可以看作具体的网络口碑。

（二）在线评论概念

在线评论是由实际或潜在客户编写的评估性陈述，可通过互联网提供给最终用户和机构（Stauss，2000）。在线评论是重要的信息资源，能够帮助潜在的酒店客人在选择过程中利用其他住客的经验进行购买决策（Levy et al.，2013）。共享住宿平台的在线评论是指房客通过共享住宿平台预订并且入住房源之后，发布在共享住宿平台上的所有的与住宿相关的评论信息，以及房东对房客的评论做出的回应信息。在线评论内容包含房客自己入住房源的感受、对其他房客的建议等，可以是文字、图片、音频以及视频等多种形式。

二、在线评论分类

（一）按照评论内容分类

1. 描述类型

描述类型的在线评论是指共享住宿平台上，在每个房源专门评论区域内，房客提供的对入住体验的相关评价信息，被抽象化为用户生成定性信号（池毛毛等，2020）。描述型在线评论的主要的评论形式包括文字和图片。文字类评论通俗易懂，并且包含一些细节信息，如房间清洁卫生、餐饮质量和口味、民宿建筑和装饰、主人服务态度等；图片类评论是可视化形式，更加形象生动，能够使潜在房客更直观和深入地了解房源。

2. 评论等级

评论等级类型的在线评论是指在共享住宿平台上，房客对房源一些客观信息进行评分量化的在线评论。评论等级在一定程度上代表房客评价的情绪，与房客满意度或在线评论的价值有关，通过这些数字化评级，满意或不满意的情绪会被分享和传播，进而影响消费者的后续购买决策（Gavilan et al.，2018）。评论等级类型被抽象化为用户生成定量信号（池毛毛等，2020），这类评论更加直观，更科学地展示了房客对房源的满意程度。目前，Airbnb、小猪民宿等平台都采用5分制的评分标准，定量评价是1–5分值，5分表示最高，1分表示最低。

3. 他人评价型

他人评价型在线评论是指在共享住宿平台上，其他消费者对发布的在线评论进行评价的在线评论，从而能确定此条在线评论的有用性。他人评价型在线评论的出现，代表在线评论已经从关注房客和房东之间的交流，扩展到发布评论房客、潜在房客和房东之间的三元交流。自动排名系统作为交互机制，允许潜在房客发出评论是否有用的信号。这种通过其他消费者评论进行排名的机制在各种平台都有所应用，例如，亚马逊的买方帮助评级的排名系统是使用专有算法来提供买方反馈；YouTube（一个视频网站）的观看次数或"喜欢"次数也是有效的他人评价型在线评论。共享住宿平台也慢慢推出这种机制，例如，在小猪民宿移动 App 上面，房客在进行评论后，会出现"有用"按键，供其他消费者对此条评论的有用性进行评价。这些被认为是最有价值的评论具有重要影响，平台可在评论中发现问题，做出影响潜在客户的决策。

（二）按照评论情绪倾向分类

按照评论情绪倾向，可将在线评论分为正面的、负面的、中性的和双面的评论。正面的在线评论的信息内容是肯定的或者是表示支持的；负面的在线评论的信息内容是否定的或者表示不支持的；中性评论的信息内容既不包含明确的肯定或支持态度，也不包含明确的否定或不支持态度；双面在线评论的信息内容既包含可定的支持性信息，又包含否定的反对性信息。

从在线评论的情感倾向角度而言，评论的评分极端性与客观性对顾客购买决策有着重要影响（江晓东，2015），且负面评论已经成为游客获取信息的主要方式（Liu et al.，2022）。因此，关注在线评论的情感倾向，尤其是负面的或是极端的评论，就显得特别重要。

三、在线评论特点

互联网为供需双方提供了双向互动交流的平台，从而生成了大量的评论内容。在线评论具有数据海量、传播效率高、获取成本低、交互影响、双向约束性和信息偏向性等主要特点。

（一）数据海量

随着网络信息技术的进步以及在线消费方式的普及，房客从线下电话预订房源转移到在线通过共享住宿平台进行预订。在预订前，潜在房客通常先阅读相关在线评论，以帮助其进行决策。从数量上看，共享住宿平台上的在线评论数量巨大。首先，房客已经形成消费习惯，将评论作为评价服务的重要方式，在入住房源、体验服务之后，会在房东的提醒下或者自发地发布在线评论。其次，共享住宿平台上房源数量众多，每分钟就可以产生数以万计的成交量，相应地也会产生大量的在线评论，并且在线评论内容会长久保存，因此，在线评论数量呈现爆炸式增长的趋势（Mariania et al.，2019）。第三，可供发布在线评论的途径有很多，除了各个共享住宿平台的官方网站和 App，房客还可以在自媒体平台（比如小红书，微博等）发布在线评论，以便其他消费者参考。

从评论的内容形式上看，共享住宿平台的在线评论内容丰富多样，不受任何限制。它可以是比较主观的信息，例如房客在入住体验后的情感描述、对房间或房东的个人评价等；也可以是客观信息，像房东发布的标准化的信息一样。此外，目前在线评论在官方网站或者 App 上可以采用文字和图片的形式，在其他平台可以采用文字、图片、音频或者视频等形式，多样的发布形式有利于其他消费者获得更加详实和丰富的信息。

（二）传播效率高

从传播速度上看，共享住宿平台建立在互联网技术之上，因此在互联网上传播信息可以突破任何壁垒和障碍，评论一经发布，任何在线的消费者都可以立即看到，这体现了在线评论的即时性。此外，房客在某一途径上发布的在线评论会在很多其他途径上进行同步，相比传统媒体传播，这种方式省略了传播介质，传播信息直接从评论发布者传递到了评论信息需求者，提升了传播效率。

从传播范围上看，互联网不受空间限制，其覆盖范围涉及全球各个角落，借助互联网进行传播的在线评论的传播范围较广，不局限在某一区域，世界上任何地方的房客都可以通过共享平台获得在线评论。共享住宿平台上包含世界各地的房源信息，房客可以直接搜索并获得指定区域的房源的在线评论信息。随着时间的推移，越来越多的房客会主动寻求、接受甚至传播在线意见领袖的建议，从而增加传播范围（Dellarocas，2003）。

（三）获取成本低

由于在线评论信息的发布和访问成本低（Guo et al.，2017；Litvin et al.，2008），阅读在线评论逐渐成为房客预订房源前的必要流程。根据共享住宿平台要求，房客只有在完成预订和入住后才能发布评论，这是房客分享他们的知识的仅有成本，即预订住宿的金钱成本（Liang et al.，2017），而房客浏览其他房客的在线评论是免费的。由于发布的评论信息会被保留下来，因此共享平台上的评论数量会越来越多。房客在预订民宿前，可直接在平台上浏览评论信息，过滤掉与目标期望不相符的产品，而在线评论就会在一定程度上影响其购买决策。

（四）交互影响

在线评论的发布者和浏览者双方具有高度的交互性。浏览内容的过程也是创造内容的过程，使得信息的接受者与内容的发布者同时具有双重身份，在浏览、评论和回复等过程中，用户也在体验平台提供的网络虚拟社区的人际交往过程。在共享住宿中，房客不仅可以从朋友熟人和同事那里获得房源以及房东的相关信息，还可以通过互联网平台从其他入住过房源的房客那里获取房东服务、房源描述和周边环境等一手信息，也能够在平台上对其他房客的评论做出回复，评价其提供的在线评论的有用性。此外，房客如果对在线评论内容产生疑问，可以针对评论信息与房东进行互动沟通，双重信息来源可以帮助房客更加了解产品和服务，做到在入住之前解决疑惑，这进一步强化了在线评论的交互特征。

（五）双向约束性

在线评论打破了传统的顾客对服务提供者的单项评价机制，建立了用户和服务提供者之间的双向评价体系。一方面，房客可通过撰写评价和星级评分等对房东进行评价，而房东也可对房客素质和行为等进行评价。通过建立双向评价体系，共享平台不断沉淀房东和房客的评价信息形成基于用户生成的大数据（User Generated Content），这有助于平台进行产品服务设计和改进决策，帮助交易双方实现信息对称，更好、更快地完成交易，并获得更好的口碑，实现良性互动。在双向约束机制下，提供服务的一方与共享平台之间不再是雇员和老板的关系，而是拥有和消费者一样的地位，对共享平台而言，提供服务的一方也就成了自己的商业伙伴（于雷霆，2016）。双向约束的机制改变了服务提供者"百依百顺"的刻板印象，使得房东也拥有与房客同等的权利，可以选择入住的房客，这也激发了房东提供更优质服务的动力（程熙鎔等，2016）。

（六）信息偏向性

在线评论是消费者从自身角度出发，结合自身亲身经历，对产品的优缺点提供真实的描述，一般不牵涉利益问题，因此更加客观和可信，更有针对性（Park et al.，2007；Litvin et al.，2008）。由于消费者的认知水平、心理特征、自身经历、对事物的接纳程度不同导致对同一产品和服务的评价也不尽相同，由此可能产生积极或者消极的价值判断倾向，进而产生正面的、负面的以及双面的在线评论，同时也会有一部分中性评论的出现（黄敏学，王峰，2011；汪涛，于雪，2019）。研究表明，正面的在线评论有助于提高消费者的购买意愿、增加品牌偏爱，而负面的在线评论通常会降低房客的购买意愿和品牌偏爱程度（黄敏学，王峰，2011；Guo et al.，2020）。

不同平台评论之间也存在情感倾向的差异性。比如，泽瓦斯等人（Zervas et al.，2021）发现，Airbnb平台上在线评论的平均评分要比在线旅游平台（OTA）如Expedia或Hotel.com上对酒店的评分高，且不同民宿之间的评分的差异较小。这可能会导致房客从中获取的有效性信息更少，反而容易加剧信息不对称；并且，对于共享住宿平台而言，正面评论的比率对传统酒店的影响更大，而在线评论的数量对共享住宿平台的影响比传统酒店更大（Fu et al.，2021）。

四、在线评论的重要性

随着共享住宿平台的普及和房客对网上交易的接受程度的提高，基于在线评论的决策方式变得越来越重要。在线评论具有双重作用，不仅能够帮助平台、房东了解房客的需求以及反馈，还能帮助房客进行预订决策，促使其产生可持续消费行为（池毛毛等，2020）。

（一）帮助房东掌握需求和反馈

在线评论已成功用于多种决策分析的数据来源，如产品排名和推荐、客户满意度建模、产品或服务改进、品牌分析、客户偏好分析、市场结构分析、客户体验和满意度分析，以及服务绩效评估等（Bi et al.，2019）。共享住宿平台的在线评论改变了房客的信息搜索和住宿行为，这种方式的日益普及也为房东提供了新的差异化策略，房东可以通过有效利用在线评论分析房客需求和提高经营绩效，从而创造竞争优势。

一方面，房东要善于利用在线评论了解和满足房客需求。在线评论发布是匿名的，并且可以被记录和跟踪，使得房东有可能更真实地、更全面地了解房客的想法和需求。随着顾客变得更加挑剔，他们使用在线评论来更好地了解自身的服务需求，并发现市场上最好的价值主张（Lui et al.，2018）。针对房客比较满意的地方，房东应该保持其优势；针对房客不满意的地方以及未能满足的需求房东应及时回复并做出改进，保证为以后入住的房客提供优良的服务体验，并吸引潜在房客。另一方面，在线评论的数量和评级，尤其是负面评论，对房东的经营绩效至关重要。在线评论的数量与房源的受欢迎程度相关，评论较多的房源能吸引更多潜在房客的关注。

在线评论对产品销售、客户的满意度、购买意愿，以及股票价格有影响（Forman et al.，2008；Tirunillai & Tellis，2012）。数字营销策略会影响在线评论的数量和评分，也间接影响住宿业绩效（De Pelsmacker et al.，2018）。在住宿业中，在线评论更是关注的重点，整体评分、消费者评价分数变化以及管理者的回应数量都与绩效显著相关，及时和长文字回复会增加未来的业绩（Xie et al.，2014；Xie et al.，2017）。

（二）帮助房客进行购买决策

在线评论能够促进社区成员之间的互动，从而促进消费决策过程。房客预订房源或服务前，由于缺乏经验，感知风险较高，因此倾向于依赖在线评论，因为在线评论使他们能够获得足够的信息并具有间接的购买经验，从而降低他们的感知不确定性水平（Fang B，Ye，Q.，Kucukust D.，& Law R.，2016；Liu & Park，2015）。在线评论提供的较为客观的信息能够帮助房客形成对产品的初次印象，为房客提供了过滤非目标产品的直接手段，降低房客的决策时间成本（Liang et al.，2017）。

一方面，房客会阅读过去曾入住房客的反馈意见，以帮助他们找到合适的选择。通常，房客会关注评论中关于住宿的几个质量维度，例如清洁度、房源位置、房东的服务和描述准确性等（Cheng et al.，2019）。这些质量维度作为重要的用户定性信号，能够影响房客的购买决策（池毛毛等，2020）。

另一方面，房客会特别关注负面评论，这些评论对消费者的购买决策影响往往更大，可能会对消费者的购买态度产生负面影响。在那些高风险规避的旅游者看来，负面评论比正面评论更有价值（Casaló et al.，2015）；除了消费者的个人特质，负面评论对销售的影响还会来自其他因素，如消费者对于高价产品的负面评价的容忍度更高（Duan et al.，2022）。

第二节　共享住宿平台在线评论作用机制

在线评论的作用机制包括信息的发布、接受、传播及效果等方面。由于房东和房客个人认知、情感、社会经济特征、社交意愿和参与度、技术采纳度等不同，在线评论上发布的动机、接受方式和传播效果也会不同。

一、在线评论发布动机

在线评论的发布者通常会希望通过其发布信息对他人产生效用，这成为其发布评论的重要动机。巴拉苏布兰马尼安和马哈詹（Balasubramanian & Mahajan，2001）提供了一个基于虚拟社区背景下的经济和社会活动的整合框架，产生了三种社会互动效用的类型：与焦点相关的效用（Focus-related Utility）、消费效用（Consumption Utility）和赞同效用（Approval Utility）。此后，亨宁·瑟劳等人（Henning-Thurau et al.，2004）以这三种效用类型为基础，增加了与调和者相关的效用（Moderator-related Utility）和平衡效用（Homeostase Utility）。基于这五种效用，本节对房客发布在线评论的动机进行归纳。

（一）与焦点相关的效用

与焦点相关的效用是指消费者通过在平台上发布在线评论增加价值的行为而获得的效用。此动机又细化为四类动机，分别是：关心其他消费者（Concern for Other Consumers）、帮助企业（Helping the Company）、社会收益（Social Benefits）以及对企业施加力量（Exertion of Power over Companies）。

1. 关心其他消费者

关心其他消费者动机是指房客希望通过发布在线评论将自己在住宿过程中的经历介绍给其他消费者，并帮助其进行购买决策的动机。评论内容包括自己对房源质量的感知、对房东服务质量、对建筑的欣赏以及对当地风土人情的体验等。房客希望通过对这些信息的传递，潜在房客能够在自己的基础上，合理选择房源并制定科学的出行计划，从而享受美好的旅程。其次，如果房客对自己入住过程不满意，进行负面的在线评论，也是为了帮助其他消费者避免经历相同的遭遇。

2. 帮助企业

帮助企业的动机是指房客如果对其入住的房源或者对房东服务非常满意，从而产生的通过美化的在线评论内容帮助房东和共享住宿平台进行宣传的动机。房客从房东或者共享住宿平台那里得到比自己投入更高的产出，或者是比预期更高的回报，则会产生希望帮助宣传的想法，通过在线评论给予房东或共享住宿"回馈"，使其保持良好的口碑和业绩。

3. 社会收益

社会收益动机是指房客通过发布在线评论而成为该虚拟社区的一部分，从而获得社会认同和社会融合的动机。在线虚拟社区离不开房东和房客的内容创建以及共享住宿平台的管理和维护，运用在线评论的方式进行内容创建，进行信息共享，可被认为是一种社会收益。

4. 对企业施加力量

施加力量动机是指房客通过发布在线评论集聚众人的力量以期解决在入住过程中的问题的动机。在线评论的阅读者数量众多，并且在线评论不会被删除，而是被永久保留，因此当一个房客的在线评论被众多消费者认同时，房东或共享住宿平台则会感知到一种集体施加的压力，尤其是负面的在线评论。

（二）消费效用

消费效用动机是指房客通过阅读其他消费者发布的在线评论而获得的价值，从而产生的发布在线评论的动机。当房客认为其他消费者发布的在线评论对自己的购买决策有帮助时，则会刺激自己发布在线评论以表示对"消费"其他人的劳动成果的回馈。此时，房客的在线评论内容会建立在之前发布的在线评论的基础上，补充和完善相应的信息，以便后期的消费者也能从自己的评论中获得价值。

（三）赞同效用

赞同效用动机是指当其他消费者阅读并且赞同自己发布的在线评论时，获得满足感的动机。赞同效用可分为自我提高（Self-enhancement）和经济回报（Economic Rewards）。

自我提高动机是指房客希望通过社会互动，用在线评论展示自己的鉴赏能力或社会地位，获得心理上的认同的动机。共享住宿平台移动 App 上面允许其他消费者对发布在线评论进行评价，评价其是否"有用"，获得的"有用"点赞数越多，代表此条在线评论的价值越高。而且，共享住宿平台也会挑选高质量的在线评论在首页上展示，这也是房客自我提高动机的表现。

经济回报动机则是指房客通过发布在线评论可获得共享住宿平台的物质上的奖励。共享住宿平台可挑选高质量、高价值的在线评论，并给予适当的物质回报。

（四）与调和者相关的效用

与调和者相关的效用动机是指房客通过发布在线评论向调和者（这里指共享住宿平台）进行投诉并寻求补偿而获得价值的动机。这个动机尤其体现在负面评价产生的时候，共享住宿平台在其中的作用至关重要。当房客无法直接向房东进行投诉，或者进行投诉未果时，会寻求共享住宿平台的帮助，从而降低房客承担的经济和心理风险。因此，共享住宿平台承担着类似于律师、消费者权益保护协会和新闻媒体等第三方组织的作用。

（五）平衡效用

平衡效用动机是指房客由于一次非常满意或者不满意的消费经历而变得不平衡，通过发布在线评论来获得平衡感的动机。平衡效用可分为两类：表达正面情感（Expressing Positive Emotions）和发泄负面情感（Venting Regative Feelings）动机。表达正面情感的动机是指房客在获得积极的消费经历之后，内心强烈希望与其他人分享快乐和喜悦，通过发布在线评论进行分享，可以恢复房客内心的平衡。相应地，在共享住宿平台上发布与不满意消费体验相关的负面情绪可以减轻房客的挫败感并减少与事件相关的焦虑。

二、在线评论阅读动机

亨宁·瑟劳等人（Henning-Thurau et al.，2003）提出了消费者阅读在线评论的五类动机，分别是获得购买信息、通过信息表达社会倾向、社区成员资格、获得报酬以及学习如何消费产品。根据共享住宿平台的特征，归纳房客阅读在线评论的五类动机，具体分析如下。

（一）获得购买信息动机

获得购买相关信息动机包含降低感知风险动机和减少决策时间动机，是指房客希望通过阅读在线评论获得想要预订房源的相关信息，包含房源地理位置、房东服务态度以及房源描述真实性等，从而降低感知风险，减少搜索和决策时间。相对于房东在平台上展示的房源客观信息，在线评论为房客提供的信息相对客观，在一定程度上更容易被房客所接受。维德曼等人（Wiedmann et al.，2001）认为，在市场上的信息和产品已经饱和的情况下，消费者想要了解和处理所有替代品变得越来越难，有能力、有经验的消费者可以帮助其他消费者在由于没有购买经验、需要耗时进行搜索信息的情况下获得有用信息。目前，共享住宿平台上房源数量非常多，在一定区域范围内，房源的同质化现象非常突出，信息的辨识度也较低，因此，房客倾向于请教有经验的在线评论发布者。

（二）通过信息表达社会倾向动机

通过信息表达社会倾向动机包含确定社会地位动机和减少不一致的动机，是指房客希望通过阅读在线评论从而确定该房源是否与自己社会地位相匹配，并且减少一些从其他途径获得的描述不一致的信息。房客的社会功能是获得"参与动机"的来源，很多时候房客选择房源并非看重其功能，而是该房源是否能提升自身的社会地位和形象，打造正面人设，或是满足内在的自我表达和沟通需求。因此，消费者在共享平台上阅读在线评论，以评估该产品或服务是否能够使其获得相应的社会地位。

当房客决定预订某个区域的房源后，经常会从其他信息渠道（朋友推荐、广告等）获得信息，这些可能与他们先前了解的信息不一致。在这种情况下，房客通常会通过阅读一些中性或无偏见的信息从而减少不一致，确保对消费情况的评估或选择的全面性。由于共享平台在线评论提供了大量与产品相关的无偏见信息，因此，减少不和谐是消费者阅读共享平台在线评论的动机之一。

（三）社区成员资格动机

社区成员资格动机包含归属于虚拟社区动机和了解市场上新产品的

动机，是指房客希望在入住之前通过阅读在线评论将自己归为在线社区的成员，从而增加自己在入住过程中的参与感以及对房源的了解，即便自己最终可能不会预订此房源。这两个动机的整合表明，共享平台的用户在没有购买意愿的情况下，也会阅读在线评论的相关信息，他们已经将这种信息交换视为社区体验的一部分，只是为了在社区内与他人进行互动，寻求社区的归属感。其次，阅读在线评论也是消费者获得新产品服务信息的途径，能够起到激发消费者的潜在购买意愿的作用。

（四）报酬动机

报酬动机是指房客预期能够通过阅读在线评论获得平台的直接或间接物质激励或精神激励的动机。尤其是平台在前期市场推广和导流时期，这种动机就会越明显。而当在线评论已被大众认可时，报酬动机便会弱化。

（五）学习动机

学习动机是指新房客希望通过阅读在线评论进行学习的动机，一般发生在房客刚接触共享住宿平台时，他们往往缺乏预订和入住经验，对操作流程或其他事宜的知晓度较低。目前，使用共享住宿平台的房客相对年轻化，喜欢猎奇，在刚接触平台时，愿意自主发现有趣的体验并进行分享。在这个过程中，房客通过学习可以掌握判断房源、预订房屋、与房东沟通以及对比各大平台筛选房间等知识。

三、在线评论传播机制

在线评论的传播机制是指评价信息传播的形式、方法以及流程等各个环节，包括发布者、接受者、影响因素等构成的统一体。利特温等人（Litvin et al.，2008）提出口碑传播机制，从口碑的发布者和接受者两个角度出发进行研究。发布者一端的研究内容包含发布推动力、口碑来源以及影响传播的中介机制，接受者一端包含传播效果以及中介机制，见图8-1。

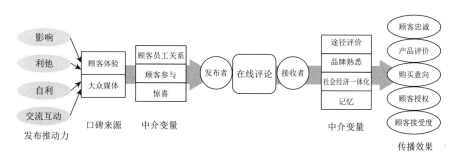

图8-1　在线评论传播机制图

图片来源：借鉴立特温人等人（Litvin et al.，2008）

（一）在线评论发布推动力

发布在线评论的第一个动力是发挥影响作用。房客希望通过发布在线评论影响其他人的行为。威斯布鲁克（Westbrook，1987）的研究表明，与产品体验相关的积极和消极情绪会造成内心紧张，并要求以评论的形式进行释放。消费者的满足、愉悦和悲伤的情感因素都促使消费者希望与他人分享经验，从而影响其他人的行为（Neelamegham & Jain，1999）。在共享住宿平台上的房客也出于相同的动机，想要通过在线评论释放内心满足或者不满的情绪。

第二个动力是利他主义行为。房客发布在线评论不仅可以影响其他房客，还可以帮助房东提升业绩。在没有实际回报的情况下，通过投入个人资源（例如，时间、精力、金钱）来增强他人福利的无私行为反映了利他主义动机。房客积极的在线评论不仅可以帮助其他消费者做出明智的购买决策，还可以提升潜在房客的好感度，从而增加预订的概率，帮助房东提升业绩。

第三个动力是自我主义动机。个体采用利他主义的形式帮助其他人，同时也满足了自身的自我主义动机（Hennig-Thurau et al.，2004）。这反映了消费者对声誉提升、认同利益、自我满足以及相关的享乐主义或经济回报的渴望（Cheung & Lee，2012）。共享住宿平台挑选优质的评论信息放在首页，以此提高用户发布在线评论的自我主义动机。

最后一个动力是交流互动。许多人喜欢分享他们的入住经验和专业知识，旅行后的分享往往是旅行的乐趣之一，并且人们希望通过分享，得到别人的反馈，获得交流上的乐趣。

（二）在线评论来源

共享住宿平台的在线评论的来源有两个途径：顾客体验和大众媒体。关键的评论传播者是意见领袖，他们是指平台上活跃、有权威的用户，为其他消费者推荐较好的优质房源和体验。这些意见领袖可以是超级房东、明星代言人等，他们发布的在线评论更具有影响力。

（三）在线评论传播的影响因素

第一个影响因素是顾客和员工关系。公司员工与其客户之间的积极个人关系更有可能导致顾客积极的口碑传播。在共享住宿平台上，房东和房客之间的积极关系更有可能促进房客发布积极的在线评论。第二个影响因素是顾客参与。顾客参与程度越高，越有可能促进顾客积极的口碑传播。房客在入住过程中，能够融入当地的环境，体验当地文化，更有可能发布在线评论。第三个影响因素是服务质量水平。当房客在入住过程中遇到惊喜的事情，更倾向于通过发布在线评论的方式分享内心的喜悦，获得别人的关注。与之相反，糟糕的服务和不愉快经历也会带来差评，严重者会形成负面舆情。

（四）在线评论接受度的影响因素

第一，评价途径。在改变对产品或服务的意见之前，消费者会考虑信息来源，特别是负面信息。在共享住宿平台上，房客受意见领袖的评论的影响更深，更不容易改变对评论的态度。第二，品牌熟悉度。房客更容易接受其熟悉的平台上的评论信息。第三，社会经济一体化。在共享住宿平台上，房客越积极参与社区活动，越容易接受在线评论的信息。第四，记忆程度。如果房客在之前曾经浏览过在线评论的信息，当再次看到时，脑海中会有片段或者模糊的印象，此时，房客更容易接受在线评论的内容。

（五）在线评论传播的预期结果

在线评论传播可能会对顾客忠诚、产品评价、购买意向、顾客授权以及顾客接受度产生影响。首先，正面的在线评论会提升房客的忠诚度、增加房客预订房源的可能性以及增加房客的接受度，而负面的在线评论会产生相反的效果。其次，当同一房源的在线评论都倾向于是负面的，房客即便一开始对房源的评价是正面的，但也会受到影响，由此可见，在线评论也能够影响房客对产品的评价。因此，通过在线评论交换产品信息可以赋予房客权力并减少房东和房客信息的不对称性。

第三节　共享住宿平台在线评论管控

共享住宿平台上的在线评论是公开的，并且在互联网的帮助下，传播速度快、效率高，沉淀了大量的在线评论，促使共享平台密切监控并主动管理在线评论。首先，共享住宿平台应先识别管理难题，然后有针对性地采取措施进行管控。

一、在线评论管理难题

消费者在生成在线评论内容时具有较高的自主性，可以自由发表自身观点，不可避免地会出现恶意评论等现象。服务提供者也有可能通过恶意刷评等不正当手段进行虚假宣传，从而带来管理难题。在线评论的管理难题主要包括虚假评论识别、评论不足的连环效应、负面评论处理不当和评论信息超载。

（一）虚假评论识别

尽管在线评论带来了好处，许多时候消费者也会对评论内容持怀疑态度。为了提升在线评论的数量和好评度，很多房东在网络上进行虚假评论（包括故意美化的评论和恶意评论等过分夸大事实的虚假评论）以赢得潜在房客的关注，引导舆论导向。如今，发布虚假评论已经形成一种地下行业，一些组织专门帮助商家进行虚假评论，雇佣成本非常低，这也意味着商家作假的成本较低。有调查发现，刷好评已成灰色生产链，已经发展成写好评、发展下线、刷单一条龙的灰色产业链（澎湃新闻，2021）。随着科技的发展，人工智能机器人可以代替人工对共享住宿平台上的房源进行评论，人工智能可以自动生成商家评论，而这些评论可以顺利通过机器的审核，造成在线评论内容真假难辨（界面新闻，2017）。2021 年，美国兰德公司展示了人工智能赋能网络虚假信息检测的新进展与新路径（澎湃新闻，2021）。消费者由于难以确定评论内容的真实性而上当受骗，虚假评论不仅给依赖在线评论的消费者造成极大危害，也扰乱市场秩序，给共享住宿平台的管理带来极大的难题。

（二）评论不足的连环效应

作为信息来源，在线评论的基本功能之一是向对产品或服务知之甚少的消费者提供信息（Vermeulen & Seegers，2009），共享住宿平台上在线评论的一个重要特征是分布不均衡，在线评论的数量决定了房客能获得的信息的数量，房客为了降低不确定性，倾向于选择评论数量多的房源。潜在房客往往对更多评论的房源更感兴趣，因为这些房源的质量已经经过大量房客的体验和评估。缺乏评论会对在线销售产生负面影响（Sotiriadis & Zyl，2013），这意味着，如果房东的在线评论数量较少，房客选择这家房源的可能性就比较低，导致入住率较低，入住后进行评论的几率也跟着降低，然后进入新一轮的恶性循环。久而久之，如果不采取其他的营销方法，评论数量少的房源便会失去竞争优势。

（三）负面评论处理不当

负面评论反映了房客在入住房源过程中的不满、偏好不匹配、不切实际的期望或偶尔不合理的要求。因为负面评论会对房源的曝光以及流量产生不利影响，因此，当负面评论产生时，房东由于缺乏处理经验，经常先从保护自身的角度出发，认为错不在自己；从房客的角度而言，之所以给出差评，只是需要房东进行解释，并且给其他潜在房客一个参考，二者出发点不同可能会在处理过程中产生分歧和纠纷。有的房东为了让房客删除负面消息，给出过分的补偿，这种行为也会使得房客在一定程度上变得更加挑剔。因此，房东采取什么样的方法来处理负面评论十分重要。

（四）评论信息超载

虽然在线评论为消费者提供了便利，但数以百计的评论会造成信息超载，在信息可用性方面带来问题（Fang, B., Ye, Q., Kucukust D., & Law R., 2016）。事实上，只有影响决策的有用信息才有可能帮助房客做决策，进而提升满意度，无用的信息会增加房客的搜索和分析负担，因此，通过技术手段控制信息搜索的数量规模是在线评论机制发挥作用的重要内容。

二、在线评论管理策略

（一）在线评论发布

1. 激励房客发布评论

目前，很多共享住宿平台都绑定了用户的邮箱和手机，平台可以在房客入住结束当天，通过电子邮件或者短信的方式，提醒房客发布在线评论。当然，提醒方式不宜过多，并且邮件或短信的表达需要彰显足够的诚意，不能引起房客反感，否则会适得其反。此外，可以向撰写优质评论的用户提供奖励，例如小额的下次入住减免券或者给予"超赞房客"称号等，从物质和精神层面双管齐下，增加房客发布评论的可能性。值得注意的是，短信通知要严格按照《通信短信息服务管理规定》中的要求，即短信息服务提供者、短信息内容提供者要经用户同意后，才可以向其发送商业性短信息。

2. 简化评论发布流程

发布在线评论的流程如果太过烦琐，会在一定程度上降低房客发布评论的积极性。因此，平台应该不断致力于优化发布在线评论的流程和界面，鼓励房客快速发布评论的同时，提升评论的质量。其次，平台应该将在线评论区域放在用户容易注意到的地方。如果用户注册了手机App，可以推出评论邀请信息，顾客只需要点击邀请，就可以直接链接到评论区域。

3. 激励房东收集评论

第一，由于房客在入住过程中，接触最多的是房东，房东与房客之间会产生情感连接，当房东向房客提出合理的要求时，房客更容易接受。因此，共享平台应该鼓励房东多收集在线评论，尽可能让入住的房客在退房后都能留下评论信息。房客进行预订后发布评论的最大动机应该是住宿质量，只有当他们认为值得消费时，他们才愿意预订，然后发布评论。因此，Airbnb的"超赞房东"激励策略作为房东提供持续改善其住宿和服务质量的内在动机，可以吸引更多的预订和来自用户的更多积极评价（Liang et al., 2017）。"超赞房东"徽章是房东荣誉的象征，并且"超赞房东"的房源可以在特定的区域进行搜索，提升曝光率，加上房客倾向于选择信任"超赞房东"，因此，房东都希望通过连续的优秀表现，努力达到标准，成为"超赞房东"。其中，"超赞房东"的条件之一是"在房源住宿过的房客中至少有半数撰写了评价，并且在收到的评价中，至少有80% 的评价为五星评价，这促进了房东收集评论的积极性。

第二，房东收集在线评论时，应该有针对性并且给予房客适当的指导。房客在阅读评分较低的评论后很有可能会表现出较低的购买意愿，建议房东为发布在线评论提供相关指导，尤其是对那些在共享住宿平台缺乏专业知识的评论者。

（二）在线评论处理

在线评论除了是房客分享自身经历的方式外，也可以帮助房东和共享住宿平台进行决策。房东回复在线评论传达了其以顾客为中心的重要信息，并与提高销售额和房客满意度相关联。共享住宿平台对在线评论的整理和分析，能够帮助平台优化管理流程，提升服务效率。房东和平台对在线评论的处理应坚持以下原则。

1. 快速响应

回复在线评论的及时性，能够体现房东优良的服务态度，增加顾客的好感。无论在线评论是正面的或是负面的，房东都应该妥善处理每一条评论，尽快解决房客的问题，与之建立信任。房东在非常忙的时候，无法保证时时在线，平台可以在房客发布在线评论后，以短信或者 App 推送消息的形式，通知房东，节省房东的时间，提高服务效率。

平台对房东在线回复提出了要求并设置了奖励措施，例如，Airbnb 对"超赞房东"回复在线评论的要求是"回复率保持在 90% 或以上"，以此激励房东及时回复房客的在线评论。再如，小猪民宿为房东提供流量营销资源支持、阶段性减免佣金、提供如天猫精灵等房东经营工具奖励等激励方式。

2. 态度真诚

房东对在线评论的回复是能否进行二次营销的重点环节，如果房东的回复能够让顾客感受到温暖，则容易在双方之间建立信任，将房客变为忠诚顾客。房东在回复房客评论的时候，要注意措辞和表达方式，让房客感受到真诚的同时，增加潜在房客的好感度。

3. 内容创新

回复内容的字数要与房客评论的内容字数大体保持一致，客人评论内容较多的，房东的回复也要适当增加。切忌采用标准化格式对不同的房客回复相同的内容，这样会给房客造成不被重视、被敷衍对待的错觉，不仅失去了在线评论培养忠实房客的意义，并且也会影响潜在房客的订房意愿。因此，回复评论的语言风格要尽量与房客评论风格相匹配，这样更容易与房客产生共鸣，促进口碑传播，培养回头客。

4. 内容分析

共享住宿平台应该增强对评论内容的人工和技术审核，对在线评论进行定期整理，剔除虚假评论，获得有效评论。在此基础上，平台可以根据不同的评论信息进行分类，给消费者划分不同的标签，形成具备共同特征的群体，用于营销等决策。比如，Airbnb 等共享住宿平台可以引入文本挖掘系统来分析评论，并获得每个房源最突出的服务特征作为标签供客户筛选。通过点击标签，客户可以更有效地识别最符合他们喜好的房源（Gao B et al.，2022）。

（三）负面评论处理

负面评论对客户的影响更大，导致客户更多地关注负面信息而非正面的信息（Lui et al.，2018）。有研究表明，消费者发布在线评论的意愿不仅受个人层面因素的影响，还与社会互动因素有关。这两种因素共同通过激励机制影响消费者的在线评论行为，例如对自我增强的渴望（Wu et al.，2016）。如果共享住宿平台上的在线评论具有积极的共识时，房客就产生从众行为，更有可能发表正面评论。相反，当平台上的在线评论达到的共识是负面的时候，普通的房客的在线评论通常也是负面的，只有少数有主见的房客有可能发表正面评论。因此，房东应该及时处理负面评论信息，并保证自己房源下的评论是积极的。

1. 高度重视

由于评论只能由发布方删除，因此，当平台通过管理技术发现共享平台上面的负面在线评论时，平台应对负面在线评论予以高度重视，及时和房东联系，再由房东和房客联系，弄清楚房客做出负面评论的原因并采取合理的补救措施。

2. 积极响应

当房东遇到房客的负面评论时，应根据评论内容进行分析，判断是恶意差评，还是自身房源或服务存在问题。无论房客给出负面评论的原因是什么，为了尽量减少房客的不满，道歉可能会保障房东的最佳利益。因此，房东应根据不同情况，站在顾客的立场做出宽松的回应。首先，房东应该承认和感谢房客提出的建议，并且进行真诚的道歉。其次，房东要给出相应的承诺，采取可执行的、有吸引力的补救措施。最后，要及时关注房客的态度变化，是否对自己的补救措施满意，寻找时机请求房客删除负面评论，或者对之前的评论做出积极回应。对恶意评论的房客，应积极与在线平台沟通，请求帮助并且删掉恶意评论。

3. 采取适宜策略

酒店处理负面事件时采取的响应策略包括五个方面，分别为承认道歉策略、适应性策略、防御策略、借口策略和无响应策略（Lui et al.，2018）。共享住宿负面评论的处理策略如下。

承认道歉策略，指房东或平台管理者礼貌地承认并为此情况道歉，但不提供补偿或后续行动（Treviño & Castaño，2013）。适应性策略是指房东或平台管理者礼貌地认识到这种情况，并解释他们将来如何纠正这种情况。这些策略包括任何形式的道歉、补偿或纠正措施（Lee & Song，2010）。防御策略是指管理者否认审查中提到的负面事件的存在和责任，并且有时质疑留下负面评论的客户。管理者不直接通过说"我不同意""这不是真的"或通过提供反驳来证明事实与负面评论中描述的事件不同而间接地反对否定陈述（Treviño & Castaño，2013）。借口策略是指管理者将负面事件的无法控制的原因作为解释，以使自己远离事件责任或将责任推卸给第三方。无响应策略是指管理者对负面评论没有回应，也没有采取任何公开行动，目的是通过在线评论平台保持沉默来脱离负面事件。

与防御性应对策略或无回应策略相比，适应性策略使得消费者对公司的评估具有更积极的影响（Lee & Song，2010）。这种方法可以减少侵略感（Conlon & Murray，1996），这反过来会导致对产品或服务提供商的有利评价。将这些策略应用到共享住宿业，当房客的投诉与平台可控制的因素（例如清洁度）相关时，承认道歉策略会导致房客对平台的更强烈的信任，而借口策略则会减少信任。另外，当投诉超出平台控制范围时，承认道歉策略或借口策略会对房客的信任产生积极影响，而拒绝策略会产生负面影响。而无响应策略可能会让平台的负面信息不受质疑，但是反过来也可能会损害平台的声誉并导致潜在的声誉受损以及随后的业务损失。

4. 监测负面评论信息

平台应建立负面评论动态监测机制，当发生房东或房客出现不符合实际的过分差评，平台有权采取惩罚机制；同时，建立"评论诚信系统"，通过技术算法识别评论信息的客观度，以便及时发现并解决问题，对有炒作行为的房东应采取警告、积分和评论清零等"零容忍"措施，对恶意评论的房客，应该取消其在平台的预订权利等。

第九章　共享住宿平台运营管理

第一节　共享住宿平台商业模式

共享住宿平台商业模式是指为实现房客、房东价值最大化，整合平台内外各要素实现持续赢利目标的经营方案。一般而言，房屋租赁的房源提供者可以分为房产公司、中介公司或酒店（B端）提供者和个人（C端）提供者。房屋租赁的用户群体根据规模和基本属性可以简单分为个人（C端）租赁用户和公司集体（B端）租赁用户。根据不同的房源提供者类型和房屋租赁用户群体，共享住宿平台企业的经营模式可分为C2C模式、B2C模式、（B+C）2C模式和（B+C）2（B+C）模式。

一、C2C模式

（一）C2C模式运作方式

C2C模式是指房源提供者主要为个人房源提供者，租赁用户群体主要为个人租赁用户的商业模式。如图9-1，在C2C模式下，房源由提供者（房东）运营和管理，共享住宿平台并不直接运营房源，只是为房东和房客提供对接渠道，并从中收取一定比例的服务费。房客在交易前和交易过程中自行了解房东的诚信状况和房源的真实信息，并做出信任或不信任判断，以及购买与否的决策（宋琳，2018）。此种商业模式也被称为"P2P"模式，它使曾经区分明显的企业与顾客之间的界限变得模糊。

图9-1　共享住宿平台C2C模式图

Airbnb、小猪民宿、蚂蚁短租等平台都是C2C模式的代表。在这些平台上，房源提供者大多为个人房东，房东和房客可以进行供需的匹配，并自发进行交易。平台的作用仅仅是提供信息交换和预订撮合服务，一般不对房源进行直接托管业务。

（二）C2C 模式的优势和劣势

采用 C2C 模式的优势包括：首先，C2C 模式能够扩大供需两端的规模并实现有效匹配。平台通常由外部众多用户组成，平台将碎片化的房源进行整合，用户之间可以直接进行交易，减少了信息搜索、传递和交易的中间环节，实现了住宿产品和服务的大规模、高效率供给。其次，平台通过提供数量众多、类型多样、特色鲜明的房源，满足分散化房客的多样化需求。C2C 模式在快速形成网络流量效应，扩大供需两端规模的同时，为房东和房客双方带来差异化的社交体验。

采用 C2C 模式的劣势包括：对房客而言，不同于酒店提供的始终如一和标准化的服务，C2C 模式下的服务是非标准化的，房东可能缺乏良好声誉，服务质量和安全难以得到保证，如房源图文不符、房东失约、房间卫生安全无保证等。对房东而言，一方面，房客也是陌生的个体，可能也会缺乏诚信甚至有犯罪背景等，从而带来人身、财产和心理安全等潜在风险。另一方面，由于定价缺乏统一性，房东的收益也难以稳定，带来经营的不确定性。

二、B2C 模式

（一）B2C 模式运作方式

在共享住宿市场中，B2C 模式是指共享住宿平台上的房源提供者主要为房产公司、房屋中介公司或酒店等，租赁用户群体主要为个人租赁用户的商业模式。B2C 模式强调对线下运营质量的控制，通常采取对房源实行全托管的模式。房源提供方通过制定统一的房屋设施、服务标准、服务流程标准，进行统一管理。B2C 模式下，平台需要先与房东签订托管合同，平台会对房东是否虚报房屋信息做出判断，从而做出是否签约的决策，因此对房源的审核更加严格（宋琳，2018），见图 9-2。

图 9-2　共享住宿平台 B2C 模式图

在创立之初和运营早期，为了确保房源质量与服务品质，途家网主要采取 B2C 的商业模式。2017 年至 2020 年 4 月，途家尝试将部分房源作为自营业务，通过整合个人房东的分散式民宿资源，实现民宿集中、规模化管理与服务全配套，构建了集保洁、采购等一系列环节的供应链管理平台

（搜狐，2019）。也就是说，从上房定价，到布草洗涤等业务，均使用途家全方位的管家服务。这种模式使得房东在获得经济利益的同时，也省去服务和管理中的销售、质量和安全等问题。

（二）B2C 模式的优势和劣势

采用 B2C 模式的优势包括：共享住宿平台的 B2C 模式通过从个人房东、房地产开发商等处获得房源，为其提供托管服务，之后通过平台对外进行租赁，如此一来，这些房源的质量和服务有了进一步的保障，在很大程度上缓解了房东与房客常常担忧的信任与安全问题。由于公司对房源的配置提供统一的标准，对业务的经营更有保证，并且盈利目的性强，容易获得业主与房客的信任，可进行长期经营，收益相比较于 C2C 模式更稳定。

采用 B2C 模式的劣势体现在：第一，B2C 模式的共享住宿企业会对房源进行统一配置，形成内部统一的标准，这难免会导致房源相似度高甚至同质化的问题，缺少当地特色，难以提供个性化服务，对房客的吸引力降低。第二，由公司统一进行托管服务，减少了房东与房客之间的沟通交流，降低了双方的互动性，不利于与顾客建立长期稳定的关系。第三，这种模式要求制定的房源标准必须是合理科学的，不然容易破坏整体产品，导致一损俱损、一亏俱亏的情况发生。

三、（B+C）2C 模式

在共享住宿市场中，（B+C）2C 模式是指共享住宿平台上的房源提供者包括房产公司、房屋中介公司、酒店企业和个人房东等不同类型的提供者，租赁用户群体主要为个人用户的商业模式。房源提供者的类型更加丰富，个人用户的选择性更强，见图 9-3。

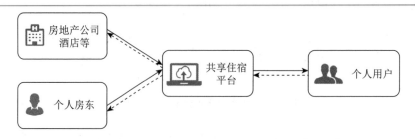

图 9-3　共享住宿平台（B+C）2C 模式图

随着行业不断发展，企业的商业经营模式愈加灵活以适应不同房源及市场需求。Airbnb、小猪民宿和途家等多个主流平台均涉及（B+C）2C 的混合商业模式。比如，2018 年 Airbnb 平台接入了 B 端精品酒店和民宿（满足一定条件）作为房源供应补充，且对他们收取一定比率的佣金（环球旅讯，2018）。再如，2017 年到 2020 年之间，途家的房源可分为个人房东自营的房源和途家经营的酒店式公寓，后者房源来自第三方商家，途家通常以与房地产开发商等合作的方式获得房源，形成了（B+C）2C 混合模式。

四、（B+C）2（B+C）模式

（B+C）2（B+C）模式是指共享住宿平台上提供在线短租服务的平台网站的房源提供者包含房产公司、中介公司、酒店以及个人房东，租赁用户群体包含公司集体租赁用户以及个人用户的商业模式，见图 9-4。

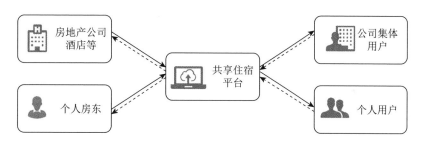

图 9-4　共享住宿平台（B+C）2（B+C）模式图

HomeAway 就是这种类型的代表，HomeAway 成立于 2004 年，2005 年开始运营，是美国假日房屋租赁在线服务网站，其房源大多为大套间或者独栋别墅，适合家庭或者组团出游（搜狐，2019）。因此，它不仅将很多零散的个人房源放在网站平台上销售，还有大量专业酒店式公寓管理公司所管理的成套公寓或闲置房源（虎嗅，2014）。这点与 Airbnb 不同，Airbnb 分享的房源可以为简单的一张床，更适合单人或小团体出游。此外，与 Airbnb 以及其他在线短租平台不同，HomeAway 通过收取房屋展示费、交易佣金、广告费等多种费用来获取盈利。在用户层面，除了普通游客可以直接在网站预订房源，HomeAway 还与一些旅游企业合作，进行集体出租，以及与第三方合作收取房屋损坏保护等增值性费用。

第二节 共享住宿平台收入构成

共享住宿平台企业获利手段与企业服务范围息息相关，不同的共享住宿平台企业由于经营范围不同，收入来源也大不相同。根据对国内外共享住宿平台企业服务范围的分析，其盈利渠道主要包括住宿服务、体验项目和广告宣传。

一、与住宿相关的服务费

（一）房东服务费

有的住宿平台只收取房东线上获利总金额的相应利率的款项作为房源发布平台的技术服务费。例如，根据木鸟《房东服务协议》，木鸟短租网收取国内房东总收益的10%。在小猪民宿平台上，对于拥有菲住酒店联盟成员身份的房源，"小猪"会收取房源售价的15%作为平台的技术服务费；对于无标识身份的房源，"小猪"会收取实际完成订单金额的10%作为技术服务费（小猪民宿，2022）。2018年10月之前，Airbnb中国地区收取房客13%的服务费，收取房东3%的服务费；而在这之后，其模式进行了本土化调整，即对房东收取10%的服务费，对房客不收服务费（搜狐焦点，2018）。

（二）混合型服务费

一些共享住宿平台不仅收取房东服务费，同时还收取房客服务费。例如，Airbnb平台在中国大陆地区以外，收取的房东服务费一般为3%，房客服务费为14.2%。主要共享住宿平台的服务费收取方式见表9-1。

表9-1 共享住宿平台收取服务费比例

（单位：%）

服务费类型	Airbnb（中国大陆以外）	Airbnb（中国大陆）	小猪民宿	美团民宿	蚂蚁短租	木鸟短租
房东服务费	3	10	10	10	10	10
房客服务费	14.2	0	0	0	0	0

（表格来源：笔者根据各平台官网与网络资料整理）

二、与体验项目相关的服务费

与体验相关的服务费是指房东在共享住宿平台上发布休闲娱乐、文化体验等项目，平台向房东收取的服务费。Airbnb平台推出了一些体验项目，平台向提供体验的体验达人收取20%的服务费，但不向预订体验参与者收取费用。Airbnb体验分为现场体验和通过Zoom（极速）等在线会议平台开展的线上体验。例如，Airbnb平台曾针对追求新鲜和独特体验的年轻人上线"逛吃"活动、老北京胡同体验篆刻等城市和乡村体验活动。通过这样的活动项目，旅游者可以跟体验达人建立良好的联系，从而加深对旅游目的地的了解。

三、广告宣传费

广告宣传费是指平台上的商户为了提高自己房源的曝光率即排名，向平台缴纳一定的费用。目前，只有少数的共享住宿平台企业使用这种方式。如HomeAway通过售卖保险、展示房屋、展示网站广告、向房东提供房屋维护服务等获取利润。

第三节　共享住宿平台定价策略

随着共享住宿行业的不断发展，如何制定科学有效的定价策略对共享住宿平台上的房东及其利益相关者变得越来越重要。面对持续变化的市场环境和波动的需求，房东们必须时刻保持敏感，综合考虑房源设施条件、外部环境等因素对房源价格进行动态调整以实现收益最大化。本节将系统介绍共享住宿动态定价概念、影响因素等相关内容，帮助房东制定合理的价格以及理解平台定价逻辑。

一、动态定价策略概述

（一）动态定价概念

价格是共享经济的核心竞争优势（Gibbs C et al.，2018），无论对于传统酒店业，还是共享住宿，价格都被认为是影响旅游产品和服务决策的主要因素。

动态定价是一种战略性收入管理工具，企业通过不断调整价格以应对需求波动来实现最大化利润（McGuire，2015）。动态定价基于分析、事实驱动的决策，以取代靠"直觉"定价的方法（Bodea & Ferguson，2014）。在酒店行业中有两种动态定价模式。第一种模式是在同一天更改未来连续的目标日期价格，第二种模式是在目标日期之前提前几天更改价格。动态定价随着时间的推移，可以跨消费者或跨产品、服务改变产品或服务的价格，尤其通过互联网渠道销售的产品和服务的定价变得更加动态（Kannan & Kopalle，2001）。

动态定价最初由航空公司开发，逐渐扩展到汽车租赁和酒店业，并且成为重要的管理内容。这些行业具备众多特征，使其成为动态定价的理想应用领域。例如，易损性、相对固定的容纳量、需求波动大、客户提前预订、低成本竞争和相对于可变成本较高的固定成本（Ivanov & Zhechev，2012）。在技术和人力成本方面，动态定价的实施成本较高。从技术角度来看，公司花费数百万美元开发可以实时收集数据、分析结果和推荐定价的系统。尽管用于动态定价的分析引擎可以立即更新定价，但在许多情况下，仍需要人工干预（Bodea & Ferguson，2014）。因此，动态定价的实施通常需要受过专门训练的人员。

（二）共享住宿的动态定价

在传统零售业中，一般商品的定价都是固定的，消费者购买相同产品的价格是一致的。互联网技术和大数据的应用，使供需双方都可以通过搜索和预订数据实时了解市场信息，进而做出更加科学和理性的决策。房东根据市场需求变化和自身供应能力进行灵活定价，以实现收益最大化。而房客也可以从房东进行的收益管理中所提供的价格或其他促销中得到更多价值。这种动态定价模式打破了原有价格固定模式，房价在平台显示的价格会根据实时数据进行频繁的调整。

共享住宿（以 Airbnb 为例）是颠覆性创新产品（Guttentag，2015），相对于酒店而言，消费者在做决策时缺乏一些很重要的评判标准，如服务质量、员工友好性和安全性，但它以现代互联网技术为基础，以节约成本、家庭设施以及更真实的本地体验等特点吸引了很多消费者。共享住宿通常比传统酒店服务便宜，旅行者可以体验当地人的生活。与酒店相比，共享住宿价格低的部分原因是由于房东承担了租金和电费等主要固定成本，劳动力成本较低（Guttentag，2015）。在定价方面，共享住宿房东可以设定每日、每周和每月的房价并随着时间的推移控制价格（Gibbs C，Guttentag D，Gretzel U，Yao L，& Morton J，2018）。

二、动态定价的影响因素

共享住宿定价受到房东属性、房源属性、设施和服务、房屋租赁规则以及在线评论的数量和评级五大内在因素的影响，同时，由于旅游市场的敏感性，外部环境也是定价的重要影响因素。

（一）房东属性

房东属性被确定为重要的价格决定因素，影响房源价格的房东属性包括超赞房东称号、房东拥有的房源数量、房东回复速度和回复率、成为房东的年限、房东主页照片、房东身份验证和房东房源出租率等。超赞房东称号会对房源价格产生不确定影响，部分学者发现了超赞房东称号对价格的积极影响（Arvanitidis et al.，2022；Chica-Olmo et al.，2020），但也有研究也表明超赞房东称号并不会导致价格的明显变化（Moreno-Izquierdo et al.，2019）。房东拥有的房源数量会对房源价格产生积极（Lorde et al.，2019；Moreno-Izquierdo et al.，2020）和消极（Cai et al.，2019）双重效应。房东的回复速度和经营年限都会导致更高的房源价格（Chen & Xie，2017；Lorde et al.，2019）。身份经过验证的房东通常也会收取更高的价格（Wang & Nicolau，2017）。房东从他（她）的照片中被感知到的信任度越高，房源列表的价格和被选择的概率就越高（Ert et al.，2016）。

不同类型的房东的房源定价也存在差异，专业房东（拥有多个房源）的定价高于非专业房东（仅拥有一处或两处房产）的定价（Arvanitidis et al.，2022）。除此之外，房东的个人影响力也会影响房源的价格，"明星"房东的房源价格会相对较高。例如，小猪民宿官网设有"房东日记"版块，其房源价格相对较高。

（二）房源属性

房源属性主要包括房源位置、房源类型和房源面积等要素。

在共享住宿中，房源位置是非常重要的价格决定因素（Wang & Nicolau，2017），位置与周边房源的价格会在一定程度上影响房东的定价策略。目前主要的位置因素涉及房源是否位于高密度区，房源距离市中心、购物中心、交通枢纽、旅游景区、沙滩和竞争者（比如，酒店）的距离等。房源价格随着距离景点的距离而变化，越靠近景点，房源的价格相对较高（Jiang et al.，2022）。例如，Airbnb 平台上热门目的地以及经典旅游城市的房源价格会相对高于其他同等类型的房源价格。房源距离市中心和交通枢纽的距离越近，价格可能越高（Arvanitidis et al.，2022；Chica-Olmo et al.，2020），但价格也可能不受房源距离市中心和交通枢纽的距离影响（Cai et al.，2019；Jiang et al.，2022）。

房源类型直接影响房源的定价，房源类型可以划分为整套公寓、别墅、阁楼和独立单间房间等，整套公寓、别墅和阁楼可能比独立房间的定价更高。尤其当房源包含泳池等服务设施时，价格会相对更高（Gibb et al.，2018a）。

（三）设施和服务

房源设施和服务包括房东为房客入住房源过程中提供的住宿服务、生活服务以及设施服务等内容。提供服务的类型越多，通常房源定价越高。例如，如果房源提供洗衣服务、无线上网、免费停车或者早餐服务，价格会更高。房源的卧室数量越多且可容纳的人数越多，房源价格一般会更高（Wang & Nicolau，2017）。

图片对于房客选择房间非常重要，发布更多图片的房东收费更高，更多图片可能表明房东更加专业（Gibb et al.，2018a）。如果照片质量高清并且涵盖房源中的每个房间，充分向房客展示房源的具体装饰和细节，房源的价格相对偏高。反过来，定价较高的房源的文字描述信息相比其他房源也更加充实和详细。

（四）房屋租赁规则

房屋租赁规则也是房源定价的影响因素之一。例如，如果房东允许房客在室内吸烟，他们通常会收取更多费用（Wang & Nicolau，2017）。除此之外，价格通常会与取消规则难易程度相关联（Chica-Olmo et al.，2020；Moreno-Izquierdo et al.，2019）。可以即时预订、无需确认且有着宽松灵活的取消政策的房源通常价格较低（Benítez-Aurioles，2018）。

（五）评论数量和等级

作为信息来源，在线评论的基本功能之一是向对产品或服务知之甚少的消费者提供信息（Vermeulen & Seegers，2009）。在线评论数量和等级对房源定价的影响是不确定的。对于在线评论数量，大多数研究表明更多的在线评论数量会对价格产生消极影响（Jiang et al.，2022；Lorde et al.，2019）。然而，有学者发现更多的在线评论数量能带来更高的房源价格（Ren et al.，2021）。对于在线评论等级，大多数学者认为在线评论等级越高，房源价格越高（Ren et al.，2021；Wang & Nicolau，2017）。也有研究证明了在线评论等级对价格的负面效应（Chica-Olmo et al.，2020；Jiang et al.，2022）。

（六）外部环境因素

影响共享住宿房源价格的外部环境因素很多，包括旅游淡旺季、当地经济发展水平、人口密度、就业率、犯罪率、当地酒店数量。旅游旺季会带来更多的住房需求，在此期间房源价格极有可能会提高（Moreno-Izquierdo et al.，2020）。当地经济发展水平如更高的人均收入水平和GDP能够导致更高的出租价格（Tang et al.，2019；Moreno-Izquierdo et al.，

2019）。研究还发现，如果旅游目的地人口密度高、失业率高也会造成更低的出租价格（Tang et al., 2019）。近年来，新冠疫情对全球共享住宿行业造成巨大冲击，受此影响，所有类型房源的价格均不同程度地下降（Hesse & Vílchez，2022）。

第十章　共享住宿平台营销管理

第一节　4R 营销

唐·舒尔茨（Don E. Schultz）在 4C 营销理论的基础上提出了 4R 营销理论，核心是关系营销。在共享住宿领域，4R 理论以顾客关系管理为核心，通过房东、房客、平台三者之间的价值共创来提升房客体验，建立房客忠诚。平台需要从更高层次上以更有效的方式在其与房客、房东之间建立起有别于传统的新型的主动型关系。

一、关联（Relevancy）

关联营销是指共享住宿平台将房客、房东以及众多利益相关者视为一个命运共同体，建立并发展与其之间的长期关系的营销方法。在快速发展的行业背景下，由于资源和技术能力有限，平台企业可能难以独立面对动态环境和竞争对手。因此，关联营销提倡平台企业以选择战略联盟的方式建立平台生态链，汇集营销资源，以适应海量和快速变化的市场需求。

共享住宿的战略联盟是指两个及以上的企业或机构建立长期关系，发挥平台潜在的协同效应，整合每个合作伙伴的营销资源和能力的策略。合作伙伴不仅能够共享平台数据、营销渠道、活动项目、技术系统，还可以通过共担风险，在营销战略中发挥竞争优势，创造潜在的市场，从他们的关系中获取最大的利润（Hsu & Tang，2010）。与营销战略联盟相关的长期关系包括三个阶段：合作伙伴选择、长期关系发展和长期关系维护（Samiee，2008）。

（一）合作伙伴选择

共享住宿平台根据不同的业务内容和发展战略，选择不同的合作伙伴。首先，平台之间可以进行战略联盟，共享房客资源和营销体系，降低成本。在共享住宿业中，存在很多发展较为成功的平台，平台之间的经营模式和房源同质化现象严重，竞争激烈。如果能将竞争关系转换成合作关系，则能实现双赢。其次，共享住宿平台选择优质的房东和房客进行合作，增强黏性，提升房东和房客的忠诚度从而降低维护用户忠诚的成本。

再者，共享住宿平台可根据企业的发展战略适当选择供应链上的对象进行联盟，例如旅游目的地、旅游分销商、电信平台等。

Airbnb 和旅游目的地联盟，提供给房客一些体验项目，满足消费者的个性化需求，实现"跨界"发展。跨界合作对于品牌的最大益处，是让原本毫不相干的元素，相互渗透相互融合，从而给品牌一种立体感和纵深感（于雷霆，2016）。Airbnb 在正式进入中国市场后，与旅游分销商联盟，除了借助主流的社会化媒体平台提升品牌知名度之外，也选择了专注境外旅行的垂直社区穷游网作为战略合作伙伴，进行深度合作，双方共同制作的"Airbnb 穷游锦囊"提升了穷游网用户对 Airbnb 的认知度（Airbnb 社会化营销策略研究报告，2015）。

（二）长期关系发展

共享住宿平台参与联盟的目标不在于获取短期利益，而是希望通过持续的合作构建房客、房东、渠道、技术支持等生态链体系，提升平台流量和黏性，以实现长远收益的最大化。建立长期关系的途径比较多样，例如，房客数据和房源共享、联盟成员交换股份等。2016 年 10 月途家与携程、去哪儿网达成战略协议，以部分股权换取二者旗下的公寓民宿业务，包括频道入口、团队和房源等。

（三）长期关系维护

共享住宿平台紧密联系房东和房客，通过有效的方式在业务、需求等方面与二者建立关联，形成一种互助、互求、互需的关系，减少顾客的流失，以此来提高顾客的忠诚度，赢得长期而稳定的市场。

Airbnb 独特的企业文化成就了其与房客与房东之间的关系，平台不仅仅关注订房或旅游活动，更是聚合目标及价值观相同的人，创造具有归属感的交流社区。2014 年，Airbnb 重新定义了公司的使命："Belong Anywhere"，即让房客们在任何地方都有归属感。除此之外，公司中文名叫"爱彼迎"，解释为"让爱彼此相迎"。他们的文化是"做一个好主人（Be a Host）"。在这种文化激励下，员工不论何事都会努力做到极致，给房客最大程度的归属感（Airbnb，2021；腾讯网，2022）。

二、反应（Reaction）

反应营销是指共享住宿平台通过互联网及时接收房东和房客的反馈内容，并根据相应的规定进行解决、做出回应，进而达到管理和控制目的的营销方法。在相互影响的市场中，对共享住宿平台来说最难实现的问题不在于如何控制、制定和实施计划，而在于如何站在房东和房客的角度及时地倾听并且高度回应需求。这要求共享住宿平台提高对市场的反应速度，在整个服务过程中，通过客服、在线点评等渠道及时解决房东和房客提出的需求和问题。目前，Airbnb、小猪等共享住宿平台，都有24小时在线的专职客服，通过电话、邮箱以及在线聊天等方式，能够解决大部分房东和房客的问题。

（一）对日常需求的处理

对房客和房东的日常需求，平台客服人员根据相关规定对房客和房东做出反馈。例如，房客在预订过程中关于订单的问题以及在入住过程中关于房源的问题等，房东在上线过程中关于发布要求问题以及订单交易管理问题等，均可以通过客服进行解决。如小猪平台提供了解决房客及房东日常问题、提出建议、寻求商务合作的E-mail、免费客服热线及平台线上客服；在Airbnb平台，除了常见的客服沟通解决外，公司为了更为高效地回应房东及房客需求，特设立"入门指南"板块，分类展示了房东和房客们经常可能会遇到的问题及解决方案。

（二）对投诉的处理

在投诉处理方面，针对已经发生的投诉，平台应予以高度重视，建立健全在线投诉解决机制，并在最短时间内妥善处理。如平台可设立线上投诉和举报渠道，认真审查用户的申诉请求，及时受理和依法处理用户投诉，主动解决消费纠纷，同时建立快速理赔通道，对客户的损失给予及时和适当的补偿。比如，Airbnb表示，房客入住时如果发现房源与预期不一致，可以联系房东试图解决问题或者通过照片或者视频录制在平台上寻求Airbnb帮助。小猪民宿平台房东收到投诉后，如与顾客投诉事实不符，可选择申诉，在平台上填写理由、上传申诉凭证并提交，平台会在一个工作日内处理并以平台系统通知的方式告知房东（小猪民宿，2021）。

（三）对违规行为的处理

平台应设有惩罚机制和对房客、房东权益保障的赔偿措施和应急预案，对房客和房东的违规行为予以处罚，并对房客、房东的损失提供违约金补偿等服务。小猪平台在核实房东存在经营行为瑕疵后，首先判断是为平台还是房客带来了直接的经济损失，若为前者，小猪直接在房东应付款项中扣除；若为后者，小猪会扣除该订单房费等额的违约金及小猪给予房客的赔偿款。更为严重者，小猪会对房源进行下线处理，并追究刑事责任。具体来说，小猪对违规方式的惩戒方式主要分为警告、降权（排序上降低权重）、置底、屏蔽（用户无法直接搜索到，惩戒期结束恢复）、下线（小猪民宿，2021）。美团民宿将违规行为分为三种类型：特严重违规

（刷单套利、虚假房源等）、严重违规（房东原因取消订单）和一般违规（部分拒单行为、卫生差、拒开发票等）。特别地，对于特严重违规，平台会下架房源并封禁账号，如有诚信经营保证金将全部扣除；对于严重违规，会采取限制流量 3 天或扣款；对于一般违规，平台会进行一段时间限流（视历史违规累计次数而定）。当严重违规 ≥ 6 次或者一般违规 ≥ 20 次，平台会下架其房源并封禁账号（美团民宿，2022）。

三、关系（Relationship）

关系营销是指共享住宿平台与房客、房东以及社区等建立长期和稳固的关系而做出的营销行动。共享住宿平台与各方建立关系的过程是建立信任的过程，在此过程中将各方的利益进行捆绑。卡赛斯等人（Casais et al.，2020）认为，在房客入住期间，房东与房客可以建立密切的营销关系，而这种人际联系对旅游体验的共同创造和增加住宿服务的创新（设施、合作关系等）至关重要。

（一）与房客的关系维护

平台与房客之间的信任建立在安全机制和信用机制上，只有当房客感受到入住通过共享住宿平台预订的房源是安全的，并且房东是可靠的，房客才愿意信任平台，从而增加房客使用平台的频率和预订意愿，使该共享住宿平台在酒店业、同类型共享住宿平台中保持持久的竞争优势。其次，平台通过有趣的活动或宣传与房客建立情感联结，引起房客共鸣，也是建立长期关系的一种有效的方式。

小猪借用明星效应在高校人流量大的地方张贴海报进行宣传，旨在吸引大学生消费群体，提升用户黏性。小猪之前也曾招募用户参与调研，参与者在接受现场访谈后，会得到 300 元小猪平台直减券。2014 年，Airbnb 发起了"少一个陌生人"全球性活动，通过给 Airbnb 用户 10 美元，鼓励用户用各种方式来认识一位陌生人，让自己多一个朋友。

（二）与房东的关系维护

共享住宿平台与房东之间的关系管理的核心在于建立公平的经营环境，尽可能保障每一位房东都能够赚取利润。建立公平的经营环境在于平台的消重机制、审核机制以及推荐机制的建立和管理。消重机制即删除重复房源，避免同一处房源多次出现在平台上。审核机制指平台对房源的信息进行严格审核，避免盗取别人信息，进行不实经营。推荐机制关系到房源的推荐顺序，平台需要在一定程度上综合房客之前的预订行为将房源与房客需求进行匹配，根据公平的原则，对房源进行排序。为吸引新用户，

Airbnb 推出了"向超赞房东提问"（Ask a Superhost）活动，11 月又向所有房东免费推出了"AirCover"项目，包括提供 100 万美元额度保险和 100 万美元财产损失险，并新增了宠物损失险、房屋深度清洁等，这些措施得到了早期房客的积极响应（Airbnb Financial Report，2021）。

除此之外，一些平台会通过举办交流活动来促进与房东们及其遇到的问题的了解，如 2022 年 11 月，小猪民宿联合飞猪民宿在云南大理举办"老友记·茶话会"，有效地促进了民宿从业者之间的交流。另外，Airbnb 也曾在 2019 年举办了一场房东派对，意在欢迎新房东并推广超赞房东经验，加深了新房东、超赞房东、Airbnb 员工之间的关系。为了让房东们更加方便、精准地定价，Airbnb 平台还设置了"智能定价"功能，房东仅需输入房价上下限，平台便会根据提前时间（距离入住日期时间）、当地人气、季节性、房源受欢迎程度、评价历史等因素自动更新房价（Airbnb，2020）。

（三）与社区的关系维护

共享住宿平台的社区关系是指其与所在地政府、社团组织以及全体居民之间的睦邻关系，社区关系直接影响着组织的生存环境和公众形象。维护好与社区之间的关系有利于吸引更多的房东加入分享并且提高销售。尤其当企业进行跨国推广时，维护好与社区的关系能够极大降低阻力。

针对社区关系，Airbnb 设立了本土化团队，深入当地，积极解决社区问题。2021 年，Airbnb 向世界各地的国家、地区组织分发 1000 万美元用于房东所在社区的新型冠状病毒救援、经济复苏和教育；除此之外，为了能够营造安全、互相信任的社区环境，防止 Airbnb 房客或访客们打扰到周围居民生活，平台禁止未经许可在房屋中开展派对（Airbnb，2021）。同时，Airbnb 以建设一个开放包容的世界为目标，制定了一系列政策消除各种形式（如性别、国际、种族、婚姻状况等）的歧视、偏见，如美国、欧盟和加拿大的房东不得因为种族、肤色、性取向等拒绝房客预订或者强加条款。

四、报酬（Reward）

报酬营销是指共享住宿平台通过给予房东和房客适当的经济回报的营销方法。报酬营销是激励营销的一部分，强调通过物质来引导用户行为、吸引用户参与，将关注由被动变为主动，甚至参与到价值共创和广告活动内容中去，从而达到营销目的。

（一）房客的报酬

房客的报酬是指为了促成房客在平台预订房源而给房客发放物质或者精神奖励。在房客使用初期，利用优惠券吸引新用户进行预订是非常有效的营销方法。针对老顾客，适时发放小额度的优惠券也能够起到维持忠诚用户的作用。其次，共享住宿平台通过开展免费试住或者赠送旅行基金等其他活动的方式，在一定程度上促进了房客在平台进行消费。

Airbnb 设有推荐邀请计划、推广大使计划等，奖励形式有礼金券、旅行基金和奖金等。首次注册的用户，通过朋友分享注册码进行注册并完成合格订单（大陆地区首单实付金额高于 200 元人民币，大陆以外地区实付高于 300 元）后，双方都可以获得旅行基金，小猪也有类似的规定。

（二）房东的报酬

房东的报酬是指为了调动房东出租房源积极性而给予其物质或者精神奖励。平台可以通过培养有较大影响力的房东，带来真实的、感染力强的、有影响力的口碑传播。首先，共享住宿平台采用信息技术帮助房东进行合理动态定价，实现房东收益最大化，这是平台最基本的激励机制。平台应该设置奖励机制对表现好的房东进行嘉奖，调动房东的积极性。例如，在线平台设置区别于一般房东的超级房东徽章制度的激励效果非常好，在 Airbnb 平台上称为"超赞房东"，在小猪平台上称为"超棒房东"，获得此称号的房东将会获得额外的奖励金（上一季度成单总额的 6%），并且在用户搜索时，房源也会在比较靠前的顺序，曝光量更高，是优质房源的象征，更容易得到房客的认可（Airbnb，2021）。

第二节　4D 营销

随着互联网经济的发展，传统以销售为导向的营销模式已经无法适应移动互联的消费环境，以消费者需求为基础和核心的 4D 营销理论模型强调了物联网和大数据等新技术在企业营销中的作用，更好地诠释了企业的智慧营销模式和消费体验。在共享住宿中，4D 营销主要指平台应用大数据等新工具和新方法，为房东和房客提供智慧化、个性化的服务体验。

一、需求（Demand）

需求营销是指聚焦用户需求，利用网络等技术收集和整理用户信息，预测、创造并满足用户需求的营销方法。只有抓住用户需求变化，提供迎合其需求的产品，平台企业才能保持持续的核心竞争力。首先，传统的酒店住宿提供标准化的产品，共享住宿平台企业抓住了消费者对高品质、个性化产品的需求，通过整合闲置住房资源，迅速发展起来。其次，对于房客而言，网络背景下获取信息的方式呈现多元化。房客不仅通过互联网检索产品信息，利用"点评"或"转发"的形式传播产品信息，同时，利用手机随时随地与房东或其他房客互动。

共享住宿平台为房客和房东两类主要利益相关者创造和分配价值。Airbnb 通过提供差异化服务为房客创造价值。Airbnb 最初只是一种沙发共享服务，现在可以提供多种住房选择和附加服务。例如，Airbnb Luxe 在世界各地推出了和各种类型的高端房源，为房客提供定制化住宿服务（Markman et al.，2021）。Airbnb 通过技术投入和权益保障为房东创造价值。Airbnb 将自己定义为"专门为个体房东设计的定制平台"，通过推出 Airbnb Hosting Tools 工具简化了个体房东的注册程序，降低了进入门槛，而且 Airbnb 还会为新手房东匹配客服或是老房东，为他们提供帮助，提高了房东转化率（环球旅讯，2021）。

共享经济背景下的社会化共创能够创造出双重价值。一重是资本价值，用户获得收入，平台企业抽取佣金，越多用户参与便产生越多的经济资本；另一重是情感价值，是通过企业搭建的平台与其他用户建立情感联系。

二、数据（Data）

大数据营销是指共享住宿平台对已有的经营数据、产品数据、用户数据以及区域数据等进行深入分析后用于客户划分、产品遴选、渠道筛选以及定制营销方案的营销方法。国际数据公司（International Data Corporation）从四个特征定义大数据：数据规模庞大（Volume）、数据更新频繁（Velocity）、数据类型多样（Variety）和数据价值巨大（Value）。企业可以利用消费者的浏览数据、交易数据等行为数据，优化营销战略，包括定制化产品和服务、动态定价、渠道优化等方面（王永贵等，2019）。共享住宿平台记录着大量且丰富的房客、房东和房源信息，例如房源地理位置、房客房东年龄、社交活跃度、交易记录以及评论信息等，这些数据是多维和动态变化的，为分析房客、房东的行为和特征提供了数据基础。平台可以利用用户数据实现精准定位，对用户进行分类，进行精准化和个性化营销。

Airbnb 正在为其社区的数百万房客和房东提供服务。每一秒，房东房客都在平台上的活动产生大量搜索、预订和消息传递数据，Airbnb 平台的数据团队将其匿名化并进行处理，用于改善社区在平台上的体验并优化业务。Airbnb 提供基础设施来收集、组织和处理大量数据（所有这些都以保障用户隐私安全的方式），并使 Airbnb 的各个组织能够从中获得必要的分析并从中做出数据知情决策。

三、传递（Deliver）

传递营销是指共享住宿平台为用户进行营销策略选择时，优先考虑到将产品的各项价值（产品价值和服务价值）传递给房客的营销方法。传递营销不仅强调房东房客的直接连通，简化营销渠道，同时要保证信息传递顺畅，让房客能够看到足够的信息。要想保证平台房源的价格和质量相匹配，平台在对房源进行筛选之后，应该规定房东尽可能多地提供关于房源的信息，保证平台上所产出的内容都与品牌形象一致。在共享住宿平台上，精美的房源图片能够在第一时间抓住消费者的眼球，并刺激一定的二次传播。Airbnb 和小猪平台招聘专业摄影师帮助房东拍摄出租的房屋照片，保证了消费者从任何一个平台发现品牌都可以获得一个清晰且符合品牌定位的形象。通过高效匹配，Airbnb 降低了房客的搜索和交易成本；通过照片、在线评论系统、电子支付系统和保险协议等保证系统和审查工具，Airbnb 平台降低了不确定性和信任相关的房客成本，使房东和房客能够可靠地进行交易（Markman et al.，2021）。

四、动态（Dynamic）

动态营销是指共享住宿平台在沟通机制、定价机制打破静态模式，采用动态的机制以达到实时响应、全面覆盖的目的。

（一）动态沟通机制

随着新技术的兴起，尤其是社交网络的出现，在共享住宿平台上的"沟通"已经不是平台与房客之间的静态沟通机制，而是房客、房东和平台之间多元的动态沟通机制。所有房客和房东不仅可以与平台进行沟通，他们之间也可以进行无障碍沟通。Airbnb 开放了社交网络连接功能，用户可接入他们的 Facebook 账号。这一产品特性使得 Airbnb 平台上的好友关系数量持续猛增，房客与房东之间能够更深入地了解，形成信任关系，交易与联系更为频繁和紧密（Runwise 创研院，2022）。

（二）动态定价机制

共享住宿平台上房源复杂多样，价格也各不相等，即使同一处房源，不同的时期的价格也会上下浮动。房东对房源的定价受到很多因素的影响，例如周边房源价格、房间大小等。Airbnb 平台设置了动态定价功能，该平台智能定价主要基于房源类型和位置、季节性需求、房源好评数和其他因素，如周五、周六是房客度假热门时段，周日至周四可能会吸引商旅房客以及一些特殊节事活动等。启用该功能后，房源价格会根据同类房源市场需求变化自动调整。房东只需要设置价格波动限制，若有需要也可以随时自主调整特定日期的每晚价格，总之，房东可以始终随时掌控并调整房价。

第三节　5A 营销

数字化消费时代，消费理念和需求升级，个性化、定制化和数字化的体验成为新的消费趋势。现代营销学之父菲利普·科特勒据此提出 5A 营销模型。5A 营销模型也被称为内容营销模型，强调数字化营销，核心是用户和内容，重新定义了数字化时代的企业营销。在共享住宿中，5A 营销主要指房客和房东从最初了解共享住宿平台到最终认可该平台品牌（如 Airbnb，小猪民宿），会经历连续不同的阶段；平台根据不同阶段、不同房客和房东的特点，制定营销战略和计划，不断吸引客户，最终形成稳固的品牌和客户关系，打造品牌优势。

一、认知（Aware）

认知是指房客和房东通过自身过去的旅行经验、他人对共享住宿平台的评价、他人推荐和平台的广告推送等相对被动的获取方式，对平台有初步的了解和认知。在认知阶段，房客和房东的主要需求是获取更多关于平台的信息，形成对平台的初步印象。平台的营销目标是扩大内容的生产量和曝光量，增加浏览量和浏览人数。在此阶段，平台应通过广告发布、社交媒体推广和社群营销等方式拓展品牌，吸引更多用户的关注。通过高内容生产和高曝光量，Airbnb 获得了更多品牌关注，实现了从绩效营销向品牌营销的转变。比如，"爱彼迎奇妙民宿"微博转发次数两千余次，通过有趣的活动和运营，吸引人们的眼球。

二、吸引（Appeal）

吸引是房客对平台产生兴趣的过程，在这个阶段，房客和房东会对已经搜索和接触到的信息和内容进行回忆、整理与筛选，最终只保留自己感兴趣的平台品牌，并进一步关注。在此阶段，用户的需求是深度了解该平台的"前世今生"，了解品牌内核和特色。平台的营销目标是激发用户的兴趣和好奇心，吸引更多流量。平台可通过特色活动推送、意见领袖推荐和社交媒体直播等方式了解和吸引房客。比如，在新型冠状病毒大流行期间，途家民宿携手酷狗直播推出"云度假"系列产品，建立起了链接"暂停营业"的房东与"足不出户"的消费者之间的核心中枢，同时通过多位网红房东的明星效应打造房东全新的社交运营能力与品牌形象，为准备到来的旅游业"报复性"反弹打好坚实基础（劲旅网，2020）。

三、询问（Ask）

询问主要指房客主动通过浏览网页、查看社交媒体报道和帖子、询问家人朋友和咨询平台等方式获取平台的相关信息。在此阶段，房客的需求是了解平台所提供的产品和服务，包括价格、产品和服务特色等。平台的营销目标是确认房客的需求和购买标准，可通过大数据全渠道营销、精准客户画像和特色活动引流等方式为房客提供个性化和精准化的服务。Airbnb 曾推出多样化的住宿体验活动，比如"奇屋一夜"（Night At）全球项目，将世界各地标志性的空间改造为特色住宿，被邀请的房客能够实现零距离入住体验，不仅为房客提供了独特的住宿体验，也向全世界展示了当地的建筑及文化魅力。

四、行动（Act）

行动主要是指房客形成购买决策，决定在平台上预订房源的阶段。此阶段是平台将流量转化为实际销售量的关键阶段，可通过全渠道销售、动态定价、个性化推荐等方式促进房客的购买预订行为。CouchSurfing 通过兴趣分组（Interest Grouping）、生活方式信号（Lifestyle Signaling）等方式建立房客和房东之间的关系，房客通过平台提供的信息来创建与房东之间的连接，以获取信息并利用共享的价值和兴趣。比如，那些到新地方旅行的人由此可以汇集当地的信息和资源，进行原本无法获得的共同创造，并确定潜在的共同创造伙伴，与他们建立更密切、更私人的关系（Scaraboto & Figueiredo，2022）。

五、拥护（Advocate）

拥护是一种购买后行为，房客会根据自身的购买经验和入住体验，产生再次购买意愿、传播积极口碑和维持品牌忠诚度等积极态度和行为。平台可通过 KOL（关键意见领袖）传播、建立会员生态体系等方式维护老客户，通过口碑推荐、会员裂变等方式吸引新房客。Airbnb 的用户推荐系统具有良好的营销效果，使得一些地区的订单量显著提升。同时，通过老客户推介而来的用户，通常有更高的留存率和回购率，甚至也愿意继续推介其他人使用（Runwise 创研院，2022）。

综上所述，共享住宿平台正在以愈加多样、灵活的商业模式，如 C2C 模式、B2C 模式、（B+C）2C 模式和（B+C）2（B+C）等为不同用户群体提供服务。一般来说，这些平台企业通过收取与住宿、体验相关的服务费来获取盈利。除此之外，一些平台企业由于吸引流量较多，也通过展示宣传其他广告等来增加其收入来源。随着新技术的兴起，共享住宿平台逐渐形成了动态定价机制，以达到对多种因素如房屋属性、设施和服务状况、租赁规则、外部环境等的实时响应。当今，共享住宿也采用由 4R、4D、5A 衍生出的多种营销策略来发挥企业优势，从而更好地占领目标市场。

新冠疫情加速了企业的数字化转型，新的无接触服务和数字化现实正在走进人们的生活。共享住宿平台的营销管理是指在数字化背景下，平台企业利用互联网技术发现房东和房客的偏好，并提供产品和服务以满足其需求的过程，它既需要满足人性化的需求，又具有技术赋能的特点。从以"关系营销"为核心的"4R"理论，到以"消费者需求"为核心的"4D"理论，再到数字化技术赋能的"5A"理论，共享住宿平台也进入了营销5.0 阶段。这要求共享住宿平台要更加注意与利益相关者关系的发展与维护，运用多样的数据工具实现精准营销，深入了解房客的真实需求，并据此打造出打动人心的营销产品，从而实现用户黏性不断增长。

第十一章 共享住宿平台人力资源管理

第一节 共享住宿平台人力资源管理概述

共享经济背景下，劳动力市场被盘活，人力资源配置更加灵活。对于共享住宿平台而言，一方面人力资源管理的对象更加丰富，用工方式更加弹性化、平台化，用工边界模糊化；另一方面，平台内部组织架构适应性更强，企业可以根据不同地区的运营情况灵活设置不同的职能部门或团队，以便更加高效地处理平台经营中的问题。2022年，民宿管家作为新职业被纳入新版《中华人民共和国职业分类大典》，成为有官方认证的新职业，这不仅是对民宿从业人员身份的社会认同，对于民宿从业人员的招聘、教育、培训、管理、激励等也是重大利好。本节首先对共享经济背景下的人力资源概念进行回顾，总结共享住宿平台用工的三大特征，将共享住宿平台的人力资源分为三类，并对企业权责做出界定。

一、共享经济人力资源管理概念

目前，学术界暂未对共享经济背景下的人力资源的概念做出准确界定，并且有很多指代名称，例如，临时工（Contingent Workers）、零工（Gigsters）、自由人（Free Agents）、临时帮助（Temporary Help）、代理工作人员（Agency Workers）、合同工（Contract Workers）、随叫随到者（On-call Workers）、独立承包商（Independent Contractors）以及自由职业者（Freelancers）等，这一类的人力资源更加灵活，改变了企业为全职员工制定的文化、计划、流程和政策，也代表着我们进入了一个崭新的零工经济时代（Horney，2016）。

共享经济背景下的人力资源的概念主要分为两个视角：

1. 基于平台用工环境下人力资源本身拥有的特点。雅各和谢赫（Jacob & Shaikh，2021）将其定义为零工（Gigsters），需要结合自身的特有技能才能承担与自身匹配的工作。在共享平台上，这些人力资源通常以兼职员工或小微企业家的形式而存在，并以体力劳动或智慧劳动的方式来换取报酬。不难看出，这些人力资源拥有一定的能力，通常是有特定技能并独立存在的自由职业者，可以凭借劳动力的付出获得项目回报（郑祁、杨伟国，2019）。

2. 基于共享经济中劳动力提供者和平台的相互关系。共享住宿平台上的人力资源是指能够提供个人资产（包含房源、自身劳动力等），在平台上进行供需快速匹配并进行交易的个人或者组织。在零工经济下，共享平台促进了点对点工作的需求匹配，通过与个人签订独立合同的用工方式进行大规模扩张（Cunningham–Parmeter，2016），签订合同的个人便是共享平台的人力资源。自我雇佣者（Self–employed）也属于平台人力资源的一种，他们与客户之间没有雇佣关系，工作不稳定，通常只是以平台为中介，从事解决复杂问题或在线执行琐碎的例行任务（Palacios et al.，2015），被视为是非正式工人和独立承包商，而非雇员（Irani，2015）。有一些人力资源成为自我雇佣者是非自愿的情况，他们是被"推"到不稳定的工作安排中的，这些工作安排既不是雇佣关系也不是"真正的"自营职业（准自营职业）（Kautonen et al.，2010）。此外，共享经济企业所需人力资源（劳动力提供者）和平台企业所建立的雇佣关系，指的是有偿劳动的概念，而不是具有相应法律权利和责任的特定劳动关系分类（Das Acevedo，2016）。因此，通常这些人力资源无权享受固定数量的工作时间、带薪病假或年假福利。

二、企业权责界定

市场调研公司国际数据公司（International Data Corporation，IDC）的数据表明，2015 年末全球"移动工作者"（没有固定办公场所的工作者）的数量将达到 13 亿人。2017 年，Upwork（一个国际化的线上兼职平台）和自由职业者联盟（The Freelancers Union）对美国独立劳动力进行了最全面的研究，发现约有 5730 万美国人是自由职业者（Tronsor，2018）。2020 年中国共享经济的服务提供者约为 8400 万人，同比增长约 7.7%；平台企业员工数约 631 万人，同比增长约 1.3%（中国共享经济发展报告，2021）。

在共享住宿平台上服务的人力资源数量众多，平台企业需要根据其经营战略、经营特点、组织结构以及组织特点等对人力资源的权利和责任进行规划，保障在出现相应问题时，有相应的标准可供参考。目前，共享住宿平台对人力资源的服务内容等有明确的要求，但是劳务提供方（合作伙伴）、服务需求方（房东）和共享平台企业（例如 Airbnb、小猪民宿等）之间的责任和权利界定不明晰。一方面，共享住宿平台上的人力资源被视为事实上的工人，负责提供相应的服务和产品；另一方面，平台目前仅是负责发展、维护网络和监督交易正式财产的中间人，不承担其他的风险和责任（Aloisi，2016）。由于房东和合作伙伴提供的服务是一次性的、短期的且灵活的，共享平台企业很难衡量员工产假和年假的标准（Mojeed-Sanni & Ajonbadi，2019）。出于对管理监督成本的控制，也无法按照《劳动法》的规定保障员工的最低工资标准和固定工作时长，未向员工提供五险一金和解雇赔偿，没有充分保护灵活就业群体的权益（李梦琴等，2018）。因此，企业权责的界定应是共享住宿平台未来经营过程中的重中之重。

三、共享住宿平台用工特征

（一）用工弹性化

共享经济促使劳动力市场加速弹性的变化（Nica，2018），技术的进步使企业不会雇用为他们工作的人，而是建立一个人才就业市场，据称员工是自由职业者，通过公司建立的数字平台接受劳务和提供服务。全球人力资源队伍变得更加强大，并促进了业务框架的发展，人才需求越来越面向外部市场，基于项目的用工变得更加灵活（Horney，2016）。综合来看，共享住宿平台用工弹性化的特征可以表现在工作时间和地点的灵活性、合作伙伴的弹性化以及用工关系的复杂化。

其中，在共享住宿平台上的人力资源可自由决定工作时间、时长和地点，这种方式增加了用工的灵活性，使最合适的工作和可用的独立个人之间的联系成为可能。这些人力资源不被要求必须在为雇主工作和处理自身事务之间做选择，而且通常可以通过移动应用程序，进入到共享经济平台上自由设定工作时长和选择从事哪些工作内容。与传统雇佣模式相比，原本员工无权控制自己的工作时间，而共享经济背景下员工实现了工作时间弹性化，也说明人力资源个体对劳动控制力逐渐增强（郑祁，杨伟国，2019）。尤其是在数字经济时代下，借助虚拟的在线平台，人力资源可以根据个人的能力和时间同时选择多个"临时"工作任务，协作办公的覆盖范围也由"社区"扩展到"城市"乃至"国家"（闫慧慧，杨小勇，2022）。

另外，从某种意义上说，共享住宿平台企业和房东或合作伙伴在全球或当地的开放空间中相互选择，以寻找短期的合同工作，这在某种程度上说明合作伙伴的选择具有灵活性。在这个过程中，共享住宿平台根据自身企业需求，寻求外部化、社会化人力资源配置，重新组建人力资源模式。

其中，除了平台核心团队成员，其他人力资源不需要长期拥有，因此，对房东和合作伙伴的用工可实行弹性制。这意味着工作者有更大的自主性选择工作内容和时长，即拥有更灵活自如的时间表，可自主选择工作赚多少钱。共享住宿平台可以将住宿服务分成几个独立的任务，在需要时分配给人力资源，不强制执行计划、轮班或特定任务，平台上的人力资源可以根据自己的时间进行灵活安排。

与此同时，用工弹性化使得共享平台企业的用工关系变得复杂化，要面对来自外部环境和内部结构两个方面的压力。从外部环境来看，共享平台企业可能要面临同行业领域内原有传统企业对新型企业的抵制、消费者对于消费方式变化的抵触和适应、法律法规的制约与政府部门的管控（古银华等，2017）。从共享住宿平台内部的员工关系来看，企业拥有三类人力资源，一部分是平台核心团队员工，一部分是房东，另一部分是合作伙伴。虽然房东、合作伙伴与共享住宿平台企业之间没有正式的劳动关系，但他们需要通过平台为消费者提供产品和服务，是平台对外形象展示和业务运营的关键力量。因此，做好这些人力资源的管理工作也是平台企业面临的压力。

（二）用工平台化

互联网技术改变了人力资源的配置方式，使原有的人力资源管理方式更加开放，可利用互联网平台共享闲置的劳动力资源（于晓东等，2016）。人力资源供求双方根据供需信息通过共享平台能够自主或者自动进行匹配（张驰，王丹，2016），保障大规模交易，体现了用工平台化的特征。共享住宿平台缺乏实际的、统一的工作场所，大多数工作都是房东或合作伙伴在线下分散完成，后通过平台进行任务交付，保证了快速交易和市场"民主化"过程。同时，数字技术也不断提高平台的劳动力资源配置效率，平台不仅可以利用算法技术配置资源，还可以通过算法进行任务分配、绩效评价和奖惩激励（周恋等，2022）。

共享住宿平台用工平台化是指在共享住宿平台上的人力资源从领取工作任务到任务交付的整个过程都依赖平台完成。古银华等人（2017）认为，共享企业需要通过管理信息化平台实现平台企业、共享人力资源、消费者三者之间的互动与联系，即共享住宿平台同样离不开管理信息系统的支持，从而实现平台企业与合作伙伴之间的联系、合作伙伴与房东之间的联系和平台企业与房东之间的联系。在此情况下，个人可以不依赖于组织实现个人价值，而是借助共享平台创造个人价值和效能，从而获得报酬，个人对组织已不是绝对的从属关系（彭剑锋，2014）。因此，每一个人力资源个体都有机会实现闲置资源的价值，也就具有资源配置的话语权。

在共享住宿平台上，房东和合作伙伴通过平台才能够实现碎片化的就业。其中，需要关注两点平台属性，第一点是信息共享，第二点是责任固化（华夏基石管理咨询集团，2017）。共享住宿平台上的供需信息非常清晰，房东或者合作伙伴可以进行准确无误的供需匹配，完成劳动合作。并且，平台企业对房东和合作伙伴的责任进行详细的规定，保证了劳动者的服务质量和服务效率。共享住宿平台可以直接通过管理信息系统，绕过原有的中介商，直接联系零工工作者及有住宿需求的房客，保障顾客的最大利益。

（三）用工边界模糊性

共享经济背景下，技术支持的人才平台加速对现有的人力资源框架的破坏，使得用工的边界逐渐变得模糊，无法明确界定"雇员"和"雇主"这两个术语的法律定义（Horney，2016；刘国华、吴博，2015）。

共享住宿平台用工边界模糊性是指在共享住宿平台上的人力资源与平台之间不存在"企业—员工"的以组织为边界的雇佣关系模式，更多的是以合作伙伴的模式存在（Aloisi，2016；何勤等，2017）。在共享平台上，组织层级之间没有严格的划分，人力、技术等要素自由流动、协同共生（戚聿东，肖旭，2020），实现了用工边界模糊化，信息和有效资源可以在不同的部门、层级之间进行高效传递（Ashkenas et al.，1995），人们既可以是企业的员工，也可以是企业的用户（章凯，全嫦哲，2017）。

在共享经济模式下，边界模糊能够使平台企业吸引、聚合自由进出的资源或服务满足用户需求（张驰、王丹，2016），即这些组织都是开放性的，利用外部资源实现各项职能。房源资源属于房东，劳动力资源属于房东和合作伙伴，房东和劳动伙伴既可以看成是平台的"员工"——当然不是真正意义上具有劳动关系的员工，也可以看做是平台的用户。因此，边界模糊的共享住宿平台是资源提供者（房东和合作伙伴）和用户基于创造共同价值，通过建立共享平台，将分散闲置的资源整合，发挥其效能。

四、共享住宿平台人力资源类型

在共享经济背景下，人力资源管理的对象平台是企业为了生产经营而使用的人力资源（叶剑波，2015）。人力资源是共享经济平台生产或服务的核心要素之一，共享平台必须借助人力资源实现供需双方的匹配（吴清军、杨伟国，2018）。共享经济企业的人力资源一般采用轻资产运营的方式，由一个核心团队或分散在各地的多个核心团队外接全球或当地的闲置劳动力资源，通过平台进行需求匹配，以满足用户需求（张弛、王丹，2016）。这就意味着除传统正式员工外，企业管理的人力资源还包括数量众多、范围广泛、结构复杂的闲置人力资源及合作伙伴，企业的用工边界逐渐开放化，员工概念、固定岗位概念趋向模糊化，而基于"人—岗"的传统人力资源管理手段效果也大打折扣（Aloisi，2016；王震，2015；张弛、王丹，2016）。

因此，共享住宿平台使用和管理的人力资源可以分为三类：第一类是负责共享住宿平台运营管理的核心员工和技术团队，即平台核心团队员工；第二类是共享住宿平台上闲置资源的生产者，即房东及其雇佣的劳动者；第三类是与平台合作的人力资源，即平台合作伙伴等，见图11-1。

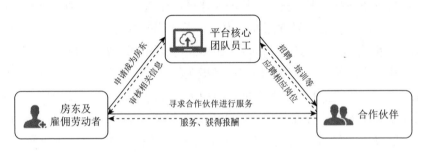

图 11-1　共享住宿平台人力资源管理对象

共享住宿平台的三类人力资源之间相互联系，密切配合。平台核心团队员工在房东申请成为房东时，对房东提交的所有资料与信息进行严格审核，保证其准确性和可靠性；平台核心团队员工负责合作伙伴的招聘、培训等内容，考核合格后，方能在平台上进行服务；房东在有工作需求时，可以在共享住宿平台上寻求合作伙伴为自己服务，并且给予适当的服务报酬。

（一）平台核心团队员工

平台核心团队员工是指平台企业雇佣的长期的负责企业内部工作运转的人员，人数相比较其他两种类型的人力资源较少。通常，平台企业采用扁平化的组织架构，较为简单。以小猪为例，企业除了传统的行政部、市场营销部、人力资源部、财务部和法务部之外，还设有供给管理部、产品运营部、研发部、用户服务管理部以及宿集业务部等部门。小猪供给管理部作为员工数量最多的部门，占公司员工总数超60%，除全国下设20多个城市分站运营中心外还设立海外运营中心、自营民宿运营中心，负责全国以及海外自营民宿业务的房源拓展、房东服务、运营指导等工作。

（二）房东及其雇佣劳动者

房东及其雇佣劳动者是指提供房源的人员自己承担清洁等服务工作，或者自己聘请劳动者来完成服务工作。共享住宿平台上的房东数量最多，房东向平台提供闲置资源从而获得收益。例如，根据小猪官网介绍，截至2021年底，小猪民宿的房源覆盖全球超过710座城市及目的地，房源总量突破80万套，一些房东将民宿作为副业，会雇佣劳动者清理民宿内卫生甚至接待房客。这些房东及劳动者即属于此类人力资源。本书第五章第二节对房东的管理进行了阐述。

（三）平台合作伙伴

平台合作伙伴是指服从平台管理且通过平台分配任务，并在规定时间内按照平台和房东要求及时完成工作的劳动者。在这个过程中，平台、房东与合作伙伴之间的三方合同关系的内容非常重要。这种合作伙伴模式体现出共享经济模式下企业对人力资源的共享（李艾琳、何景熙，2016）。分享经济从出现到现在，合作的理念已经渗透到各个领域。尤其是在"互联网+"时代，企业需要建立一个共享平台，整合更多的闲置资源，然后将这些资源分享给有需求的用户使用。从过去传统的商对客模式，到现在个人对个人的一对一模式，企业提供的仅仅是平台、中介和交易保障服务（于雷霆，2016）。共享平台由于轻资产的特点，无法像传统企业那样，招聘所有需要的员工，进行定岗，而是选择合作伙伴的形式，为很多兼职人员提供工作机会。

以小猪为例，除了小猪管家之外，平台还和很多摄影师、智能设备安装人员、软装人员等进行业务合作。合作伙伴数量相对较多，例如，截至2018年7月，小猪平台上有超过5000名兼职保洁人员、超过1000名摄影师，分布在全国上百座城市。从2012年8月创办起，小猪就为房东提供摄影师免费上门实拍服务，小猪合作摄影师已覆盖北京、成都、大连等17座城市，全国累计人数超过1000人；通过小猪平台，摄影师们平均月收入约7000~8000元（新京报，2016）。

第二节 共享住宿平台的人力资源管理

由于共享平台对人力资源的组织、协调以及管理上与传统企业不同，因此采用了新型的众包用工模式。与传统雇佣组织的用工模式相比较，众包用工模式不仅在生产、服务上存在着较大差异，而且劳动者和平台的关系也有所不同，管理流程也出现许多新的要求。

一、众包用工模式

（一）众包概念界定

众包生产是指产品需求方提出产品要求，将产品的全部生产众包出去（张新红等，2016）。2006 年，《连线》记者 Jeff Howe 首次使用"众包"一词，他认为网络和科技的进步会有助于业余人员来完成很多专业人士的工作（Howe，2010；周禹岐，2017）。直到 2008 年，学术界才对"众包"进行了概念界定。

布拉汉姆（Brabham，2008）认为众包模式是一个战略模型，用来吸引有兴趣、积极主动的个人群体，他们能够提供质量和数量优于传统业务形式的解决方案，是一种已经被营利组织使用的在线分布式问题解决和生产模型（Brabham，2010）。恩里克等人（Enrique et al.，2012）认为众包是一种参与性的网上活动，使得特定的个人、机构、非营利性组织或是公司能够通过灵活的方式公开选拔，从具有不同的知识背景、具有异质性的庞大人群中挑选出自愿承担任务的个人群体。李维（2017）认为众包是指公司或者机构将过去本来交由自己内部员工执行的工作任务，以自由、自愿的形式，通过非定向的方式向外承包给非特定大众网络群体的方法。这一新型用工方式通常通过平台进行，平台借助互联网使得组织和个人能够在全球范围内建立联系并提供服务（杨滨伊、孟泉，2020）。

在共享住宿平台上，众包是由平台发起的一种人人参与的承包方式。共享住宿平台通过公开招聘的方式吸引有闲暇时间、自愿参加的个体（包括房东和合作伙伴）前来参与完成工作任务（提供房源或者提供劳动力），并支付相应劳动报酬给参与劳动的个体。共享住宿平台借力众包模式，打造虚拟组织模式的方式，重构了组织运行模式。

（二）众包模式在共享住宿平台的应用

共享住宿平台依托于互联网的众包用工模式，实现了人力资源的供需信息匹配，由双方合作变为多方协作，不仅满足了市场对劳务的需求，也有效降低了平台的成本（张新红等，2016）。共享住宿平台招聘越来越多的非专业的服务人员，经过平台的培训，具备了面向市场的能力（Sundararajan，2016）。共享住宿平台上的房东和合作伙伴都是采取众包模式，公开招聘社会上的有闲暇时间的劳动力帮助房东完成清扫等服务。房东和合作伙伴拥有一定的工作自主性，例如以多劳多得的计薪方式，可以决定工作时间和休息时间，甚至可以决定薪资水平。共享住宿平台在此过程中拥有一定的控制和管理权，合作伙伴接受平台的工作安排，严格遵守平台对劳动过程和结果的规则和制度，劳动成果最后由房东来验收。

共享住宿平台为房东和合作伙伴搭建了供求对接的平台，降低了信息不对称带来的效率低下等问题。当找一个可靠的家庭清洁员或高质量的摄影师变得简单时，人更多的需求转化为对实际劳动力的需求，因为人们可以更容易地找到他们正在寻找的服务提供者。因此，共享平台的众包模式完美地契合了平台的特点，使得房东和合作伙伴之间有了更高的匹配性。

二、共享住宿平台人力资源管理流程

共享住宿平台对三类人力资源的管理内容和流程会有些许不同，对平台核心团队员工的管理与传统的人力资源管理内容相类似，对房东的管理详见第五章，本章主要针对合作伙伴的管理进行分析。本部分内容主要结合小猪平台此前对小猪管家的管理内容和流程，分析人力资源管理模块的相关信息。"小猪管家"是小猪平台协助房东提供专业民宿保洁服务的工作人员，用户只要在 APP 端切换到房东页面，就可以自助下单，一键呼叫"小猪管家"（新京报，2016）。截止到 2020 年 1 月，该服务在北京、上海、杭州、成都等 14 个城市开放，房东所支付服务费用即为管家个人收入，小猪平台不从中收取佣金。对合作伙伴的管理主要从五个方面内容展开，见图 11-2。

图 11-2　合作伙伴管理流程图

（一）人力资源规划

对合作伙伴进行人力资源规划是管理的第一步，不仅要结合企业发展战略，更重要的是要通过收集市场信息，把握市场需求。以市场需求为导向安排具体用工方式，才能使共享经济平台实现经济效益最大的生产或服

务（吴清军、杨伟国，2018）。共享住宿平台通常在全国乃至全球各个城市都有房源，由于各个城市和旅游目的地的季节性差异以及商务、会议、旅游、文化节庆等活动，旅游市场规模也呈现出波动性，导致劳动力市场供给差异，因此，房东对合作伙伴的工作时间和数量等的需求有所不同。因此，在人力资源管理前期，一定要先做市场调研，掌握当地对合作伙伴的需求，控制招聘数量以降低成本。在旅游旺季、大型会展、体育赛事等市场需求比较大的情况下，也需要根据调研结果，确定人力资源配置。

（二）招聘管理

共享经济模式下，平台需要重视对服务者的招募选择，对其服务技能与道德品质的考核需要更加严格，以保障平台的服务质量与可持续的竞争优势（高超民，2015）。小猪管家招聘流程比较简单，会把信息放在专门的网站上，劳动者只要拥有闲置时间、擅长家务、乐于分享，就可以拨打小猪客服热线或者发送邮件，申请"小猪管家"面试。龙立荣等人（2021）的研究也提到，目前零工平台在选用人力资源时呈现"宽进宽出"的特点，会使得零工质量参差不齐，平台丧失对零工管理的主动权。

因此，共享住宿平台应该规范招聘流程，确保合作伙伴的质量以及招聘效率。首先，平台应该优化招募信息，处理当前招募信息模糊、失真、虚假的情况，在发展中逐步建立行业规范，加强行业自律。另外也需要政府加强监管，禁止不正当竞争。其次，平台可以在官网上制作灵活用工招募专栏或者专门的招聘网站，定期更新灵活用工信息。同时提升咨询服务，为招聘更多的优良的灵活就业员工做足准备，及时解答应聘者的疑问，并协助解决。再者，平台应该规范用工标准，建立征信体系。在对应征者进行岗位服务必须的技能进行考核的基础上，借助互联网和政府部门力量，引入相应的征信体系，做到平台上的灵活就业人员在道德水平、业务能力、工作经历等方面可追踪，有记录可查。另外，平台也可以借助互联网向房东和灵活就业者提供各种线上咨询服务。

（三）培训管理

培训对以众包模式招聘的非专业合作伙伴而言，是服务质量保障必不可少的内容。专业化的培养能够让合作伙伴熟悉平台产品和服务标准，提升服务态度和技能，增强对平台、房东的认同。例如，合作伙伴通过面试后，小猪平台会进行统一的培训，如果能够通过考核，就可以成为"小猪管家"团队的一员，整个周期最快要耗时 10 天。小猪管家的培训考核内容非常严格，对其管家服务的要求包括地面清洁、床品清洗与更换，甚至绿植修剪与浇水等 19 项指标。

共享住宿平台应非常重视培训管理，提升合作伙伴服务的专业性。首先，应该创新培训内容，不仅要包含服务技能方面的内容，还应该包含对社交能力的培训。因为合作伙伴兼有用户交互入口的作用，在面对房客时，良好的互动能够给房客留下一个好印象。其次，平台应该协助合作伙伴办理相关证件，达到岗位要求。再者，平台可以结合互联网，录制优秀的培训视频，在网上进行培训，从而降低成本。

（四）绩效考核

让共享住宿平台的少数员工对数量庞大的合作伙伴进行绩效考核是一个极富挑战的工作，常用的方式是以在线点评对合作伙伴的服务进行考核。在线点评可以进行等级评定，最高为五星好评，是合作伙伴综合等级和排名的参考依据。因此，合作伙伴的绩效由房东进行考核，即将部分管理、监控以及评估的任务转交给了房东，减轻了平台的考核压力。其次，由于共享经济平台的部分生产和服务过程仍在线下完成，因此共享平台应利用计算机算法技术将传统的绩效考核与业务系统相结合（吴清军、杨伟国，2018），同时也要注意算法管理中的信息公开和意见咨询，减少平台从业者可能感知到的算法不公平感（周恋等，2022）。

以小猪为例，在保洁过程中，小猪管家首先按照培训内容和服务标准，进行卫生清扫工作；然后按照房源照片，将房间复原，包括物品的摆放方位和家具使用状态；其次，管家们帮忙查看房间的日耗品，如果需要，可以帮助房东购买，还承担接收快递和接待房客等服务。当服务完成时，小猪管家进行拍照，上传平台，供房东检查。保洁完成后，房东可以对管家的服务进行点评，有效时间为15天，完成点评后，删除点评的时间也为15天。房东如果对管家的服务很满意，可以在下一次需要小猪管家服务时，自助选择心仪的小猪管家进行服务，这也可算作绩效考核的内容之一。

（五）薪资管理

众包的用工模式下，合作伙伴的薪资不是固定不变的，而是动态计算的结果，薪资的发放时间也不固定，而是随时结算。例如，在小猪平台上，房东通过平台直接支付给管家薪资，所支付的服务费用即为管家个人收入，小猪平台不从中收取佣金。"小猪管家"服务费用采用阶梯价制，按照户型和面积收费，一居室为50元/次，二居室70元/次，三居室90元/次，四居室120~200元/次，收费标准比较合理。这种根据供需规律来确定的薪资结算方法（Aloisi，2016），摒弃传统按岗位、职务定薪的方式，激励作用更加明显。

共享住宿平台应该重视薪资管理，为合作伙伴营造一个公平的工作氛围。首先，应该完善服务费的阶梯制度，除了根据房型划分服务费等级，还应考虑房源的干净程度、是否需要加急打扫等因素，房源非常脏乱或者需要加急打扫的，应该适当增加服务费。其次，平台通过互联网收取房东发放给合作伙伴的薪资后，应该及时、定期发放合作伙伴，不得扣押。

三、平台合作伙伴与房东关系管理

由于用工边界模糊并且用工日益灵活，管理难度增大。平台合作伙伴与房东之间并非"雇员"和"雇主"的关系，无须履行雇佣关系中的权利和义务。但是为了保证长期合作，房东需要采取适当的措施促进合作伙伴提升责任感。

首先，为了提高合作伙伴的工作效率和服务质量，房东应该合理完善薪酬制度，激励灵活就业人员在工作中提高工作效率，与其建立信任，并保持长期合作，从而保证服务质量，并且减少因沟通不当带来的服务失败。房东除了按照平台收费标准付给就业人员酬劳以外，可以适当地给予额外的资金奖励，刺激其工作的积极性。

其次，应该建立合理的风险分担机制，解决合作伙伴灵活就业的劳动保障问题（何勤等，2017）。共享住宿平台应妥善处理与房东及合作伙伴的关系，建立明确的权责机制，提高平台的管理水平，分散和控制风险。在保障零工权益方面，平台可利用自身的资源优势与保险公司合作，为不同工种的零工配备保险。房东可与平台共同承担保险费用，以分散风险，降低损失。

第三节　共享住宿平台人力资源管理风险与防范

共享经济模式下的人力资源管理主要依赖于在线用工平台，劳动者的工作内容、时间、地点更加灵活，用工边界也趋向模糊，然而共享经济模式下的劳动方式在扩大工作自主性的同时也会带来相应的风险。共享住宿平台应弱化平台人力资源管理中由于算法技术属性和数字化转型带来的消极影响，保障房东及其雇员、合作伙伴的个人权益，推进平台人力资源管理规范、安全、公平。

一、共享住宿平台人力资源管理风险

共享住宿平台的人力资源管理方式区别于传统的人力资源管理模

式，在管理模式的过渡与转型的过程中也必然面对着风险。唐镳和张莹莹（2022）提到，风险是人力资源管理数字化战略转型中必然要面对的重要问题。对于共享住宿平台来说，对房东与合作伙伴的人力资源管理都依托于平台的数字化管理信息系统进行，由此引发的侵犯隐私、算法控制等一系列风险必须加以重视。

（一）侵犯隐私

共享经济背景下，平台人力资源的隐私安全难以保证。其一，平台与人力资源的协作本身便依赖于供需双方的需求信息匹配，过程中平台有权访问、调取人员信息，但这些信息一旦被恶意使用或在未经允许的情况下披露，均会对人员隐私造成威胁。其二，伴随着数据追踪技术的发展，监管范围逐渐扩大的同时，也侵犯了员工的隐私（Lodders & Paterson，2020），智能工具的应用使得管理方可以实时记录员工活动轨迹，加剧了管理者对员工在工作场所的过度监控风险；其三，共享平台办公地点和时间更加灵活，导致人力资源劳动的"工作—生活"边界被打破，员工可能出现工作与生活在时间与空间上的交叠，这就意味着员工的生活信息也可能被作为数据储存，加剧了侵犯隐私的风险（唐镳、张莹莹，2022）。此外，对于共享住宿平台而言，房东及房客的隐私安全问题也需重点关注。针对住宿行业屡屡发生的非法拍摄现象，打破了共享住宿平台、房东及合作伙伴的信任关系，危及房客的个人隐私。

（二）算法控制

共享平台的人力资源管理依赖于管理信息系统，管理方式由传统的人际组织监督转变为整合大数据和人工智能的算法管理（周恋等，2022）。共享平台通过算法完成对人力资源的工作分配、绩效考核、奖惩激励等，并制定相应的管理办法和执行决策（Duggan et al.，2020；Kellogg et al.，2020），从而增加工作准确性，提升劳动效率，减少无效沟通和信息偏差，降低人工对工作安排中可能存在的人际关系带来的不透明和不公平。例如，共享住宿平台可以根据房屋预订情况，下发工作任务。该过程在平台内部管理系统中平台、管理人员和员工可以同步看到，确保信息的统一性。

然而，算法管理也存在一定的风险性。首先，算法管理片面追求效率容易忽略从业者权益（龙立荣等，2021），不能充分激发员工工作的积极性，进而可能会导致他们对工作产生倦怠，影响他们对工作的忠诚度，而且算法控制也减少了员工工作的自主性和主动创造的可能。例如，共享住宿中一些房客的个性化需求可能无法面面俱到，而基于算法的工作安排机制限制了员工积极主动提供个性化体验服务的倾向。其次，算法控制下的决策过于客观，忽略了情境要素。通常情况下人力资源管理实践中会通过算法或程序限制招聘条件和任职资格，而对于有些位置偏僻、数字化基础设施相对不发达、数字化能力相对弱势的劳动者群体而言，这种招聘方式在无形中增加了不公正、不合理的"算法歧视"（唐鑛、张莹莹，2022）。

二、共享住宿平台人力资源管理风险防范

（一）规范政府监管制度及举措

共享住宿行业应制定符合其市场发展规律的法律、法规，具体到地方政府的监管举措，不能简单套用酒店旅馆业的标准和服务规范，要深入了解共享住宿的特征，让政府监管有迹可循、有法可依。具体内容可参见第十三章"共享住宿政府治理"。

（二）增强行业自律和人力资源伦理建设

第一，建立隐私保护伦理体系，对于员工的关键隐私信息加密保护，防止非法披露和使用，充分尊重员工对数据的所有权和授权意愿，对于访问、采纳员工重要信息要在规范数据授权下进行。第二，加强组织和行业自律，探索建立数据使用的标准、准则和自律制度，加强人力资源管理部门人员对于员工信息的自我约束。第三，倡导遵规守纪的人力资源伦理理念，形成自觉遵守社会公德、商业道德和职业道德的良好氛围（唐鑛、张莹莹，2022）。

（三）实现算法规则的透明性和公平性

共享住宿平台在算法管理的过程中，应该结合住宿业的工作内容分工和特征，设立符合行业情境的算法机制，完善算法管理下的绩效考核标准和奖惩问责，激发房东及工作伙伴的积极性。同时，应保证算法管理过程的公开透明，完善信息公开、意见咨询、决策参与等机制，从而有助于平台和从业者之间沟通交流（周恋等，2022）。此外，还可以建立算法评估机制，定期在实践操作中检验算法模型的合理性、可靠性与公正性（唐鑛、张莹莹，2022），及时削弱其负面影响，促进算法公开透明。比如，平台可以通过适当的自主权下放，以及充分利用算法功能的可解释性，增加数字劳工对算法的理解，减少抵触心理（朱国玮等，2023）。

综上，共享住宿业通过管理共享住宿平台实现平台企业、共享人力资源、消费者三者之间的互动与联系。在数字化人机协同工作的过程中，平

台核心团队员工、房东及其雇员、平台合作伙伴三类人力资源间组织层级趋向模糊，用工更加灵活复杂。与之对应的，其人力资源管理的模式和流程与传统雇佣管理的方式不同，应妥善处理与房东及合作伙伴的关系，完善零工薪资管理体系，防范人力资源管理实践中的隐私侵犯和算法控制的风险，共同推进共享住宿平台人力资源的高效、规范管理。

第十二章　共享住宿平台企业社会责任

第一节　平台企业社会责任概念

随着政治、经济、社会和技术等外部环境变化，来自不同利益相关者和社会的压力越来越大，企业不仅仅局限于获取经济利益，评估财务绩效，同时还需要更广泛地关注社会公平、生态可持续等目标，评估社会绩效。因此，企业社会责任成为越来越重要的战略。互联网技术的发展，使得外部的社会压力进一步放大，作为以网络为基础的共享住宿平台企业，业务涉及海量的房客、房东和其他利益相关者，通过积极承担企业社会责任，不仅可以获得合法性，而且可以培育可持续的竞争优势。

一、企业社会责任概念

企业社会责任概念最早由谢尔顿提出（Sheldon，1924），他认为，企业要与公司经营者满足产业内外各种人类需要的责任联系（包含道德因素）。鲍恩（Bowen，1953）在《商人的社会责任》（*Social Responsibility of Businessman*）中界定社会责任是商人的一种义务，即商人要根据社会的目标和价值来制定政策、做出决策或者遵循行动规范。卡罗尔（Carroll，1979）提出，企业社会责任是特定时期企业被社会期望能够履行的义务，为了对利益相关者产生积极影响而采取的超越自身经济利益的行为。企业社会责任的本质是公司对社会的道德和慈善业务（Carroll & Shabana，2010）。纳齐尔等人（Nazir et al.，2021）进一步拓展了企业社会责任的范畴，认为企业社会责任是一种重要的人力资源干预措施，可以培养员工的工作意义和同情心，改善员工福利，以提高业务的可持续性。

近年来，ESG 成为社会责任的代名词。ESG 是环境（Environmental）、社会（Social）和公司治理（Governance）的缩写，是一种新兴的，关注企业环境、社会、治理绩效而非财务绩效的投资理念和企业评价标准，近年来得到广泛应用，成为上市公司重要的信息披露内容，如 Airbnb、华住等相继推出自身的 ESG 报告。师曾志提出，"科技的发展和企业社会责任的变迁，背后都是人心的变化。今天最重要的是要把企业人格化，使其融入到社会的发展中，建构人和人之间的关系"（钱江晚报，2022）。

二、共享住宿企业社会责任概念

住宿业企业社会责任研究起步相对较晚。埃尔图纳等人（Ertuna et al.，2022）提出住宿企业社会责任是企业实践中与可持续性和社会影响相关的各种行为，同时利用制度逻辑理论对跨国酒店集团执行企业社会责任战略进行了研究。佛朗哥等人（Franco et al.，2020）使用 ESG 评分来描述酒店企业的社会责任行为，该分数基于 178 个指标，分为环境、社会和治理维度，围绕资源使用、排放、创新、劳动力、人权、社区、产品责任、管理、股东以及企业社会责任战略十大主题，提出相关问题。

对于共享住宿平台企业，ESG 主要从三个方面进行评价：第一，环境方面，主要考虑对环境的影响，如平台、房东、房客如何开展节能环保和垃圾处理等。第二，社会方面，首先需要充分利用平台的优势，构建房客与房东之间的和谐关系。师曾志提出，在社会发展过程当中，传统的社会关系特别强调的是地位、权力、资源以及资本的力量，但在当代社会，"情感部落化"的力量越来越重要，尤其是对于今天的年轻人来说，最重要的是靠情感、靠兴趣、靠自我彼此的认同维系社会关系，这也是为什么企业越来越注重社会价值的原因（钱江晚报，2022）。此外，企业要考虑房东和平台对社会造成的各种影响。共享住宿平台企业应与内部员工、外部合作伙伴、上下游供应商及服务商之间建立良好关系，确保招聘的负责、薪酬公平、职业安全、产品服务和信息安全性等。第三，公司治理方面，主要考虑平台组织架构、股东和管理层的利益关系、是否存在物品采购腐败与财务欺诈、信息收集和披露的合法性及商业伦理道德等方面。

三、共享住宿企业社会责任概念框架

在竞争激烈的行业背景下，共享住宿平台出于建立品牌声誉、提升经济效益、增强员工组织承诺、获取社区支持等动机，分别从认知层面、物理层面、信息层面、治理层面四个维度考虑，保障房东、房客及其他参与者的人身安全、财产安全、信息安全和基本权利实现，以此来促进经济可持续发展、环境可持续发展及社会可持续发展，维持自身长期持续的竞争优势。共享住宿企业社会责任的概念框架如下图（图 12–1）所示。

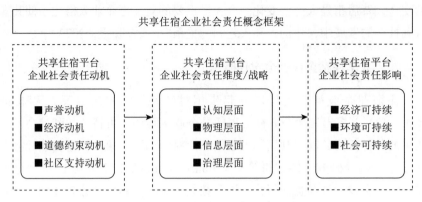

图 12-1 共享住宿企业社会责任概念框架

第二节 平台企业社会责任的动机

戴维斯（Davis，1960）认为，企业制定决策和实施行动时的驱动力中，应该有一部分是出于超出企业经济、技术、绩效等直接利益的原因。对于共享住宿平台而言，承担企业社会责任的动机主要包括声誉动机、经济动机、道德约束动机以及社区支持动机四个方面。

一、声誉动机

声誉动机是指共享住宿平台通过承担企业社会责任获得较好的品牌形象和声望的动机。在竞争激烈的行业中，企业社会责任活动可以帮助企业树立积极的品牌形象和声誉，塑造市场上独树一帜的风格，加深在消费者心中的印象，从而形成企业竞争优势（Liu et al.，2014；Nyahunzvi，2013）。尤其是在服务业当中，多数情况下企业提供的产品和服务具有高度的可替代性，企业社会责任活动作为差异化因素，可构成顾客购买决策过程中更具影响力的因素（Holcomb et al.，2007；Tsai et al.，2010）。共享住宿平台，如 Airbnb 和 CouchSurfing，已经开始将可持续性发展理念纳入营销传播当中（Balaji et al.，2022；Airbnb，2018；2020）。因此，共享住宿平台可以通过承担企业社会责任使企业从众多同行中脱颖而出，扩大企业知名度，提高房客的满意度和忠诚度，塑造良好的品牌形象，形成自身竞争优势。

二、经济动机

经济动机是指共享住宿企业策略性承担某些责任以获得更多经济价值的动机。一方面，出于绿色发展理念的节能减排行为，可以帮助企业降低经营成本。例如，能源消耗是住宿业重要的成本支出，在一些国家甚至达到5%~8%。目前受全球气候变化和能源紧缺双重因素影响，企业降低能耗既是环境责任的需要，也是经济责任的重要组成部分。因此，在绿色发展理念的背景下，共享住宿平台通过在房客中倡导绿色消费、在房东中引导绿色生产和服务，加强平台的绿色供应链打造等战略，可以实现节能减排的双碳目标，降低企业能源成本，进而获得更高经济利益。另一方面，企业社会责任可以促进企业与其利益相关者建立信任和互惠关系，从而积极影响企业的财务绩效（Franco et al.，2020）。例如，顾客对于具有企业社会责任的企业满意度、忠诚度、购买意愿更高（Li et al.，2015）。因此，共享住宿企业可以通过承担企业社会责任获取房东、房客信任，促进平台上更多的交易行为，达到实现经济利益的目标。

三、道德约束动机

道德约束动机是指企业基于道德自律而实施利他性社会责任行为。菲奇（Fitch，1976）指出企业社会责任是企业为了解决由企业自身对社会造成的问题而做出的努力。戴维斯和布罗斯多姆（Davis & Blomstrom，1966）则认为，商人在进行商业行为和决策时要考虑到对整个社会系统的影响。

共享住宿平台的道德约束动机一方面体现在其积极主动的利他性行为。例如，2020年新冠疫情期间，Airbnb在中国推出了系列社会责任活动，包括推出资源扶持及经济补偿，面向中国大陆地区房东正式上线"爱在行动"房东志愿计划，针对房客端推出"免责取消绿色通道"；同时，优先帮扶"暖心房东"，承诺在疫情期间已获得"暖心房东"标签的房东将参与"暖心房东奖励计划"；此外，还奖励房东优秀事迹、全额配比员工捐款、关怀一线抗疫人员等。小猪联合中国平安推出抗击新冠疫情公益保障免费领的爱心项目，为抗疫前线的医护人员、公安民警、媒体记者、志愿者以及所有平台用户提供公益保障赠险，保障金额最高可达20万元。

共享住宿平台的道德约束动机另一方面体现在其积极履行企业对员工的承诺。组织承诺动机是指基于企业社会责任活动提高其组织内部员工对企业的忠诚度的动机，它是共享住宿平台道德约束动机的最重要的内容。在住宿业，员工的社会地位低、职业污名化等现象较为普遍。迪瑞和杰戈（Deery & Jago，2009）提出由于服务行业普遍存在工作收入低、不安全、压力大、晋升机会少、工作与生活失衡等现象，适当的企业社会责任实践能够增加员工对企业的信心，这在劳动密集型行业和高员工流动率的行业中发挥着重要的作用。住宿企业在控制人工成本获得经济收益的同时，还应当从社会长远利益角度，主动关注员工的福祉，提升员工的组织承诺水平和幸福感。

员工是企业社会责任的关键利益相关者（Kim et al.，2017），履行社会责任是平台和经营者留住员工的关键因素（Aminudin，2013），员工对企业社会责任活动的认识能够提高员工的工作满意度和参与度（Raub & Blunschi，2014），增强员工对工作的意义感知（Nazir & Islam，2020），从而强化员工对企业的情感性承诺（Kim et al.，2021，文彤等，2022），对组织公民行为产生积极影响（Fu et al.，2014；Park & Levy，2014）。在住宿业等服务型行业，员工的服务质量是影响房客住宿体验的关键因素，但因其工作本身的特点，住宿业员工流动率、流失率较高。因此，对于共享住宿平台而言，可以通过履行适当的企业社会责任使其房东、房客及合作伙伴增强对该企业的认同与信心。

此外，管理者在企业社会责任中的角色，在实现企业社会责任方面起着重要作用（Kaur et al.，2022）。道德型领导通常能够承担起对员工的社会责任，关注员工的生活和工作环境环境问题，创造条件促进员工创造力的发展，提供途径使员工的想法能够被采纳实施，及时提供相应的培训等，将企业社会责任面向员工，能够在一定程度上吸引、激励和留住员工，降低员工的流失率（Rhou & Singal，2020）。

四、社区支持动机

社区支持动机是指共享住宿平台基于企业社会责任提升社区对共享住宿的支持与认可，为企业创造有利的商业环境。企业社会责任对于服务企业业务运营具有重要的影响，其中与社区利益相关者（当地政府和居民）的接触是该过程的重要组成部分（Serra-Cantallops et al.，2018）。

一方面，寻求原真性的社区体验是共享住宿区别于传统酒店等业态的核心要素，而这必须依赖于社区居民的好客精神，当地政府及社会在基础设施建设、政策法规以及日常管理活动中的大力支持。因此，获得社区支持成为共享住宿运营者承担社会责任的重要动机。与此同时，共享住宿带来的最明显的外生性问题之一即对于社区的改变，共享住宿的快速发展要求目的地有较高的接待更多游客的能力（Paulauskaite et al.，2017），这可能打破社区原有的平衡的生活环境，给当地社区带来过度旅游问题。爱德曼和杰拉丁（Edelman & Geradin，2016）指出，社区居民会抱怨租户的部分行为，容易带来社区矛盾，引发社会治安问题。此外，社区居民和房客之间的矛盾冲突还包括交通拥堵、噪音、垃圾等问题（Gottlieb，2013）。同时，房客还会占用社区的竞争性的公共资源（如停车位），且有时候会对自己的行为不负责任，从而引起社区居民不满。

因此，对于共享住宿企业来说，房源的选址和经营不仅要遵守当地社区的法律法规，还要注重经营过程中的生态环境保护、行业独特资源捐赠、社区志愿服务等，由此得到社区居民的认可，降低经营上的阻力。2018 年，小猪民宿与成都市锦江区政府合作启动全国首个融入民宿业态的城市旧改项目，利用民宿个性化、重体验、在地化属性特征，将老旧小区改造成兼具品质和特色的民宿，打造与旅游、体验、休闲娱乐融合的社区综合体。将民宿行业发展需要与成都城市建设、社区治理有机结合，履行社会责任，参与城市协同治理发展同时，也为城市旧改提供了新思路。

第三节　共享住宿平台的企业社会责任战略

实施企业社会责任的过程，可以参照评价指标体系划分其战略实施重点。例如，参照 ESG 分数，将其战略实施分为环境、社会、治理三个方面；参照 Carroll（1991）的观点，将其分为经济责任、法律责任、伦理责任、慈善责任等。国际标准化组织（2010）将其分为组织治理、人权保障、劳动用工、环境保护、公平运营、消费者、社区参与、社会发展、利益相关方等九个方面。

由于共享住宿行业本身的平台化、管理信息化等特征，其企业社会责任战略的实施需立足于数字化的时代背景。阿肖克等人（Ashok et al.，2022）提出，数字化企业的社会责任主要从认知层面（Cognitive domain）、物理层面（Physical domain）、信息层面（Information domain）、治理层面（Governance domain）实施进行。认知层面包括可解释性（如可识别性、责任）、公平性（如公平、社会繁荣、团结）和自主性（如选择自由、用户权利）。物理层面包括尊严和幸福、安全、可持续。信息层面包括隐私和安全。治理层面包括监管影响、金融和经济影响、个人和社会影响等维度。本研究借鉴阿肖克的观点，对共享住宿平台企业社会责任战略进行情景化分析，有关信息安全、员工责任、政府治理等具体措施参见本书第六章、第十一章和第十三章。

一、认知层面

（一）平台提供信息可解释

共享住宿平台提供信息时，应清晰说明平台提供产品和服务的工作机制以及责任划分原则。首先，平台信息应具有可识别性，确保政策的透明度，不存在黑箱操作。加强平台合规性和建立问责制，有助于房客获取准确、及时和可靠的信息，从而建立对平台的信任。任何交易双方进行接触，透明的沟通都会降低权益受损的可能性（Berg & Feldner，2017）。在这种背景下，平台有责任通过透明的制度保障房东、房客和其他利益相关之间的共同利益。此外，平台在提供服务时，针对房客、房东等的条款要求应做到明确解释，使大多数人容易理解，避免采用过于技术性的说明。

（二）确保参与者平等权利

共享住宿平台需要确保在同一条件下所有的参与者平等的权利，不得根据性别、年龄、种族对房客和房东采取歧视性做法，不得对残障人士或其他弱势群体制定歧视性政策。在共享住宿平台上，无论是专职房东还是兼职房东，在一定程度上存在竞争关系，为保证自身房源排序及预订量，有些房东会采取一些措施诋毁其他竞争者，严重影响平台经营秩序。例如，通常情况下房客就入住体验的在线点评信息会影响其他房客的决策以及房源排序，甚至会影响房东能否获得"超级房东"徽章，不良房东可能会借此对其他房东进行恶意差评，影响房客的决策以及平台对房东的管理。因此，平台要保障房东间的公平竞争，可以通过消除信息壁垒、完善声誉机制、防止竞争对手恶意差评的现象发生等方式，为房东建立公平的竞争环境。

（三）确保参与者自主选择权利

共享住宿平台要确保参与者有权自主进行选择。一方面，平台应尊重房客选择房源和分享体验的权利。在共享平台上，房客有权利了解房东和房源的相关信息，包括房源内部真实结构、房源大小、所包含的服务、房源价格以及收退款政策等。平台除了要制定服务规则，还有责任监督房东将相关信息补齐，供房客查看。同时，平台应提供相应的渠道供房客分享其住宿感受，并对房客的投诉和差评进行及时回应。另一方面，房东也具有知情权，平台应保障房东了解房客的相关信息以及平台运营规则，对不文明和存在风险的房客拥有拒绝和处罚的权利。此外，平台应遵循公平运营原则，不得利用垄断优势剥夺房客、房东的自由选择权。例如，平台不得竞价排名对用户带来误导，也不得采取欺诈方式进行流量刷单，造成虚假繁荣。

二、物理层面

（一）保障用户安全

共享住宿平台需要承担保障房东、房客人身安全和财产安全的责任。首先，平台应该严格核实房屋安全性，确保房客入住的人身安全；承担建立包括涉嫌违法犯罪线索发现、异常情况报告、安全提示和案件调查配合等方面的公共安全防范配合制度，确保用户人身安全的责任（共享住宿服务规范，2018）。其次，平台应借助在线支付保障体系及智能化、自助化的安全设施，保障房客与房东在交易和入住阶段的财产、金融资产等的安全。

（二）保障员工权利

共享住宿平台应严格遵循公平、客观、开放的原则，保证员工基本权利不受侵害，通过制定完善的人力资源管理体系，确保每个员工不因年龄、种族、性别、婚姻状况、宗教信仰、民族血统或身体残疾等因素而受到歧视，毫无保留地尊重和保护所有人的人权。共享住宿平台上的零工失去了传统工作的固定薪资和福利保障（郑祁、杨伟国，2019），平台可以通过支付最低工资，提供额外的意外伤害商业保险、特殊环境补贴和丰富的日常、节日关怀慰问等，维护员工的健康与安全（Fox et al.，2018）。与此同时，应遵守数字伦理准则，不得利用平台的技术优势，过度搜集员工工作轨迹信息，精准绑架员工工作时间，带来过度劳动的风险。平台算法在工作分配上应更加人性化，并通过完善问责制和增强透明度来规范工作环境（Pittman & Sheehan，2016）。

（三）促进员工的发展和幸福

零工经济下劳动者所持有的技能至关重要。共享住宿下的员工包括保洁员、厨师、摄影师等，由于他们不归属于特定的企业，在技能的获得及提升上往往依赖自身。为适应零工经济发展需要，平台应建立新型的在线培训体系，通过灵活、针对性的培训学习发展零工个人技能，挖掘零工潜力，尽可能地为其提供更多开放性、公平性的机会。此外，平台企业应积极打造基于平台的零工交流平台，为零工排忧解难，努力提升员工的归属感，创造有尊严的工作，提升零工的幸福感。美团民宿设立"房东学院"，推出"房东沙龙"系列活动，通过丰富的课程培训、经验交流，为房东提供各种学习交流的机会和平台，帮助房东实现个人能力的升级。此外，美团旗下也设置有美团大学，为生活服务业从业者提供培训，致力于为"互联网＋生活服务"培养高素质技术技能人才。

（四）保障环境可持续发展

共享住宿平台承担倡导绿色生活方式、践行绿色环保理念的责任，积极推行"健康旅游"理念，加速推进旅游住宿业健康、全面、可持续发展的进程。首先，平台应让更多的人意识到保护自然和改善环境的重要性，倡导绿色健康旅游，促进房客选择共享住宿方式，降低能耗、减少碳足迹，减少对环境造成负面影响。根据《Airbnb 爱彼迎让旅行更绿色》数据显示，入住美国 Airbnb 房源的人均每天能耗要比入住酒店低 63%，节约的能耗总量相当于一年 28 万户家庭的能耗。与入住酒店相比，入住 Airbnb 房源能够减少 61% 的温室气体排放，相当于每年减少 56 万辆上路的汽车。而入住欧洲 Airbnb 房源的房客，每年节约的能耗相当于 56.6 万户家庭的能耗，节水量相当于 9000 个奥运会泳池蓄水量，减少相当于 160 万辆汽车排放的温室气体，同时减少 8.12 万吨垃圾。

其次，共享住宿平台可以开发和推广环保技术。以 Airbnb 为例，Airbnb 平台推荐房东使用智能家居设备，如智能感应灯、温度及湿度监控等以减少不必要的能源消耗。此外，Airbnb 推出可持续旅行体验项目，如"环保旅行新态度"项目、"爱彼迎房东推荐咖啡馆"概念等，鼓励旅行者感受大自然的奇妙，了解可持续发展的技术和方法。

三、信息层面

（一）平台内容管理

共享住宿平台应对房东或者房客在平台上发布的内容进行监管，包括房客和房东信息、房源信息、交易数据以及评论数据等，涉及个人隐私和企业商业秘密的内容，平台要严格管控。为了维护平台的正常运营，平台应采取管理与技术措施，及时发现、过滤、删除房东或房客发布的含有有害信息的文本、图片、音视频、链接、应用程序等；同时，建立分别针对房东和房客不良信息及违规行为的管理制度，对虚假信息、刷单、违规点评等行为及时发现和处理。

（二）用户隐私维护

共享住宿平台承担保障用户隐私权的责任，即所有用户在网上的个人信息和私人活动等依法受到保护，不被他人非法侵犯、知悉、搜集、利用和公开。围绕房客、房东以及其他劳动者的信息，共享住宿平台应遵循合法、正当、必要的原则，公开收集；不得泄露、篡改、毁损其信息；采取技术和其他必要措施，确保其收集的个人信息安全，防止信息泄露、毁损、丢失。除此之外，共享住宿平台应当建立网络信息安全投诉、举报制度，公布投诉、举报方式等信息，及时受理并处理有关网络信息安全的投诉和举报（中华人民共和国网络安全法，2016）。

四、治理层面

（一）配合政府治理

共享住宿平台承担遵守国家政策和法律法规的责任，依照现有法律规范经营，积极配合政府的工作，形成行业自律。共享住宿作为一种全新的住宿业态区别于传统住宿业，传统法律规范并不完全适用于对共享住宿的规范和约束，其法律地位仍然比较模糊。共享住宿法律边界的模糊性也使其在实际发展过程中仍处于灰色地带，并存在如何规范等诸多问题。因此，各国和地区也不断从法律法规层面对共享住宿的发展予以规范和引导，如明确市场主体资格、服务质量、信息共享与安全等。

（二）履行纳税义务

共享住宿平台应向国家或者当地城市缴纳相应的税款。目前法律对共享住宿监管无效（或难以执行现有规则）的最明显表现即是否以及如何对Airbnb等平台企业征收旅游税和其他税。Airbnb承认政府应该征税，平台也应该纳税，只要国家提出如何征税、纳税的办法。以佛罗里达举例，对地方民宿征收临时租赁税（房源价格的6%）、临时销售税（房源价格的0.5%～1.5%）、旅游开发税（房源价格的2%～5%），均适用于提供房屋共享经营时间低于182晚的民宿预订。

（三）推进社区利益共享

共享住宿平台应与社区紧密联系，建立和谐融洽的关系，通过提供就业创业机会、开展慈善捐助等各种举措回馈社区，使其企业社会责任的实施带动社区发展。其一，可与社区居民合作经营，帮助社区盘活闲置房屋资源，达到双方共赢的目的。目前，一些共享住宿企业已经结合自有房屋经营、装修等经验资源，发挥自身优势，将精准扶贫工作提升到企业发展战略层面，将产业发展融入到精准扶贫工作中。其二，可以根据自身企业文化制定相匹配的社会公益活动，例如现金捐赠（Gard McGehee et al.，2009）、慈善行动和社会救助（Gu et al.，2013）、与当地旅游类高校合作参与旅游教学（Tsai et al.，2010）等。此外，平台新型的、弹性化的工作方式，可以为社区就业创业注入活力。目前，中国共享住宿参与者人数约 2 亿人，共享住宿平台企业给社会带来了大量灵活的就业与创业机会。2019 年国内主要共享住宿平台上房东、保洁管家、摄影师等提供服务者人数约为 618 万人，大量自由职业者、IT 从业者、全职太太、企业职工、退休人群都加入了共享住宿行业（中国共享住宿发展报告，2020）。

2022 年，文化和旅游部、公安部等十部门近日联合印发《关于促进乡村民宿高质量发展的指导意见》，要求积极吸引农户、村集体经济组织、合作社、企业、能人创客等多元投资经营主体参与乡村民宿建设。共享住宿平台企业应肩负起社会责任，以发展乡村民宿为契机，带动区域经济发展，通过提供更多的就业岗位、改善当地生活条件、促进和谐生态建设等方式全方位、多角度地促进共同富裕。

第十三章　共享住宿政府治理

第一节　共享住宿政府治理基本概念

随着共享住宿这一新型商业模式的快速兴起与发展，行业合规性、税收主题不明确、社区矛盾等管理问题频现，这不仅制约了共享住宿行业的可持续健康发展，同时也给政府管理部门带来了行业治理的全新挑战。为了促进共享住宿行业的规范发展，充分发挥该行业的社会效益并鼓励行业创造新价值，明确共享住宿行业的政府治理范畴、优化共享住宿行业治理环境、构建多元主体协同治理的全新治理模式具有重要意义。

一、政府治理

（一）政府治理

治理（Governance）是为达到集体秩序、实现社会共同目标，由公共组织、经济组织、社会组织以及个人等多方主体共同参与，以正式或非正式的方式，围绕国家与社会事务进行协调、合作、互动的过程（胡业飞、傅利平，2022）。

政府治理指在政府公权力机构参与下所开展的治理活动。世界各国政府治理实践在过去经历了"从管理到治理"的范式转变，20世纪末出现"新公共管理"理论，"治理"成为全球公共管理实践的主要实施路径。信息技术与互联网的发展，有力提升了政府数字建设能力。通过政府数据开放运动（Open Government Data），各级政府机构产生、收集和控制的数据不再封闭于政府内部，而是通过数据开放活动得以被市场主体、社会主体和个人在低门槛甚至无门槛的条件下使用。各类非政府主体对政府数据进行二次开发，创造新的经济与社会价值（胡业飞、傅利平，2022）。

（二）中国政府治理理论与实践

互联网的普及应用在给人们生产生活带来便利的同时，也带来网络诈骗、网络谣言等问题，网络空间成为社会治理的重要领域。习近平总书记指出："随着互联网特别是移动互联网发展，社会治理模式正在从单向管理转向双向互动，从线下转向线上线下融合，从单纯的政府监管向更加注重社会协同治理转变。"

在我国，"政府治理"是与我国国情相适应的概念，它是指在中国共产党领导下，基于党和人民根本利益一致性，维护社会秩序和安全，供给多种制度规则和基本公共服务，实现和发展公共利益（王浦劬，2014）。这也让我国政府治理与西方国家相比在制度层面存在一定差异特征，这主要体现在：一是坚持体制机制改革，持续深化"放管服"改革，以"简政放权""放管结合""优化服务"为主要抓手，三管齐下，为市场主体松绑减负，对行政监管机制进行优化创新，加快推进向服务型政府的角色转变。二是鼓励各级政府因地制宜开展治理创新实践探索，并结合各地治理实践经验成果在全国范围内进行推广与扩散。如上海、浙江等地着力建设合作治理新格局，吸收社会组织和社会工作者等社会力量，协助政府实现基层社会管理和服务功能，辅以社区网格化管理与智能社区精细化服务，实现社区治理的创新（冯猛，2019），在实践中形成可复制的社区治理经验模式后在全国进行推广与学习。三是吸收新技术赋能政府治理，提升政府治理数字水平，中国互联网实践与创新水平在全球处于发展前列，新技术新科技运用虽然给政府治理带来挑战，但同时也为政府治理技术水平赋能，通过运用技术创新更好地服务经济社会发展。"数字中国"这一重要宏观战略为政府积极探索和运用人工智能等新技术治理互联网平台提供了战略指导与客观保障。政府通过积极探索人工智能、区块链等新技术在互联网平台监管中的应用，一方面提高了政府的智慧化和数字化管理能力，另一方面引导了互联网平台的智能化、规范化运营和健康可持续发展。

政府治理的基本原则与思路对共享住宿业的治理也有着深刻影响，对于共享住宿的政府治理既遵循其基本原则与理念，同时也有基于本国国情语境的差异化体现。

二、共享住宿政府治理范畴

共享住宿作为互联网技术孕育下的新业态，在激发市场活力、促进消费、盘活闲置房产资源、扩大就业与增加收入方面的价值已得到充分认可，但其"创造性破坏"的特点不可避免地对政府治理提出了新的挑战，这主要体现在以下几个方面：

（一）行业合规问题

与共享经济其他领域类似，共享住宿业显著区别于传统酒店住宿业，传统住宿业法律规范并不完全适用于对共享住宿的规范和约束，造成共享住宿业的法律地位较为模糊。法律边界的模糊性也使行业在实际发展过程中长期处于灰色地带，共享住宿业监管与合规问题也给政府治理提出了新课题。

（二）安全问题

共享住宿模式中，从房源发布到房客完成交易退房，涉及到诸如房东房客身份识别、房源信息审核、用户信息数据采集、线下接待服务等诸多环节，共享住宿扩大了陌生人之间的接触机会，而交易双方信息上的不对称会使共享过程变得不确定。陌生人交易的信任安全、线下入住房源安全、平台用户隐私数据安全等问题，不但对共享住宿平台安全管理的各项规定及执行手段提出更高要求，也对社区政府管理者的治理水平提出挑战。

（三）标准化问题

共享住宿作为典型非标住宿产品，房源供给和服务呈现多元化，一方面满足了消费者个性化、多样化的住宿需求，但也极大增加了诸如房源审核、服务流程、卫生清洁、质量管控等标准化管理难度，为政府促进行业高质量发展带来新的挑战。

（四）市场竞争问题

共享住宿平台的运营模式在实践中，通过服务和市场资源匹配，给房东带来了新的市场，给房客带来更多的选择余地，提升了整个社会的福利水平。但与此同时，它会进一步压缩传统酒店住宿业的利润空间，使传统酒店住宿业面临更激烈的市场竞争，影响传统酒店住宿业的稳定，这种挤出效应会提高社会失业率（宋逸群、王玉海，2016)，对社会稳定造成影响。

（五）税收漏损问题

相较于按规纳税的酒店住宿业，共享住宿经营主体尤其是职业化经营的民宿房东，因为相关法律缺失并不直接向政府缴纳相关税款，尤其是在共享住宿房源数量众多，交易活跃的国家、城市地区，这部分税收漏损对于政府整体税收有着不小的影响。

（六）社区矛盾问题

海量的共享住宿房屋在传统住宅社区涌现，打破了现有社区居住结构，其经营活动也在一定程度上加剧了对传统社区的侵扰，如扰民、卫生、社区治安问题、公共资源挤兑以及居民隐私问题等。如何处理共享住宿各参与主体与社区原生居民的关系，平衡相关利益者的权利和诉求，也对政府治理尤其是基层政府治理水平提出了更高的要求。

（七）住房稳定问题

在一些共享住宿市场活跃的热门城市，由于短租经营收益高于长期租赁，大量住宅房源从长租转变为短租，一方面抬高了当地房屋租金水平，另一方面，也扰动了长租市场，住房供给减少也对当地住房租赁稳定性带来挑战（界面新闻，2016）。

放眼全球，从共享住宿鼻祖 Airbnb 问世，共享住宿业在全球发展近15 年，不同国家、区域、城市，共享住宿业态发展成熟度各具差异，政府治理的背景、方向、路径及措施也不尽相同。其中如北美、西欧、东亚等地区共享住宿业起步较早，行业发展相对成熟，因此政府监管部门在长期行业实践中也陆续探索出适用于本国本地区共享住宿政府治理体系。在国内，对于共享住宿业的政府治理，虽尚未在全国范围内有明确的政策法规及治理体系，但部分省、市政府监管部门秉承"包容审慎"的原则进行先行先试，摸索出具有中国政府治理特色的共享住宿协同治理新模式，有力地推动了共享住宿业健康有序发展。

第二节　国外的共享住宿政府治理

自 2008 年共享住宿鼻祖 Airbnb 在美国西雅图诞生，共享住宿浪潮在全球掀起，这其中，尤以北美、西欧、东亚、澳洲等传统旅游商务出行热门区域发展最为迅速，共享住宿的扩张不可避免地对区域社会经济、市场结构、劳动关系带来变化，同时也给政府治理带来新的挑战。截止到目前，全球范围内共享住宿业的政府治理尚无统一范式标准可循，一国一策、一州一策甚至一城一策现象明显，但基于其他各国政府治理的基本理念与经验，仍然可以从共享住宿治理中梳理归纳出一些规律和特征供研究与借鉴。

一、立法规范要求

各国针对旅馆酒店、长期租赁住房等既有法律条文并不完全适用共享住宿，因此对共享住宿业进行立法规范或基于现有法律法规补齐空白成为各国政府治理的首要任务，以北美、欧洲主要城市为代表，如加拿大的多伦多、温哥华等市均由市政府组织出台短期租赁条款，在美国，联邦和各州都自成法律体系。美国有联邦和州两套平行的法律系统。联邦除在国防、外交和州际商业等方面外，无统一的立法权；刑事和民商事方面的立法权基本上属于各州。因此美国各州地方政府承担起了共享住宿立法的主要工作，其中共享住宿市场活跃大州诸如佛罗里达州、加尼福尼亚州、华盛顿州、纽约州、马萨诸塞州、路易斯安那州等地均在过去的几年内完成了共享住宿业的立法工作，如洛杉矶市参照《洛杉矶租赁固定条例》（*RSO*）出台短期出租法规《住房共享条例》（*Home Sharing Ordinance*），新奥尔良市出台短期出租法规《新奥尔良短期租赁》（*New Orleans Short Term Rentals*）。

欧洲主要国家倾向于在原有法律条文上针对共享住宿业进行相应的修复更新，并不直接颁发针对共享住宿业的新法律条文。例如德国柏林市既有《禁止目的法》（*Zweckentfremdungsverbotsgesetz*，*ZwVbG*）法令，禁止将居住空间用于未经授权的用途，并监管使用住宅财产。该法案于2021年修复，将提供柏林短期租赁服务纳入到法令中，并承担相应义务。荷兰阿姆斯特丹市根据《阿姆斯特丹住房条例》将共享住宿纳入政府管理体系中，西班牙巴塞罗那市则是依据所属大区加泰罗尼亚大区《旅游法》以及《西班牙民法典》和《城市租赁法》中的相关规定，对巴塞罗那的共享住宿活动进行管理。但并非所有欧洲国家均依照既有法律条文对共享住宿业进行管理约束，英国伦敦在2015年出台了《管制解除法》（*The Deregulation Act of 2015*），正式废除伦敦房屋的短租限制，允许屋主可以在"不申请许可的情况下"将房屋进行不超过90天的短期出租。希腊则是在针对共享经济平台出台的《4446/2016条》的第111条中纳入短期租赁相关法规。希腊法律将短期租赁定义为通过数字平台完成的房产租赁，租期少于一年，除家具齐全的住宿和床单外，不提供任何其他服务。

在亚太地区，民宿业态历史悠久，发展较为成熟的日本于2018年正式出台《住宅宿泊事业法》或简称"民泊新法"，该新法规对在日本从事共享住宿活动所需要遵守的规定进行了详细要求，与此同时，日本《旅馆业法》与《国家战略特别区域法》也对不同经营形态、不同区域民宿经营进行差异化规定，很好地对"民泊新法"进行了补充，使其适用性更广，执行操作性更强。在韩国，不同形态的共享住宿适用于如《旅游促进法》《建筑法》《居住法》《旅游法典》《农场和渔村维护法》等规定。新加坡则主要参照《规划法》及《酒店法》将共享住宿纳入城市管理。在共享住宿活跃的澳大利亚新南威尔士州，州政府于2021年正式出台州短期租赁（STRA）规划规则，对州内共享住宿登记、税费、经营天数、消防安全等方面进行规定。

在旅游业作为重要产业支撑的国家或地区，如泰国、不丹、哥斯达黎加等国，政府通常将共享住宿业纳入现有旅游酒店、度假业的管理范畴，不对其经营活动进行额外约束或规定。

梳理全球共享住宿业立法情况，可以归纳出三种基本模式与思路：主张设立短租租赁新法规，以北美各州市为代表；主张在既有法律条款中进行更新补充，以欧洲各国为代表；完整吸收纳入既有法律条文约束范畴，以各旅游国家或地区为代表。

二、主体登记申报要求

各国目前针对房东多采取前置审批手段，要求房东在开展经营活动前向相关政府网站进行登记注册以及资格申请，房东通过政府部门审查核实，获取相关资质执照或政府授予的合规数字证书编码等后，须在预订平台对相关资质进行上传公示。如美国旧金山市要求房东登记商业登记证书和短期租赁登记证书，房东须向旧金山市公共规划网站提交个人信息、房源信息及相关证明，待政府审批通过后，将登记批准更新至预订平台房源展示页面。华盛顿州西雅图市根据该市短期租赁条例，需要房东申请营业执照，房东根据不同经营房源及提供服务申请短期租赁运营商的执照、租赁登记和检查条例（RRIO）登记号码或住宿加早餐运营商执照，获取执照且在平台进行登记上传后方可开展经营活动。在欧洲，匈牙利政府要求匈牙利房东在开展经营活动前必须通过匈牙利旅游局运营的国家旅游数据中心（NTAK）登记并报告出租活动。收到包含所有必要附件的登记申请后，政府向房东发放登记号码并要求房东在预订平台进行公示。在西班牙马德里，房东需要向马德里旅游企业登记处登记房源并提交责任声明，在房东完成登记流程后，旅游企业登记处将为房东提供登记号码。在日本，依照 2018 年正式颁布的《住宅宿泊事业法》（"民泊新法"），日本房东需要在开展经营活动前从当地政府机构完成私人住宿业务的登记，获取住宅宿泊事业许可证，然后将登记号码及证明材料添加到预订平台房源页面。如果房东出租业务拥有依照《旅馆业法》获得的营业执照或依照《国家战略特别区域法》获得的许可，则房东可以直接在预订平台添加这些详细信息，而无需添加登记号码。

三、经营活动要求

各地政府针对共享住宿经营活动约束主要体现在房源要求及经营天数的限制，如多伦多市要求房东（业主或租赁经营者）只能整租首套房源，二套投资房产或度假屋不可短租，且出租天数限制为 180 天。洛杉矶市要求房东出租的主要房源为整套房屋或独立房间，第二间旅居和度假屋不符合申请旅居共享的资格，若房东想接收预订，只可以接长期住宿（30晚或以上），房东每日历年最多只能接待房客120晚，如超出则需要向政府申请延长住房共享许可证。在路易斯安那州新奥尔良市，如果房东房源位于住宅区，且为房源所有者，政府将根据符合资格房源单元数量和出租房间数量给予执照。在纽约，根据新规，房东必须在纽约市特别执法办公室进行注册，提供的短租服务时间不能超过30天，且在旅客入住期间必须在场。在德国柏林，根据规定，独立住宅出租房间部分需要少于住宅总面积的50%方可免于前置许可要求，针对房东其余次要住宅，房东可以向其所在地区申请许可证，出租上限为每年90天。在荷兰阿姆斯特丹，规定整套房源每年最多仅可出租30晚。在英国伦敦，根据《管制解除法》（*The Deregulation Act of 2015*）规定，伦敦经营整套房源每年限制时间为90天。日本《住宅宿泊事业法》（"民泊新法"）规定民宿经营一年营业不超过180天，但各地对于管辖区域内民宿运营时间并非统一的180天以下，京都市考虑到民宿经营对居民生活的影响等因素，在规定区域中，允许民宿在京都旅游淡季的1—2月份经营60天左右。此外，在欧洲、美国和亚太诸多国家，政府补贴类公共福利房屋类型如廉租房也被严格禁止进行出租经营。

各国对房源出租类型的限制以及经营天数的限制，一定程度上反映了政府基于城市发展与社会治理，在共享住宿各利益主体间寻求动态平衡的考量，由于共享住宿涉及到的利益主体众多，互联网预订平台、房东、房客、社区居民、城市管理者或主动或被动参与进来，这其中，前文中提到关于共享住宿业发展对酒店住宿业的竞争影响、对社区居民生活侵扰及公共资源挤兑、对城市住房租赁市场的扰动等因素也是政府治理不可忽视的因素。Airbnb建议美国、欧洲等国房东关注房源所在区域业主协会（HOA）或业主合作委员会（Co-Op Board）的相关规定，确保其中没有禁止转租的规定，或其他针对出租的限制。2017年，由万豪、洲际、希尔顿、凯悦等美国酒店业巨头，以及代表美国的连锁酒店、独立酒店、管理公司、房产基金等利益的美国酒店住宿协会（AHLA）与美国数十个州的立法委员和律师会面，讨论Airbnb房东不遵守酒店业承担法规，如反歧视立法、地方税收法律以及安全和消防检查标准，提出对短期租赁行业的担忧（环球旅讯，2017）。2019年，阿姆斯特丹、巴塞罗那、柏林、布鲁塞尔、慕尼黑、巴黎等10个旅游城市发布联合声明，指出Airbnb网站上宣传短租收益不仅损害了当地住房市场，还影响到了当地居民的生活和工作（新浪科技，2019）。而作为共享住宿平台，如Airbnb也在通过与政府监管部门合作，以及利用"独立"房东社群游说政策制定者，以抵制更为严格的监管机制（新浪科技，2021）。在全球主要大都市，共享住宿带来的冲突最为猛烈，政府吸纳多方利益主体诉求，在各方利益博弈中寻求平衡点，这也体现了西方政府协同各利益主体治理的理念。

四、纳税要求

课税则是共享住宿政府治理的重要考量因素，一方面政府认可共享住宿业对于促进城市旅游消费、带动就业、提升城市吸引力的积极作用，另一方面伴随着各国立法完善，把共享住宿纳入政府管理，针对共享住宿业纳税也逐渐提上议程。然而由于各国纳税制度差异性，确定共享住宿的课税对象、计税依据、税基税率、缴税程序，在各国实践中也相对复杂。

在加拿大，房客通过共享住宿平台预订房源，若住宿时间短于一个月，则需要为预订支付房源价格（包括清洁费）的 5%~15% 的国家商品及服务税（GST、HST）或魁北克销售税（QST），在加拿大不同省，房客需要根据各省法律缴纳不同税款，如房客预订位于安大略省多伦多市的房源，将需要为预订支付房源价格 4% 市政住宿税（MAT）。在美国，不同州郡市县征收税种、税额各不相同，如洛杉矶市政府对 30 晚或以下的住宿征收房源价格（包括清洁费）14% 的临时占用税；旧金山对少于 30 晚的预订征收 14% 的短期占用税（TOT）；西雅图市对于某些房源类别的 28 晚或更短时间的预订，需要房客支付每晚 1 美元短期出租平台费用；在波士顿市，房客需要缴纳波士顿市消费税和会议中心税，此外，不同地区可能还需缴纳所在州马萨诸塞州消费税。在日本，房客需要通过预订平台缴纳 10% 消费税（JCT），而房东则需要根据日本消费税法申报和缴纳日本消费税。荷兰共享住宿房东经营收入属于应税收入，需要缴纳不同税费，如租金税、所得税或增值税，荷兰自治市则有权对入住其所在城市的旅行者征收旅游税。在法国，房东需要向法国税务机关申报共享住宿经营收入，根据房东不同身份（租户或业主）缴纳住宅税或房产税。在瑞士日内瓦，政府要求通过平台向房客代收州旅游税，在阿根廷首都布宜诺斯艾利斯，政府要求房东向房客征收城市使用权（DUU）费，收取金额为每天 75 美分。在泰国，政府针对公司实体、个人房东及其经营收入额度征收如企业所得税、个人所得税及增值税。在英国，政府针对房东短期出租收入设定梯度税收缴纳制度，包括免税收入门槛以及营业额超过 85000 英镑征收增值税。

根据 Airbnb 官网公示的全球房东税费款项要求，绝大多数国家地区都已将共享住宿纳入政府课税体系，虽然各国征收税种税额各不相同，但呈现出以下几点共性规律：1）针对不同经营主体、经营收入情况设置不同纳税要求，如针对个人房东及职业运营公司，根据其经营规模体量及交易额实行差异化征税；2）面向共享住宿平台、房东、房客征收不同税费，作为共享住宿主要参与主体，房东、房客及共享住宿平台均被要求向政府缴纳税费，实践中，通常由平台代为房东或房客缴纳相应税费，再由政府向平台统一征收。根据 Airbnb 官网介绍，房东预订不同区域房源，针对房客税费的缴纳明细在预订价格中会向房客进行展示，房客无需自己缴纳；3）政府税务机关与共享住宿平台共享房东税务数据信息，在诸如法国、奥地利、希腊、西班牙等国，政府规定平台有义务向税务机关报告房东税务具体数据，政府通过平台共享的房东税务信息进行税收管理，协同平台参与政府治理，有效提升政府税收管理效率。

五、数据报送与共享要求

无论是平台的经营活动，还是政府对平台的监管活动都离不开数据的支撑。因此，数据报送与共享成为治理的重要内容。共享住宿中的数据规模巨大，内容丰富，涉及用户基本信息、入住行为、居住地点、出行信息等多维度的数据，在欧洲，根据 DAC7 欧盟委员会 2021/514 号指令要求，爱彼迎等在线公司以年度为单位收集和报告在平台上赚取收入的用户纳税人信息，包括但不限于房东信息、房源信息、订单交易信息以及入住房客信息，该要求适用于欧盟成员国。在德国，政府要求提供短租服务的房东收集和报告入住房客信息；在美国洛杉矶，根据《城市住房共享条例》，共享住宿平台需要定期向洛杉矶政府共享本市登记出租房源的具体信息，以协助政府对本市房源进行规范管理；在加拿大多伦多，根据政府短期租赁条例，共享住宿平台有义务向多伦多政府提交平台房东房源及交易数据信息。2022 年 11 月，根据拟议的欧盟规则，Airbnb 和其他共享住宿平台将必须分享使用其平台的用户数据，以助于政府监管（开发者社区，2022）。欧盟在声明中表示，新提议规则将有助于提高共享住宿房东的身份和活动的透明度，以及他们必须遵守的规则，并将促进房东进行合规注册。此外，此项数据共享还将解决目前共享住宿平台共享数据方式的碎片化问题，有助于建立一个更可持续的旅游生态系统，并支持其数字化转型（金融界，2022）。共享住宿平台与政府进行数据共享，不但可以提升政府行业监管效率，督促行业健康有序发展，而且，政府也可以通过数据共享更好地实施政策，提升政府治理能力与水平。

六、卫生与清洁要求

各国政府持续关切共享住宿房源卫生与清洁状况，自2020年初新型冠状病毒在全球大流行后，全民对于房源卫生与清洁消毒规定的关注度达到新的高度，各国政府也相应推出针对共享住宿的卫生清洁消毒措施建议以协助房东更安全地进行经营接待。如日本房东需要按照《旅馆业法》《住宅宿泊事业法》和《特别区划法》（特别行政区私人住宿）制定的卫生标准清洁和消毒房源，并进行适当的清洁，以便房客在住宿期间感到舒适和安全，此外，日本全国日式旅馆及酒店环境卫生协会、日本日式旅馆和酒店协会以及日本城市酒店协会于2020年5月正式签发新型冠状病毒疫情防控指南（第一版）以指导酒店及民宿进行卫生清洁防护。2020年6月，印度旅游部对酒店、民宿、农家民宿、住宿加早餐等发布了《印度针对住宿提供商遏制新冠肺炎疫情传播的预防措施》以协助经营者更好地应对疫情影响。2020年，欧盟发布恢复旅游和交通指导方案（网易，2020），协助欧盟各国旅游相关从业者有序恢复经营接待。阿根廷则由国家旅游和体育部牵头制定针对新冠病毒的旅游规程，其中包含了住宿业接待需要遵守的健康护理建议与准则（Argentina.gob.ar）。

全球政府对于共享住宿接待服务清洁卫生要求与时俱进，根据外部环境动态更新与完善，但值得注意的是，多数国家针对新型冠状病毒防控提出的防控指导及建议并不构成直接行政约束力。

表13-1　共享住宿业全球主要城市监管规范要求

国家	州省郡市	政策法规	经营房源要求	出租天数限制	主体登记申报	纳税要求	数据共享
加拿大	多伦多	多伦多市政府短期租赁条款（PG24.8）	1. 业主或承租人：可整租首套房源或次套房源； 2. 二套投资房产或度假屋不可短租。	180天	1. 向多伦多市政府申请登记房源，并在预订平台上登记号码； 2. 保留出租记录备查。	1. 国家商品及服务税； 2. 4%市政住宿税。	共享房东房源及入住数据信息
美国	旧金山	短期租赁条例	1. 主要居所：房东需住满275天； 2. 支持整租分租房源； 3. 部分地区建筑物禁止短租。	1. 整租90天； 2. 分租无限制。	1. 申请短期租赁证书； 2. 将短期出租执照号码更新到房源页面。	14%短期占用税	无特殊要求

续表

国家	州省郡市	政策法规	经营房源要求	出租天数限制	主体登记申报	纳税要求	数据共享
美国	洛杉矶	1.《住房共享条例》）; 2.《洛杉矶租赁固定条例》。	1. 出租房屋需为主要居所的整套房屋或独立房间; 2. 第二居所不允许短租（30晚以下）。	120天（若超过，需申请延出租时间）	1. 向市政府登记; 2. 业主授权批准; 3. 在出租房源页面更新许可证号码。	14%临时占用税	共享房源信息及出租晚数
	西雅图	短期租赁条例	1. 允许出租最多两个住宅单元，包括主要居所和二套房; 2. 出租超过两套居所不可进行短租经营（30晚以下）; 3. 租户进行短租经营需要符合遗产单元规定。	无特殊要求	1. 首先申请营业执照税务证明; 2. 根据不同房源类型申请短期租赁运营商执照/租赁法规和检查条例/住宿加早餐运营商执照。	短期租赁税	无特殊要求
	波士顿	波士顿短期租赁登记要求	1. 房源需为业主主要居所; 2. 房源业主需为波士顿长期居民; 3. 出租整租房源，业主需要位于相邻整套单元。	无特殊要求	1. 申请短期出租执照; 2. 将登记号码更新至出租房源页面; 3. 申请营业执照; 4. 告知邻居出租事宜。	波士顿市消费税和会议中心税	无特殊要求
法国	巴黎	1.《数字共和国法》; 2.《埃兰法》。	1. 房源需为主要居所（整租或分租）; 2. 第二居所需申请短租许可; 3. 全年接待房源需要向市政厅提交城市规划许可申请; 4. 公共福利住房不允许短租。	1. 主要居所：整租120天;分租无限制; 2. 第二居所：无限制。	1. 向市政厅申请登记号码; 2. 更新登记号码至房源页面; 3. 承租房东需要获取业主允许经营短租书面批准。	1. 住宅税或房产税; 2. 旅游税。	1. 欧盟DAC7-EU数据共享; 2. 巴黎税收数据共享。

国家	州省郡市	政策法规	经营房源要求	出租天数限制	主体登记申报	纳税要求	数据共享
德国	柏林	《住宅居住功能异化禁令》	1. 出租主要居所房间无需登记，前提是该房间部分少于住宅总面积50%； 2. 整套出租主要居所或第二居所需申请许可。	第二居所每年最多90天	1. 向市政厅申请登记号码； 2. 更新登记号码至房源页面。	过夜住宿税	1. 欧盟DAC7－EU数据共享； 2. 德国短租入住信息报告。
英国	伦敦	《管制解除法》	1. 廉租屋禁止未经许可转租； 2. 限制抵押贷款房产出租。	每年90晚	如需出租超过全年90天，需要向市政府申请豁免许可。	梯度征税，包括增值税、营业税	无特殊要求
日本		1.《住宅宿泊事业法》（"民泊新法"）； 2.《旅馆业法》； 3.《国家战略特别区域法》。	1. 出租房源需为住宅类型，且具备必要设备； 2. 如房东没有同住，需要第三方公司管理； 3. 房屋所处社区/公寓允许经营。	不超过180天，各地对于管辖区域内民宿运营时间要求不同。	1. 申请私人住宿业务登记； 2. 获取许可证与登记号码； 3. 预订平台更新证书号码； 4. 向社区邻居告知经营事宜。	10%消费税	与日本观光厅（JTA）分享房源及出租天数信息

（表格来源：笔者根据 Airbnb 房东义务及网络资料整理）

第三节　共享住宿国内政府治理

共享住宿业国内政府治理与国外政府治理既有共性特征，基于本国国情、发展特点，又具有差异体现。中国共享经济发展活跃，市场规模庞大，细分领域创新层出不穷，共享经济发展水平位居世界前列，因此，产业实践发展也让政府加快关于共享经济平台相关的治理体系建设，如在共享出行领域，我国在网约车监管合规、标准化体系建设、平台治理、政企数据共享、服务质量提升层面已构建起相对健全完善的政府治理体系。得益于共享住宿业在国内产业实践的迅猛发展，龙头企业本土化创新不断，丰富的产业实践经验也为政府治理提供了良好基础，虽然在国家层面尚未有统一的法律法规出台，但部分省市地区针对共享住宿业的政府治理也取得了有益的探索，形成可复制的共享住宿协同治理模式。

一、国内共享住宿政府治理发展阶段

国内共享住宿政府治理与行业发展基本保持同步，大致可以分为三个阶段：

（一）行业初具规模，监管矛盾初现（2012—2015年）

2012年，途家、小猪等平台在中国正式开展房屋分享业务，由于市场处于早期开拓阶段，民宿房东和分享房源相对体量较小，多分布于一二线城市，且经营民宿房东多以个人经营整套或房间分享为主，房东参与线下接待，如小猪等平台早期还为民宿房源提供上门核验和房屋实拍等服务，一定程度上为房客入住提供安全保障，降低了安全风险。但随着市场体量逐渐扩大，部分城市民宿的卫生标准、身份安全、房客扰民等问题开始出现，也引起了政府部门的关注。

（二）行业迅猛发展，监管压力骤增（2015—2019年）

2015—2019年，中国共享住宿业步入高速发展阶段，国家信息中心发布的《中国共享住宿发展报告2019》显示，2018年我国共享住宿行业市场交易额提高到165亿元，房客数达到7945万人，服务提供者人数超过400万人，主要共享住宿平台房源量约350万个，覆盖国内近500座城市。同时，行业也在加速从一线城市向下沉市场渗透，二三线城市旅游接待占整个出行数的76.1%，近郊乡村民宿业务增速迅猛，途家年度增长超过300%，Airbnb达到400%。

共享住宿市场活跃，也让各种监管矛盾开始凸显。首先，城市民宿火热对以传统熟人社会网络的社区邻里关系带来挑战，城市民宿带来的陌生人进出、扰民、安全和消防隐患、公共资源不合理占用等问题，引发邻里的不解、不满和不同程度的冲突（国家信息中心，2018）。自2018年7月以来，成都、重庆、青岛、深圳、杭州、广州、长沙、济南、昆明等地陆续出现民宿房东、房客与业主和物业之间不同程度的冲突问题，根据有关平台的调研数据，有接近30%房东表示曾遇到过社区冲突的问题，接近半数房东在经营过程中受到周边业主的阻挠，超过80%的房东认为社区关系影响到民宿正常经营，38%房东认为社区关系严重影响到民宿正常经营（新京报，2019）。

其次，相较于传统酒店业需要线下办理登记入住，对入住旅客身份进行核验，共享住宿依托网络自主办理入住，线上预订人和线下入住人存在无法核验身份一致性的情况，房东对于房客真实身份、实际租住人数、租住目的等情况都无法完全核实，一定程度上加剧了政府治安安全管理方面的隐患。自 2018 年起，几个主要平台开始在全国部分区域率先试点"网约房行业智能监管安全解决方案"，力图通过技术手段协助公安治安部门解决网约房与共享住宿平台的监管痛点，以及困扰房东和房客之间的信任难题。

由于缺乏共享住宿上位法支撑，更多地方公安治安部门参照对旅馆业管理办法规定对共享住宿进行管理，要求房东申请旅馆业特种行业许可证、营业执照、消防验收报告书、卫生许可证等资质材料，并要求按照酒店旅馆业标准配备专职的保安、接待和客服人员等。也有部分省市治安管理部门对城市共享住宿房源采取一刀切、突击式、运动式检查整改管理措施，对城市共享住宿进行处罚关停，这些管理方式与共享住宿产业特性相违背，不符合个人和家庭化经营方式以及分散的城市公寓式房源特点，由于监管的刚性和在实际操作中的简单化，一定程度上打击了共享住宿从业者的信心。

日益凸显的城市民宿与社区矛盾以及网约房治安管理隐患，引起了各地政府部门的广泛关注，也在一定程度倒逼针对行业监管的政策出台，共享住宿各利益主体对于行业合规呼声日趋强烈。但此时在我国对共享经济"鼓励创新""包容审慎"原则下，更多地方政府部门选择在发展中对行业进行规范，审慎出台针对共享住宿业的准入和监管政策。

此外，共享住宿业平台企业在身份核验、房源验真、智能设备、服务标准化等诸多本土化创新尝试探索也为后续出台监管措施提供了有益借鉴与参考。例如，2018 年，基于爱彼迎、小猪、途家和美团等企业的标准，行业出台了我国共享住宿领域首个标准性自律文件《共享住宿服务规范》，对共享住宿、共享住宿平台、房东、房客、房源等行业特定术语首次进行了明确界定，并提出了共享住宿平台（企业）服务与管理要求、房东要求与规范、对房客的要求。该规范旨在帮助不同主体多方位了解相关部门在民宿管理方面的需求，既着重解决行业面临的问题，同时结合行业发展趋势进行前瞻性的引导。例如，针对行业发展中存在的和社会民众关心的焦点问题，如社区关系、入住核实登记、房源信息审核、安全卫生标准、信息保护和知识产权、交易与纠纷解决、房客素质等方面，对各相关主体提出了规范要求。同时，该规范也结合这个领域的技术创新和未来发展趋势，前瞻性地进行引导，如在智能安全硬件设施的使用、摄影实拍、平台间黑名单共享、房东培训等方面做出了相应引导和鼓励性规定（新京报，2018）。

《共享住宿服务规范》出台建立在深入了解业内龙头企业的创新实践

基础上，充分考虑和体现可操作性。其发布引发了包括国务院、国家发改委、地方政府各级监管部门以及权威媒体的高度关注，同时也对地方政府出台共享住宿发展监管政策、指导意见、标准起到良好的引导作用。

（三）地区试点探索，政府治理起步（2019 年至今）

2019 年以来，共享住宿政府治理开始起步。首先，共享经济领域共享单车、共享出行陆续走向合规，为各地共享住宿业监管合规提供治理思路。其次，共享住宿业进入稳步发展阶段，2019 年中国共享住宿市场交易规模约为 225 亿元，同比增长 36.4%；服务提供者人数约 618 万人，同比增长 54.5%；房客人数约 1.9 亿人，同比增长 53.8%（国家信息中心，2020）。此外，根据旅游住宿业人群聚集性和流动性特点，行业也面临着疫情防控方面的新要求，共享住宿业全国合规进程整体开始加快。

2019 年，浙江省在全国率先出台实施《网络预约居住房屋信息登记办法》，规定全省通过互联网渠道发布房源、预订并完成交易的网约房，将接受公安部门信息登记管理，对网约房平台、网约房经营者及房客分别进行了要求。网约房平台要查验、如实登记，并及时向省级公安机关报送房源、经营者及入住人相关信息；建立健全数据安全管理制度，确保其收集的信息安全，防止信息泄露、损毁、丢失。网约房经营者需要在属地公安机关进行房源备案；承担提供用于居住的房屋应当具备基本居住功能并符合建筑、消防、治安等安全要求的义务；如实向网约房平台报送房源及房东信息；查验房屋入住人相关信息并及时上传至网约房平台。房客则需要履行登记入住身份信息的义务。此后，浙江省开始在部分城市进行网约房治理工作试点，其中杭州拱墅区首先成立工作专班，制定行业准入标准，从源头上尽可能减少具有安全隐患的房屋流入市场；其次，对区内已有网约房进行摸底排查，并建立专业大数据分析模型。对不符合硬件配置规范要求、违规违约经营的'网约房'依法予以处罚，并将一年内被约谈 3 次以上或被公安、消防、住建等行政机关处罚 2 次以上的网约房业主纳入'黑名单'管理。此外，属地公安机关牵头组织物业、房东、社区居委会、楼宇业主和物业企业等相关利益方，制定小区（楼宇）自治公约，推动建立房东自治联盟。多方协同参与，自治自律，规范"网约房"行业经营（新京报，2018）。此后如江苏、山东、河北、广东、湖北、河南郑州、湖南长沙等地由公安部门牵头分别出台关于网约房规范管理通知和工作要求，公安部门成为共享住宿行业监管的主要部门。2021 年，北京市住建委牵头出台实施《关于规范管理短租住房的通知》，对北京城区短租房进行差异化治理。同年 12 月，上海市文旅局、上海市住建委牵头出台实施

《关于规范本市房屋短租管理的若干规定》，正式将短租房纳入城市管理体系。在以北京、上海为代表的特大城市，住建部门成为共享住宿政府治理的主要负责部门。

二、共享住宿政府治理国内典型模式

我国各省市积极推动共享住宿行业发展，江苏省和北京市在共享住宿行业的政府治理模式上已经进行了有益探索，并形成了共治共建的协同治理模式，为全国其他地区共享住宿的行业发展提供了重要借鉴。

（一）江苏"网约房"协同治理模式

2021 年 4 月，江苏省公安厅在研究吸纳各地共享住宿监管经验基础上，结合江苏政府治理模式，在坚持依法依规、包容审慎、创新规范、共治共享的原则指导下，发布施行《江苏省网约房治安管理规定（试行）》，《规定》适用于江苏省内通过互联网电商平台发布房源、接受预订，按日或者按小时提供住宿服务的城乡居民住房以及依法依规可供住宿的其他场所。《规定》相较于此前各地公安部门推出政策，有几处治理创新体现。首先，要求房东经营网约房根据需要配置身份证件识别、治安信息采集传输设备，解决房客入住人身份信息登记及核验问题。其次，江苏省公安厅建设全省统一的网约房治安管理服务信息系统，免费提供网约房申报登记、住宿人员治安信息传输等便利服务。公安部门充分利用大数据和技术能力赋能共享住宿业监管与服务，搭建统一服务平台协助规范网约房信息上传登记问题，提高数据存储安全性。再者，公安机关对纳入登记的网约房经营者进行法律责任告知，发放登记标识码，该标识也作为房源发布网络预订平台的唯一凭证，所有房源均需"亮码"合规经营。最后，公安部门也对网约房经营者和平台提出了依法保护公民隐私和个人信息安全要求：不得违反法律规定或者双方约定收集、使用个人信息，与时俱进地呼应了《中华人民共和国个人信息保护法》中对公民信息保护的要求（江苏省公安厅，2021）。

表13-2　共享住宿业我国主要省市监管规范要求

省市	政策法规	监管部门	房源要求	房东要求	平台要求	房客要求
北京市	2021.2.1《关于规范管理短租住房的通知》	北京市住建委	1. 首都功能核心区内禁止经营短租住房； 2. 符合小区管理规约； 3. 取得出租住房业主的书面同意； 4. 房屋符合建筑、消防、治安、卫生等方面的安全条件。	向平台提交材料： 1. 所在小区管理规约或业主委员会、物业管理委员会、本栋楼内其他业主书面同意的材料； 2. 业主身份证明； 3. 房屋权属证明； 4. 出租住房业主同意房屋用于短租经营的书面材料； 5. 经营者身份证明； 6. 经营者与房屋所在地公安派出所签订的治安责任保证书。入住登记要求：当面核对住宿人员身份证件信息，即时通过规定信息系统申报登记信息。	1. 核验验短租住房经营者提交的材料； 2. 登记房屋详细地址，核实房屋状况，确认符合相关规定； 3. 对短租住房经营者身份信息进行登记，审查并完成实名身份认证，对交易逐人登记入住实际住宿人员身份和有效联系方式； 4. 按照公安、住房城乡建设（房管）行政主管部门要求及时报送住宿人员、房屋等信息。	1. 配合线上线下入住登记； 2. 不得利用短租住房从事违法犯罪活动，损害公共利益或者妨碍他人正常工作、生活。

续表

省市	政策法规	监管部门	房源要求	房东要求	平台要求	房客要求
上海市	2021.12.30《关于规范本市房屋短租管理的若干规定》	上海市文化和旅游局、上海市住房和城乡建设管理委员会	1. 房屋符合消防、治安、防灾、卫生、防疫等方面的标准和要求；2. 住宅物业管理区域内的房屋以及同幢多业主的非居住房屋用于开展多业主住宅短租活动的，应当符合管理规约。管理规约无约定或者约定不明的，应当取得有利害关系的业主的一致同意；3. 业主同意房屋用于短租活动；4. 房屋短租服务提供者与房屋所在地公安派出所签订《治安责任保证书》；5. 书面告知所在小区居（村）民委员会、业主委员会和物业服务企业。	1. 不得向身份不明的人员提供短租服务；2. 通过"一网通办"平台登记住宿人员的姓名、身份证件种类和号码；3. 负责房屋及其设施设备的安全，定期进行安全检查和维护，及时发现和排除安全隐患；4. 发现住宿人员利用房屋从事违法违规活动的，及时报告有关部门；5. 配合有关部门开展对住宿人员违法违规行为的处理。	1. 核验房东提交身份、房源信息；2. 对住宿人员逐人登记身份信息和有效联系方式；3. 建立投诉举报机制，及时受理和妥善处理房东、房客和相邻权人等的投诉；4. 及时报送短租房屋及房东、房客、经营情况等信息；5. 依法为公安机关提供技术接口等技术支持和协助。	1. 配合房东登记身份信息；2. 不得利用房屋从事违法违规活动；3. 不得损害相邻权人的合法权益；4. 合理、安全使用房屋及其设施设备。

续表

省市	政策法规	监管部门	房源要求	房东要求	平台要求	房客要求
江苏省	2021.4.1《江苏省网约房治安管理规定（试行）》	江苏省公安厅	1. 房屋符合建筑、消防、治安等安全要求； 2. 有必要的财物保管和治安防范设施； 3. 有根据需要配置的身份证件识别、治安信息采集传输设备； 4. 对网约房有合法使用权； 5. 知晓旅馆业治安管理相关法律规定； 6. 依法应当具备的其他治安安全条件。	1. 向公安机关登记身份和房源信息，获取登记标识； 2. 发布房源提交相应的登记标识以及符合房源规定要求的相关材料。 3. 参加公安机关治安防范培训及监管执法管理工作； 4. 登记核验入住人员有效身份信息、联系方式、入住时间、退房时间等信息，并即时通过网络向公安机关传输相关信息。 5. 依法保护公民隐私和个人信息安全，不得违反法律规定或者双方约定收集、使用个人信息。	1. 对房东提交的信息材料进行核验。对核验通过的，一并发布网约房信息和登记标识； 2. 登记核验入住人员有效身份信息、联系方式、入住时间、退房时间等信息，并即时通过网络向公安机关传输相关信息； 3. 应当依法保护公民隐私和个人信息安全，不得违反法律规定或者双方约定收集、使用个人信息。	1. 经网约房经营者或者网约房电商平台实名核验后入住； 2. 遵守社会公序良俗，不妨碍他人正常生活，不得留宿或者私下转让床位； 3. 不得利用网约房实施卖淫、嫖娼、赌博、吸毒、传播淫秽物品等违法犯罪活动。

续表

省市	政策法规	监管部门	房源要求	房东要求	平台要求	房客要求
广东省	2021.7.10《广东省公安厅网约房治安管理规定（征求意见稿）》	广东省公安厅	1. 符合旅业、民宿、出租屋等临时性住宿场所相应法律规定场所条件和经营要求； 2. 配置符合相关标准的身份证件识别、安装、治安信息采集传输设备，使用信息采集系统； 3. 安装符合相关技术标准的房屋视频等技防措施，出租的房屋居住人数达到30人以上的，或主要出入口、日租的，或经营（兼营）时租，通道安装符合相关技术标准的视频监控；视频监控资料保存期限不低于30天；制定管理制度，配备专职的管理人员； 4. 依法应当具备的其他治安全条件。	1. 通过广东省治安基础信息自助申报系统等方式向公安机关如实登记身份和房源信息，同时获得公安机关编制的房屋编码并使用； 2. 通过广东省治安基础信息自助申报系统、"粤省事"APP等途径实时开展信息登记、报送，包括承租人相关信息，姓名、性别、身份证件种类和号码、联系人国籍或地区、入住时间、退房时间等，以及入住房间；督促入住人员如实申报入住人员信息； 3. 应当核验住宿人员身份信息，确保人证相符。	1. 对接广东省公安厅网约房治安管理服务信息系统，实时申报治安管理信息； 2. 在接收、发布出租屋房源时应当登记公安机关编制的房屋编码，并以此编码为唯一标识关联相关信息，上传至公安机关推广的网约房治安管理服务信息系统； 3. 核验网约房产权合法证明、房屋租赁合同等其他合法产权登记手续或合法使用证明； 4. 及时撤销已发布的不符合治安管理规定的房源信息； 5. 建立健全数据安全管理制度，落实网络和信息安全措施； 6. 核验、登记并如实向公安机关报送相关治安管理信息。	如实向网约房经营者、网约房电子商务平台公司提供相关信息。

续表

省市	政策法规	监管部门	房源要求	房东要求	平台要求	房客要求
浙江省	2019.1.1《网络预约居住房屋信息登记办法（试行）》	浙江省公安厅	提供用于居住的房屋应当具备基本居住功能并符合建筑、消防、治安等安全要求。	1. 如实向网约房平台公司报送房源、经营者信息； 2. 核验房屋入住人姓名、身份证件种类和号码、联系方式以及入住时间、离开时间等信息。	1. 确保线上提供服务的房屋与线下实际提供服务的房屋一致，及时下架安全不符合规定的房屋、治安安全不符合规定的房屋。 2. 查验、如实登记，并及时向省级公安机关报送房东身份、房源信息及入住人信息； 3. 加强网络和信息安全防护，建立健全数据安全管理制度，确保其收集的信息安全，防止信息泄露、损毁、丢失。	配合房东进行入住登记。

续表

省市	政策法规	监管部门	房源要求	房东要求	平台要求	房客要求
河南 郑州市	2020.8.25《郑州市公安局关于下发网约房管理办法的通知》	郑州市公安局	1. 适用通过互联网渠道发布房源、预订并完成交易，不设前台、房源分散，不设保安、房屋管理，未被纳入特种行业管理，提供用于居住的房屋以及可供居住的其他场所。 2. 提供用于居住的网约房应当具备基本居住功能并符合建筑、消防、治安等安全要求。	1. 向公安派出所报送网约房信息，包括网约房基本情况说明、房屋产权证明、租赁合同、工商营业执照、法定代表人身份证明等； 2. 向公安派出所报送网约房经营者信息，包括姓名、身份证件种类和号码、实际居住地址、联系方式等； 3. 督促网约房入住人员通过智能设备等信息化手段完成公民个人身份实时核验、重验并确保网约房入住人员与预定入住人员一致，不得让未登记人员入住； 4. 及时向公安派出所举报网约房内的违法犯罪活动； 5. 对经营期间获取的个人信息，应遵守国家相关保密规定，不得泄露或向他人提供、出售公民个人信息。	1. 实时向公安派出所报送网约房订单信息，包括预订人及承租人姓名、身份证件种类和号码、联系方式、预订入住时间等； 2. 实时向公安派出所报送实际入住信息，包括入住人姓名、身份证件种类和号码、联系方式以及入住时间、退住时间等； 3. 在网络平台上展示的网约房所必须经公安派出所认证并编码； 4. 公安通报违反相关规定的网约房经营者，网络平台应配合公安派出所对违规网约房经营者采取下架等相应的措施； 5. 对经营期间获取的个人信息保密相关规定，出售公民个人信息。	1. 如实填报所有人住人员信息； 2. 在入住前通过智能设备结合小程序等验证信息化手段完成公民个人身份实时核验，确保实时人人住； 3. 严禁将易燃、易爆、剧毒、腐蚀性和放射性等危险物品带入网约房。

续表

省市	政策法规	监管部门	房源要求	房东要求	平台要求	房客要求
湖北武汉市	2020.11.12《湖北省网络预约居住房屋治安管理暂行规定（征求意见稿）》	湖北省公安厅	1. 房屋符合建筑、消防、治安等安全要求； 2. 有必要的财物保管和治安防范设施； 3. 有根据需要配置的身份证件识别、治安信息采集传输设备； 4. 对网约房有合法使用权； 5. 知晓旅馆业治安管理相关法律规定； 6. 依法应当具备的其他治安安全条件。	1. 向网约房平台申请发布房源时，应当提交符合本规定相关材料； 2. 发布房源信息前，应当向公安机关如实登记身份和房源信息，就信息的真实性作出承诺； 3. 对入住人进行实人实证验证登记，即时通过网络向公安机关上报登记的信息； 4. 依法保护公民隐私和信息安全，不得违反法律规定或者双方约定收集、使用个人信息。	1. 对网约房经营者提交的信息进行核验； 2. 对入住人进行实人实证验证登记，并即时通过网络向公安机关上报登记的信息； 3. 落实国家网络安全等级保护制度，加强网络和信息安全防护，确保收集的信息安全，防止信息泄露、损毁、丢失； 4. 依法保护公民隐私和个人信息安全，不得违反法律规定，使用个人信息。	1. 经网约房经营者或者网约房电商平台实名核验后入住； 2. 如实向网约房电商平台或网约房经营者报送相关信息。

（表格来源：笔者根据网络资料整理）

具体实操中，网约房经营者需要先通过江苏省统一网约房治安管理服务系统"苏易住"进行登记，上传经营者信息、房屋房源出租地址信息等，并承诺信息的真实性，经辖区派出所根据系统内登记房源出租信息进行线下核验审批，审批通过后，房东将会获取出租房源经营专属数字编码、二维码，网约房交易平台需要审核房源唯一编码后方可通过房源上线；房东进行接待时，需要要求房客在入住时扫描网约房张贴在房源处的二维码标识，通过手机扫描登陆"苏易住"小程序，在"苏易住"系统内填写入住人信息，并进行人脸识别核验，完成实人实名实数入住信息登记核验。对于网约房预订平台，江苏省公安系统与网约房平台实现系统数据对接，要求平台向公安系统将平台房东房源信息、在线预订订单信息实时报送。江苏省公安系统将平台报送的房东房源和在线订单信息、经营者在"苏易住"登记的房屋出租信息、旅客在"苏易住"登记的入住人信息进行统一汇总。网约房预订平台需要在房源发布流程中，提供房源出租经营资质上传功能，经营者在平台发布房源时，除填写房屋和经营者基本信息外，还需要上传其在公安系统备案登记完毕后获取的资质信息（"苏易住"系统颁发的经营编码），平台审核该房源是否有此资质。如有，则将房源信息和资质信息报送至江苏系统，江苏系统将平台报送的信息与"苏易住"系统内经营者备案信息进行匹配，匹配一致后该房源正式通过上架；如无资质上传，平台不予审核并拒绝申请；如上传资质信息与公安系统匹配信息不符，则公安系统不予通过，平台不可上架房源。

江苏省网约房治理模式，一方面有效吸收借鉴共享经济网约车领域的成功经验，另一方面，参考全国其他地方网约房治理模式，秉持包容审慎，创新规范的原则，充分利用本省公安数字化治理和技术创新能力，协同网约房各利益相关主体参与共治共建，加强事前、事中、事后全流程管理，探索出一套可复制可推广的网约房治理"江苏模式"。

（二）北京短租房政府治理模式

北京市于2021年2月正式由北京市住建委牵头，联合北京市公安局、北京市网络信息安全办公室、北京市文化和旅游局发布施行《关于规范管理短租住房的通知》，通知明确政策调整共享住宿房源的范围，即"利用本市国有土地上的规划用途为住宅的居住小区内房屋，按日或者小时收费，提供住宿休息服务的经营场所"，并不包括乡村民宿。突出首都功能定位和规划，按区域实行差异化管理，首都功能核心区内禁止经营短租住房。通知规定了短租住房必备条件和短租经营行为管理要求，明确了短租住房出租人、经营者、互联网平台、房客、物业服务企业、属地管理部门等相关各方的责任。如房东在北京市其他区域经营短租住房，应当符合如下要求：（1）本小区管理规约，无管理规约的应当取得业主委员会、物业管理委员会书面同意或取得本栋楼内其他业主的书面同意；（2）取得出租住房业主的书面同意；（3）房屋符合建筑、消防、治安、卫生等方面的安全条件；（4）经营者与房屋所在地公安派出所签订治安责任保证书；（5）书面告知所在小区物业服务企业，无物业服务企业的，书面告知社区居委会。其中第一条相关业主同意，依据《民法典》第二百七十九条："业主不得违反法律、法规以及管理规约，将住宅改变为经营性用房。业主将住宅改变为经营性用房的，除遵守法律、法规以及管理规约外，应当经有利害关系的业主一致同意"。按照《民法典》精神，对业主居住权益给予保障和尊重。

此外，根据前文对全球主要城市的共享住宿政府治理，可以发现国际大都市尤其是首都城市，对于利用居民小区住宅经营短租房或民宿，基本上都有较为严格的规范管理要求，如英国伦敦对市区内经营天数设置上限为90天，此外政府公共福利类住房严格限制进行短租活动；在荷兰阿姆斯特丹，对于每年出租天数设置上限更为严格，仅允许经营30天，且如若房东经营对社区造成影响，阿姆斯特丹市民可通过阿姆斯特丹市政府运营的官网进行投诉。在法国巴黎，政府设置巴黎房东经营民宿时间天数为120天，若房东承租业主将房屋用于短租，还需要获得业主的授权，巴黎政府对于政府保障性住房或廉租房也严格禁止用于短租。在日本东京，根据民宿新法规定，经营民宿需要提前告知社区居民邻里，确保社区邻里知情权。可以看出，世界各国政府在城市短租的合规要求上特别强调对相邻权人权益和公共安全利益的保障，基本实行事前行政许可或登记备案制度。

除了考虑到城市短租活动扰民及引发的社会治安隐患，此前全球主要大都市因短租活动引起的房租上涨、长租挤兑，一定程度影响城市住房租赁市场的稳定，也在一定程度上影响北京市短租房管理政策的出台。北京住房租赁市场总体仍处于供不应求状态，如果居住小区内大量房屋被用于短租经营，会进一步加剧租赁市场供求矛盾，这也让北京出台规范管理短租住房市场，加快建立"租购并举"住房制度、维护首都社会安定和谐有了更多现实意义（北京市人民政府，2020）。因此可以看出，北京市基于维护首都稳定、稳定住房租赁市场、保障城市居民住户的权益考量，出台相对严苛的管理政策具有其特殊性与合理性。

在政策发布后，全北京市各平台不合规短租房源下架逾万套，仅通州区被下架的不合规房源数量就达千余套（澎湃新闻，2022）。政府在整治不合规短租房源的同时疏堵并行，针对通州区环球影城附近庞大的住宿需求，通州区规范短租住房经营管理工作专班办公室在区域内进行短租住房试点工作，分批次恢复城市合规短租民宿房源，并与共享住宿平台建立民宿恢复上线共享机制，同时为促进环球度假区周边民宿业态形成集合效应、品牌效应，鼓励平台企业给予合规房源更多扶持，赋能区域短租民宿良性规范发展。

可以看出，北京短租房治理模式一定程度借鉴了国际大都市关于短租民宿治理经验，结合城市整体规划发展进行差异化管理，鼓励城市短租房源合规经营，鼓励乡村民宿发展，丰富区域住宿供给，提升区域旅游竞争力；对不合规房源协同多个监管部门坚决进行治理。虽然短期内对短租房房东、共享住宿平台造成较大影响，但是长远看符合国际都市发展规律，对行业健康有序发展不无裨益。

第四节　国内外共享住宿的政府治理建议

实现共享住宿的有效治理需要正视共享住宿虽然在安全管理、服务卫生、社区关系、住房市场稳定等方面带来了治理难题，但同时也要发挥其对于培养消费习惯、促进就业收入、拉动旅游发展水平、盘活闲置房屋资源、提升城乡发展活力的突出作用。政府应根据行业突出的跨行业的特征，采取包容审慎的态度，引导和鼓励共享住宿发展。共享住宿治理不仅包括政府外部监管，还需要包括平台企业、房东、房客、社区邻里、行业组织等利益主体协同参与治理，从强监管到共治理，充分发挥社会主体参与自治自律，利用信息技术提升政府治理能力，为行业发展构筑良好营商环境。

一、掌握共享住宿发展趋势，因势利导疏堵并举

共享住宿全球发展至今虽已逾十余年，但不同国家、不同城市地区发展水平参差不齐，面临问题也各不相同，不可一概而论。作为新经济，共享住宿发展不同阶段呈现不同的特点，在初期的探索创新阶段，政府应侧重建立和完善原则性、底线性和保障性的制度和规范，建立适应新经济模式发展的基本监管体系。发展成熟后，再完善相关的法律法规和市场规制。国内外现有成熟共享住宿政府治理体系，也多伴随共享住宿发展过程中逐渐完善，全球共享住宿发展大致经历从个人房屋分享到个人、职业经

营并重，从主要城市社区起步下沉到城乡，从单一住宿空间演变到提供如餐娱活动等更多元服务场景几个阶段。作为新事物，共享住宿仍在创新发展中不断进化，政府部门需要用发展的眼光构建其治理体系，结合行业发展趋势，把握发展规律，因势利导。

比如，韩国《旅游推广法》专门制定市区传统韩屋的政策，鼓励房东利用采用传统韩国瓷砖屋顶，以具有独特的传统美学精髓的传统民居经营民宿，传承传统建筑文化、展现城市旅游形象、提升海外游客吸引力。再如，浙江省出台网约房治理措施，在总结前期重点试点地区成功落地经验的基础上，探索出一条可操作可复制的路径模式在全省进行推广。

2022年底的中央经济工作会议提出要大力发展数字经济，提升常态化监管水平，支持平台企业在引领发展、创造就业、国际竞争中大显身手。这体现了中央对于发展平台企业的重视，能够为平台经济的可持续发展提供良好的营商环境。因此，结合国内外经验，建议政府部门在发展中研究共享住宿业，支持和鼓励持续创新服务和监管模式，避免因噎废食，把握行业发展趋势与客观规律，疏堵并举，在不同发展阶段适时通过不同制度规范法规进行引导与管理。

二、充分吸纳社会主体参与，构建基层协同治理体系

国内外政府治理在经历由政府主导的市场监管后转变为政府、平台企业、社会组织等多方共同参与的协同治理新体系。二十大报告指出，要健全网络综合治理体系，推动形成良好网络生态。共享经济发展壮大在很大程度上是以惠及广大民众为基础的，共享经济平台的治理应坚持国家治理与平台自治的二元秩序，建立多利益攸关方参与的高效协同治理模式，实现平台经济治理体系的系统性、整体性、协同性、时效性。共享住宿"一点多面"网络协同的特征也决定了行业运行涉及到诸多利益方，其中既包括政府部门、平台企业、房东、房客、上下游服务者等直接利益方，也包括社区邻里居民、房屋业主、物业公司等间接利益方，因此，政府部门在施策时需要充分考虑到各利益主体诉求，充分吸收各利益主体意见，确保参与主体的多元化与普遍性，避免闭门造车。

在澳大利亚新南威尔士州，2015年底州议会启动对短期租赁行业法规完善性的公众调查，2021年正式出台针对该州短期出租房屋规定。该州政府在长达六年时间内，多次征求包括平台、居民、经营者、地方议会、物业管理公司各利益主体意见，在各方利益主体诉求博弈中寻求政府治理平衡，让各利益主体都有表达意见和建议的机会。此外，《新南威尔

士州短期租赁住宿行业的行为准则》对房东、房客、物业经理、预订平台和租赁代理义务进行明确，要求房东尊重社区、维护社区和谐、维护好社区邻里关系，社区居民有权就房东经营违法规定在政府官网进行投诉，而房东也可以对社区居民违反规定影响正常经营行为进行投诉，通过社区民众和经营者的双向参与监督，营造良性有序的区域共享住宿发展环境。在国内，为应对民宿扰民问题，上海黄浦区外滩街道多次联合区委政协、民宿经营方、居委会、城管、物业、法律顾问、社会组织、居民代表召开基层协商会，群策群力，共同制定出"民宿公约"。民宿房东代表制定"住客公约"加强自律与住客教育，共同维护社区良好环境。

我国基层社会治理具有良好群众基础，经过长期实践形成相对稳定、行之有效的制度。共享住宿业在实践过程中，散落在城市社区、线下履约服务的特征以及存在的问题与挑战和社会基层治理有着千丝万缕的联系，因此，需要充分发挥我国基层治理制度优势，将共享住宿纳入到基层治理体系中，一方面，加强共享住宿业态民众普及及教育工作，另一方面，畅通群众参与渠道，广纳各利益主体意见，通过共商共议如通过联席会议、民情恳谈、议事协商等制度化平台或通过在线政务服务技术工具手段，搭建多元化协商平台，发挥各方主体在共享住宿创新社会治理、相互监督、自治自律等方面的积极作用，形成共享住宿社会协同治理的中国特色。

三、发挥平台及行业协会自治职能，树立引领示范作用

共享住宿平台是数据和交易的节点，也是信用和权益保护的关键。平台和行业自治是从内生秩序出发，发挥市场配置资源的决定性作用的。与政府外部监管相比，内部自治监管具有数据资源丰富，专业技术力量雄厚，以及监管链条短、反馈及时、监管手段多样、监管方式灵活、监管持续性强带来的监管效率高三方面的优势，基于平台交易形成的治理机制可以成为政府治理的重要补充（叶林、杨雅雯，2018）。如共享住宿平台企业的海量区域房东房客预订数据（分布省市、年龄情况、价格范围、区域活跃度）对于城市规划、旅游发展政策制定有较大的参考价值，再如平台企业掌握的房源价格数据对于政府指导区域产品定价，维护消费者权益也具有重要的参考价值。

从国外看，以 Airbnb 为代表的共享住宿平台在政府治理体系中扮演着重要角色，在宣传贯彻各地政策法规、政府共享房源及订单信息、政府纳税代缴代收、搭建社区居民投诉平台受理民诉等方面，极大降低了政府监管成本，提升了政府治理效率。在国内，以小猪民宿、途家、美团民

宿为代表的企业，也在共享住宿标准化、卫生清洁标准、入住安全解决方案、公安数据共享、甚至城市更新上进行诸多积极有益尝试。小猪民宿、Airbnb 等企业在积极探索政企协同治理的同时也在城市旧改、乡村振兴等产业实践创新层面起到了良好的示范带头作用，

国外行业协会在新业态发展过程中可以发挥重要作用。英国的共享经济组织（Sharing Economy UK，SEUK）是由商务部组织成立的行业组织，承担着宣传推动、规范及监管共享经济发展的职责。该组织还制定行业标准，为英国共享经济企业树立清晰的、需要遵从的价值标准和行为原则，并通过支持研究项目，总结企业成功实践，解决发展中遇到的问题和挑战（中国经济时报，2018）。在法国，全国旅游租赁促进联盟（UNPLV）积极参与到政府短租治理与平台监督管理之中，充分发挥行业组织在政府与企业间沟通桥梁作用，助力法国共享住宿业有序健康发展。

目前国内主要城市均已成立民宿相关行业协会或社会组织，但经调研发现，国内多数行业协会组织尚未将城市短租纳入到协会工作管理范围内，因主管单位以文旅部门居多，因此协会组织多以旅游民宿、乡村民宿为管理重心，城市短租民宿仍处于组织空白地带，"不想管、不愿管、不好管"是困扰行业协会组织的普遍问题。因此建议在已出台共享住宿相关政策的地区应结合主管部门建立城市短租相关协会或组织，履行行业协会的组织、协调、服务和管理四大职能，承担行业指导和企业服务的责任，发挥政府职能部门与城市短租业者间的桥梁和纽带作用，一方面，加强对地区短租行业调查和研究，掌握区域短租发展情况；另一方面，协同政府部门、平台企业级经营者，进行行业标准、自律公约等方面工作管理建设；此外，组织开展政策法规、消防安全、卫生接待、社区关系等方面的培训交流，营造良好的经营环境。

四、推动共享住宿数据共享，搭建公共服务平台

从在全球实践来看，政府对于共享住宿企业的数据需求主要基于两个方面：一是经营收入带来的税收信息，如欧洲、美国等地政府均要求房东通过平台报送接待收入数据，以此为依据向房东征收相应税费；二是合规房源信息审查，各地政府要求预订平台共享平台房源和房东身份信息，并对平台上传信息与房东自住申报登记信息进行匹配，以审查房源合规性，剔除不合规房源。

在政府数据共享上，日本观光厅建立民泊系统门户网站，对民宿政策法规、相关安全知识等进行详细解答，同时定期向社会公示全国民宿登

记合规及退出报告，并提供详细各都道府县、特别区出租民宿数据信息向平台企业及社会公众共享。这些举措一方面有助于平台企业识别不合规房源，进行房源下架处理，另一方面，也有助于平台企业及民宿经营者了解行业整体情况，为营销推广、投资经营决策等提供数据支持。

从我国共享住宿数据共享实践来看，政企之间尚缺乏有效的数据共享机制，政府对数据索取多，共享少，根据前文对国内共享住宿治理梳理，有关政策文件均要求平台企业向政府部门报送房源、房东及入住人数据信息，造成企业经营成本升高，也使得相关部门在平台监管过程中缺乏有效的依据。目前数据共享中的问题主要包括：一是公共数据获取渠道欠缺。目前与个人信用相关的个人身份信息、银行征信记录、电子犯罪记录等关键和权威信息基本都掌握在政府部门手中，平台获取公共数据的难度大、成本高，导致企业在用户身份审核、验证及交易环节面临较大困难。二是数据格式、口径标准不统一，使用成本高。由于多头管理制度约束，各地与共享住宿相关的公安、网安、工商、税务等部门都会根据各自需要对平台提出不同的数据需求，无论是数据名称、字段、单位、范围、频度、时间要求等方面都缺乏统一标准，使得平台企业不得不投入大量的人力物力应对不同的数据需要，不仅给企业经营带来困扰，也加大了信息泄露的潜在风险（于凤霞等，2019）。三是平台数据未得到政府的充分利用。平台在日常经营活动中，收集存储了大量的经营活动数据和用户行为数据，这些数据对政府监管与应急突发事件的处置必不可少，需要在平台与政府之间建立有效的法律保障和沟通机制，确保实现数据共享，创造更多的数据价值。

结合国外实践经验，建议政府部门依托政务服务平台，整合共享住宿经营相关数据掌握政府部门及监管部门，如公安、网安、工商、税务、文旅等，搭建共享住宿信息服务共享平台，一方面有序开放共享企业经营必要的数据，支持平台合规有序经营，一方面对接主要平台企业，建立统一数据传输和调取通道，解决多政府部门平台数据调取问题。共享住宿平台按要求上传企业经营相关数据，政府各相关部门依规通过系统统一调取所需数据信息，避免多部门重复调取数据给平台企业造成的成本及数据泄露风险，提升数据安全能力。公共服务平台也可以作为社会主体参与治理的有效工具，发挥政策传递、服务公众的作用。

第十四章　共享经济中信任与风险感知评估：一项实证研究

第一节　引言

由于 Airbnb、Uber、CouchSurfing 等企业的成功，共享经济一词已经成为旅游和酒店行业的热门词汇（Hawlitschek et al., 2016）。共享经济是一种商业模式，支持多个利益相关者以点对点服务的形式共享闲置资源（Hamari et al., 2016）。传统观念上，个人在家庭、朋友和亲戚之间共享资源，很难跨越这些社会界限。随着在线技术（例如，web 2.0、web 3.0、移动应用等）的出现，先锋从业者和企业在 2000 年末开创了共享经济，之后这种创新的商业模式便不断应用于为多方协作提供优势。PWC（2015）报告显示，美国有 19% 的成年人参与了共享经济交易活动。弗里盖托（Frighetto, 2014）调查了来自 60 个国家的 3 万名消费者，发现四分之三的受访者表示愿意参与共享经济，亚洲受访者（78% 的供应商，81%的消费者）比美国和欧洲受访者（53% 的供应商，44% 的消费者）更有可能参与共享经济。特别是近年来，中国作为主要的亚洲市场，出现了许多创新型的共享经济企业，例如途家和小猪民宿（住宿共享）、滴滴出行（汽车共享）、摩拜单车（单车共享），猪了个球（篮球共享）等。

很多研究提出了共享经济的不同驱动力。例如，莱亚（Lea, 2015）将社会、经济、环境和实践因素定义为合作消费业务的驱动因素。哈马里等人（Hamari et al., 2016）推测技术是推动共享经济的重要因素。然而，无论参与共享经济的动机是什么，信任对于维持共享经济的发展至关重要（Botsman & Rogers, 2010），由于合作消费模式的性质，信任会促进共享活动的发生。约 90% 的受访者将共享交易活动的成功归因于彼此的信任（PWC, 2015）。这一点尤为重要，因为在共享经济中涌现出了越来越多的信任风险事件，例如 Uber 司机杀害乘客（Associate Press, 2018）。由于共享经济通常需要多方之间的密切互动，共享交易的风险可能包括财务和名誉损失，甚至还包括生命损失（Franzetti, 2015），违反信任就有可能导致多种损失。因此，共享经济中的信任和风险感知是一个重要的问题，可能成为企业成功和实现可持续发展的关键因素。

在以往的文献中，很少有研究探讨共享经济背景下的信任问题，比如共享经济中人们的风险感知、哪些因素可能影响共享交易过程中利益相关者之间的信任，以及共享经济下信任路径的潜在机制是什么，这些问题在以往的研究中都没有得到解决。本研究通过评估共享交易过程中的信任和风险感知弥补了这一空白。具体而言，本研究考察了共享住宿业务中多个利益相关者（即房客、房东、社区居民、平台）之间的相互联系，以确定房客信任和风险感知的前因和后果。此外，鉴于当今社会交流的复杂性，社会认同威胁的概念在信任的研究领域中受到越来越多的关注（Cheng & Zhang，2019）。遭遇社会认同威胁会显著降低社区意识（Martiny & Nikitin，2019），从而损害共享经济中利益相关者的信任行为（Kasten，2018）。因此，社会认同威胁可能在信任和风险感知对共享经济活动的影响中发挥调节作用。基于这一假设，本研究通过评估社会认同威胁的调节作用，加深了对共享经济中信任和风险问题的理解。

本研究对共享经济、信任、风险感知等核心概念的相关研究进行了文献回顾，阐释了社会认同威胁的调节作用，并采用结构方程模型来检验所提出的模型。基于研究结果，本研究阐述了多项理论和实践意义。在理论上，本研究是检验共享经济中风险感知和信任因素的开创性研究之一。通过对风险和信任文献（尤其是在共享经济背景下）进行批判性回顾，总结以往研究的不足之处，本研究的发现有助于拓展信任、风险及共享经济的研究。在实践上，本研究采用实证方法定义了共享住宿业务下房客在共享交易过程中可能存在的信任因素和风险感知，为共享经济从业者提供了启示。此外，本研究检验了信任与积极结果（房客满意度、回购和积极口碑）之间的关系，为共享经济背景下信任、风险感知与积极房客响应之间的关系提供了实证支持。此外，社会认同威胁的调节作用在所提出的理论模型中得到检验，加深了对信任和共享经济研究的理论理解。

第二节　文献综述与研究假设

一、共享经济

"交换"的历史由来已久（Belk，2014），但集体交换的形式是一种当代现象，消费者可以获得由其他个体提供的资源（Bardhi & Eckhardt，

2012）。这种交换形式是由技术进步（Belk，2014）、经济衰退、社会关注（Tussyadiah & Pesonen，2018）和环境因素（Botsman & Rogers，2010）等驱动的。不同学科的学者对这种现象的描述也不同，包括基于访问的消费（Bardhi & Eckhardt，2012）、商业共享项目（Lamberton & Rose，2012）、协作消费（Benoit et al.，2017）和共享经济（Hamari et al.，2016）等。例如，伯努瓦等人（Benoit et al.，2017）将其称为"平台供应商将旨在临时利用资产的消费者与授权访问这些资产并以此提供核心服务的供应商联系起来"。

虽然对共享经济概念的定义在不同的背景下有所不同，但存在三个关键要素，分别是一个连接消费者和供应商的市场中介平台、消费者和供应商的角色可实现点对点交换、以及基于访问资源的消费（Benoit et al.，2017；Lu & Kandampully，2016；Richardson，2015）。值得注意的是，共享经济中的一些服务产品（如 Airbnb）需要消费者和服务供应商之间高度互动。因此，信任在通过在线平台连接供需双方以参与在线交易方面发挥着至关重要的作用（Ert et al.，2016），但解释这一机制的研究有限。因此，本研究重点探索房客信任和风险感知的前因和结果。

二、风险与信任

作为在线互动的关键因素，风险和信任已经在多个学科领域得到了广泛的研究。然而，共享经济背景下风险和信任的作用仍有待检验。对于消费者来说，可能很难降低基于互联网交易的风险感知，也很难建立促进信任发展的经济和社会纽带（Bolton et al.，2004）。共享经济中 P2P 平台的风险和信任不同于 B2C 平台的电子商务。

（一）风险的作用

消费者的风险感知已被普遍认为是购买决策的重要障碍。风险感知被描述为消费者对参与交易的不确定性和不利后果的感知程度（Dowling & Staelin，1994）。在线电子商务环境下，风险感知被定义为"在追求使用电子服务的预期结果时可能出现的损失"（Featherman & Pavlou，2003）。同样，将风险感知描述为消费者认为在线交易可能导致的不确定的负面结果（Kim et al.，2008）。一些研究试图识别和检验不同类型的风险，例如，有学者将风险感知分为财务、绩效、身体、社会和心理风险（Stone & Gronhaug，1993）。在共享经济中，消费者的风险感知可以是信息风险（例如，信用欺诈）、财务风险（例如，个人物品被盗）、身体风险（例如，身体暴力）或社会风险（例如，与主人的负面互动），等等。

尽管在不同的背景下定义有所不同，但学者们通常将其与负面特征联系，包括损失（Peter & Ryan，1976；Stone & Gronhaug，1993）、不确定性（Bauer，1967；Nicolaou & McKnight，2006）等。在数字环境中，塞里等人（Saeri et al.，2014）发现风险感知与保护隐私的意向呈正相关。此外，以前的研究已经发现风险感知与满意度（Johnson et al.，2008；Yüksel & Yüksel，2007）、口碑压力（Bansal & Voyel，2000）、感知价值（Sweeney et al.，1999）、购买意向（Forsythe et al.，2006）呈负相关。基于此，提出以下假设。

假设 1a：在共享住宿中，房客的风险感知对积极结果（房客满意度、回购和积极口碑）有负向影响。

（二）信任的作用

信任已经成为一种强大的机制，在当今的互联网世界中受到高度重视。各个学科领域都有众多研究关注信任，包括经济学（Fehr，2009）、教育学（Hoy，1992）、营销学（Morgan & Hunt，1994）、哲学（Hosmer，1995）、心理学（De Jong et al.，2016）和社会学（Rousseau et al.，1998）等。信任被定义为"尽管一方有能力监督或控制另一方，但该方却愿意放弃这种能力而相信另一方会做出对己方有利的行为"（Mayer et al.，1995）。同样，人际信任指的是"一种隐含的信念，即同伴不会参与剥削或机会主义行为"（Hung et al.，2011）。在人际关系中建立信任的一种方式是通过自我表露（Rotter，1980），通过披露个人信息，个人被认为更值得信任，因为增加了人际关系中的亲密度（Henderson & Gilding，2004）。无论是在线上还是线下，信任都可以发出信号并获得社会支持（Ling et al.，2012）。尤其是在在线点对点市场，信任通过降低风险来促使陌生人进行交易（Bonsón Ponte et al.，2015；Kim et al.，2011）。作为一种主观感受，信任反映了一方相信另一方会基于一种隐含或明确的承诺以某种方式行事（Ert et al.，2016）。此外，信任已被确定为促进新产品创新过程与信息技术整合战略的关键因素（Ettlie et al.，2017）。综上，信任的重要性在已有研究中得到了强调。

以往的研究表明，由于文化价值观的差异，中国的信任与西方国家的信任有很大的不同（Li，2008；Lin et al.，2018）。信任的个性化情感基础在中国更占主导地位，因为中国文化相较来说以情感（情绪）为中心（Jukka et al.，2017；Li，2007）。相反，由于西方文化更多以认知（理性）为中心，信任的非个性化认知基础在西方更为普遍（Li，2008）。在中国更多的是基于情感的信任（Ng & Chua，2006），在美国反而更多的是基于认知的信任（McAllister，1995）。从集体主义和个人主义的角度来看，双方的个性化来源［"信任是依靠一种内在动机的关系从而建立承诺的选择"（Li，2007）］在东方文化中更为必要（Li，1998）；相比之下，群体中的非个性化基础［"信任是在决策前对受托人的可信赖性的预先判断及非承诺性的评估和接受"（Li，2007）］在西方文化中更为重要（Yuki et al.，2005）。然而，全球化趋势带来了不同文化之间的相互交流，跨文化整合的过程预计会导致信任基础和信任形式的趋同（Li，2008）。

很多企业于在线评论、信誉系统和销售历史记录等方面做出了大量努力来建立和加强消费者与在线产品或服务供应商之间的信任（Edelman & Luca，2014）。点对点服务参与者认为他们参与共享经济是一种行为，表明他们愿意相互信任，并支持可持续的社会福祉，而不是盈利能力（Botsman & Rogers，2010）。过去的研究表明，信任是满意度（Jin et al.，2008）、重购意愿（Fang et al.，2014）、态度（Kim & Peterson，2017）、忠诚度（Kim & Peterson，2017）和积极口碑（Ranaweera & Prabhu，2003）的重要预测因素。基于此，提出以下假设。

假设1b：在共享住宿中，房客对房东的信任对积极结果（房客满意度、回购和积极口碑）有正向影响。

三、共享社区安全因素

（一）融洽

多个学科领域对融洽这一概念进行了研究，例如教育（Faranda & Clarke，2004）、营销（Athanasopoulou & Giovanis，2015；Gremler & Gwinner，2000）和心理学（Tickle-Degnen & Rosenthal，1990）等领域，但融洽关系的概念化是针对具体环境的，因此在不同的领域概念有所差异（Gremler & Gwinner，2008）。然而，大多数定义都认为融洽是一种积极的关系体验（Weitz et al.，2007）。凯里等人（Carey et al.，1986）认为，融洽是以令人满意的沟通和相互理解为特征的关系质量。贝尔涅里等人（Bernieri et al.，1996）将其称为关系质量，其特点是一致、亲和、规范和和谐。亦有学者将融洽描述为当人们彼此相识或由于化学反应而感到良好的互动时的一种体验（Tickle-Degnen & Rosenthal，1990）。类似地，拉巴恩（LaBahn，1996）将融洽定义为消费者对有化学反应且愉快的个人关系的感知；格雷姆勒和格温纳（Gremler & Gwinner，2000）认为融洽关系的两个最突出的维度是愉快的互动和个人联系。融洽的关系与基于情感的信任相关，因为个人会表现出真诚的关心、进行情感投入并相信信任关系中的互惠性和内在美德（McAllister，1995）。因此，情感联系创造了彼此互动的纽带，从而为信任提供基础。好感被认为是信任的前提（Nicholson et al.，2001），与好感类似，融洽的关系可能会让个人产生依恋，并进一步加强这种关系中的纽带。

消费者参与市场是为了获得利益并降低风险（Yen & Gwinner，2003）。共享经济中的消费者由于缺乏对服务供应商的了解会感知到风险，参与者试图在点对点市场中创建个性化的环境以降低风险感知，建立个人的社会联系，使与陌生人的在线交易更容易被接受（Kakar et al.，2018）。一方面，个体之间会进行密切而频繁的互动，在一个小型社交网络中产生强有力的联系（Preece，2004）。在这种小型社交网络里相对牢固关系的背景下，融洽关系可能会由于亲密的情感而产生更强的信任。另一方面，个人可能在集体讨论中与他人互动，相当于在一个较大的社交网络中发展了弱关系（Rotman et al.，2009）。在这种情况下，由于缺乏人际联系，融洽关系可能会产生较少的信任。

人们普遍认为融洽的关系可以减少不确定性，增加信任（Macintosh，2009）。史密斯等人（Smith et al.，2005）认为融洽关系是一个人对另一个人的情感纽带，它源于共同的品味、偏好和生活方式。格雷姆勒等人（Gremler et al.，2001）发现，服务业中消费者和员工之间更强的个人联系会导致消费者对员工增加信任。基于融洽的关系，消费者可能会信任电子口碑，即使它来自与他们关系不紧密的人。在这种情况下，融洽被称为电子口碑在发送者和读者之间感知到的相似程度，而在线评论中消费者的融洽关系往往正向影响感知到的信任（Fan & Miao，2012）。基于以上认识，提出以下假设。

假设 2a：利益相关者（房客、房东、社区）之间的融洽关系对共享住宿中房客的风险感知有负向影响。

假设 2b：利益相关者（房客、房东、社区）之间的融洽关系对共享住宿中房客对房东的信任有正向影响。

（二）可靠性

可靠性是服务质量的主要决定因素之一（Parasuraman et al.，1988）。多伦等人（Dolen et al.，2007）将感知的可靠性定义为消费者觉得咨询群聊在交换信息方面效果良好的程度。在信息技术的背景下，技术的可靠性被认为是技术采用的一个重要因素（Davis et al.，1989，1992）。当消费者设想到一个新兴的服务提供方案实施效果不佳时，他们很可能会担心这个方案的可靠性。罗萨蒂和萨巴（Rosati & Saba，2004）发现，代理商所掌握的知识是预测消费者信任的一个重要指标。

在以点对点交易为特征的共享经济中，可靠性尤为重要。巴卢斯－阿尔梅特等人（Ballús-Armet et al.，2014）调查发现，31% 的旧金山受访者倾向于从一家有信誉的公司租车，而不是选择汽车共享。先前的研究表明，可靠性会影响消费者的风险感知（Featherman et al.，2010；Olivero & Lunt，2004）。共享住宿平台作为第三方，对所有房客和房东进行筛选，有权访问房东的库存，管理租房预订，收取款项，并对房客造成的损失提供某种形式的保险（Pizam，2014）。Airbnb 平台会在房客入住 24 小时后将起付款支付给房东（Hawlitschek et al.，2016），这可以在一定程度上保护房客的财产利益，并降低他们在预订时的风险感知。

祖克尔（Zucker，1986）认为，信任关系的存在和发展应满足可靠性的预期。当消费者对在线交易社区的完整性和可靠性有信心时，信任就会产生（Wu et al.，2010）。对技术系统的信任主要取决于系统的感知功能（例如可靠性）（Thatcher et al.，2007），当涉及到共享高度亲密的资源（例如，自己的公寓）时，建立信任是平台面对的主要互动问题（Shmidt，2020）。为了增强客人和主人之间的可信度和信任度，客人、主人和在线平台应更有效地管理在线档案（Moon et al.，2018）。此外，Airbnb 的 Web 2.0 功能允许在房东和房客之间建立信任，Airbnb 的关键信任机制是允许房东和房客双向互评的在线评系统（Guttentag，2015）。基于此，提出如下假设。

假设 3a：在共享住宿中，交易平台的可靠性对房客的风险感知有负向影响。

假设 3b：在共享经济中，交易平台的可靠性对于房客对房东的信任有正向影响。

（三）设施质量

在住宿行业，设施质量通常被视为影响整体服务质量的重要因素。酒店业服务质量衡量研究中将有形资产作为服务质量的一个重要方面：LODGSERV（Knutson et al.，1990）、LODGQUAL（Getty & Thompson，1994）、HOLSERV（Wong Ooi Mei et al.，1999）和 LQI（Getty & Getty，2003）（以上四项均为测量服务质量的量表）。先前的研究也发现，消费者在评估酒店服务质量时强调有形设施的支撑（Akbaba，2006；Albacete-Saez et al.，2007；Ladhari，2012）。有学者的研究表明，设施质量被广泛应用于东部地区和西部地区的酒店评级体系中（Su & Sun，2007）。由于住宿服务具有无形性、不可分割性、异质性和易逝性的特点，消费者往往依赖有形的线索（如设施质量）来评价服务质量并做出未来是否回访的决策（Parasuraman et al.，1985）。

提供住宿服务需要酒店客人、一线员工和设施之间进行重要的互动与接触（Lovelock & Wright，1999）。在酒店业以往的研究中发现，酒店的属性，例如干净舒适的房间、便利的位置和安全的环境，是消费者初次选择和再次回访酒店的主要标准（Ananth et al.，1992；Knutson，1988）。通过实证检验发现，客房的设施质量显著影响国际旅行者的满意度（Qu et al.，2000）。与酒店的标准化服务不同，Airbnb 等点对点住宿提供了多样化的选择，并允许定制服务（Benoit et al.，2017；Lu & Kandampully，2016）。

梅尔曼（Möhlmann，2015）着眼于衡量共享经济中的服务质量，认为汽车共享或住宿共享的用户在拥有积极的消费者服务体验后可能会再次使用该服务。古藤塔格（Guttentag，2015）认为 Airbnb 提供了居住带来的各种好处，例如，一些房客可能更喜欢居家的感觉，而不是在酒店；Airbnb 的房东可能提供当地有用的建议；Airbnb 的房客通常还可以使用实用的住宅设施，包括设备齐全的厨房、洗衣机和烘干机。普里波拉斯等人（Priporas et al.，2017）也将有形设施作为房屋环境的五个子维度之一，包括一般的房屋环境和附加设施，如花园、游泳池、阳台以及日常使用的设施。Airbnb 用户重视这些设施所带来的宾至如归的感觉（Cheng & Jin，2019）。在共享经济中，为了建立信任和降低风险感知，提高有形设施的质量非常重要。基于此，提出以下假设。

假设 4a：在共享住宿中，设施质量对房客的风险感知有负向影响。

假设 4b：在共享住宿中，设施质量对于房客对房东的信任有正向影响。

（四）价值共享

过去的研究将价值定义为"关于合乎规范的理想行为或最终状态重要性的一般信念"（Edwards & Cable，2009）。从营销的角度来看，产品或服务的供应商与消费者之间感知的价值相似性可以强化消费者关系，从而促进互惠和关系承诺（Sirdeshmukh et al.，2002）。皮亚塔萨南等人（Piyathasanan et al.，2018）认为，参与创造性过程的价值感知对消费者的知识共享意愿至关重要。价值共享的概念被定义为"合作伙伴对哪些行为、目标和政策是重要的或不重要的、合适的或不合适的、对的或错的有共同信念的程度"（Morgan & Hunt，1994）。在组织层面，价值一致性已被广泛研究（Hoffman et al.，2011；Jung & Avolio，2000），并经常被描述为个人和组织所持有价值观之间的相似性（Kristof，1996）。已有的研究强调主观契合的价值一致性，涉及个人价值观与其对组织价值观的认知之间的匹配（Kristof-Brown et al.，2005）。同样，本研究基于共享住宿业务的背景，将价值共享概念化为房东、房客和平台所持有价值观之间的感知相似性。

在组织行为的背景下，价值观一致性本质上代表着员工的偏好和目标与组织一致，促进了员工信任组织（Enz，1988）。大量关于价值观一致性和信任的研究表明，价值共享促进了关系中信任的发展（Edwards & Cable，2009；Lau et al.，2007）；此外，拥有相似价值观的人之间更容易建立和维持信任（Chen et al.，2014；Williams，2001；Yu et al.，2015）。结合关于互惠的研究，当服务公司或供应商的行为和做法减轻了关系风险时，消费者倾向于采取合作，以维持对值得信赖的服务公司或供应商的信任（Gassenheimer et al.，1998）。例如，Airbnb通过分享人们可以去满足人类普遍渴望归属的地方的价值，成为许多消费者心目中领先的点对点服务平台。基于以上认识，提出以下假设。

假设5a：在共享住宿中，价值共享对房客的风险感知有负向影响。

假设5b：在共享住宿中，价值共享对房客信任房东有正向影响。

图14-1为假设1至假设5。

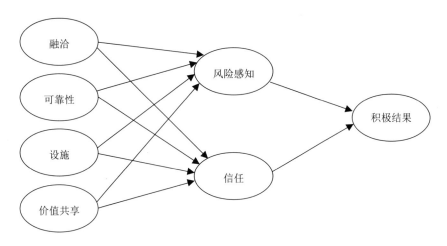

图14-1　共享住宿的信任和风险感知模型

注：融洽＝利益相关者（房东、房客和社区）之间的融洽；可靠性＝交易平台的可靠性；设施＝设施质量；风险感知＝房客的风险感知；信任＝房客对房东的信任；积极成果＝共享经济中的积极成果（房客满意度、回购和积极口碑）。

四、社会认同威胁

人们倾向于将自己与一个或几个不同的社会群体联系起来，在群体内他们可以感受到归属感，而社会群体反映了他们的自尊（Tajfel et al.，1979）。然而，当一个社会群体的积极性受到威胁时，人们会担心他们的群体形象是在哪里受到负面群体刻板印象、贬值或污名化的威胁（Martiny & Nikitin，2019）。这些担忧在社会群体研究中被称为"社会认同威胁"（Steele et al.，2002）。当人们因为负面刻板印象而面临社会认同威胁时，他们往往会回避、不认同或脱离该领域或群体（Hall et al.，2015）。因此，社会认同威胁的经历损害了受威胁者和目标群体之间的关系。

在中国文化中，社会关系或关系圈（Luo & Yeh，2012）在建立和影响信任方面发挥着关键作用（Luo，2005）。在中国的关系文化和旅游研究中，"熟人关系"（Familiar Ties，指关系比较密切）和"相识的关系"（Acquaintance Ties，相识但并不密切的关系）越来越受到关注（Chen & Peng，2008）。"熟人关系"结合了工具性动机和消费性动机，被定义为中国社会中的一种强关系类型（Luo & Yeh，2012）。在"熟人关系"下，强大的个人信任是通过"人情世故"建立起来的，即在熟悉的关系圈内频繁地互惠交流（Luo & Yeh，2012）。与"熟人关系"不同，"相识的关系"是工具性的交换关系，在这种关系下，人们是个人主义的，建立了基于计算的信任或基于认同的信任（Lewicki et al.，2006）。"相识的关系"允许理性计算个人利益，公平交换有助于双方信任的建立（Luo & Yeh，2012）。

将这种社会认同威胁和信任的概念讨论应用到当前的共享经济研究中，作者提出了以下假设：居住区中的共享住宿可能会为房客创建熟人关系，因为他们对当地居民来说是陌生人，而景区中的共享住宿可以被视为一个熟悉的关系圈，其中大多数人也是对旅游目的地有相同或相似兴趣的旅行者。中国有句俗话"远亲不如近邻"，意思是如果人们在日常生活中与邻居关系融洽，他们就可以互相照顾。也就是说，在中国的社区中，住在同一住宅区的人倾向于发展和保持熟悉的关系（Guo et al.，2018）。在中国背景下，亲密的社会关系可以增加特定关系的、个性化的信任。与此同时，利益相关者之间更频繁的互动可能会强化社会联系，引发更高水平的人际关系，从而导致更高水平的信任。在这种情况下，共享住宿可能会将旅行者视为当地社区的局外人或陌生人，从而与他们建立熟人关

系。社区意识既是参与共享的驱动力，也是参与共享的结果（Albinsson &
Yasanthi Perera，2012）。另一方面，在景区中，当地社区一般比较分散，
大部分人都是有着共同兴趣爱好的旅行者，这样的共享住宿更有可能建立
熟悉的关系。因此，在拟提出的共享住宿安全因素与信任和风险感知的关
系中，社会认同威胁起调节作用，提出以下假设。

假设 6a：社会认同威胁调节了共享群体安全因素（融洽、可靠性、
设施和价值共享）与风险感知及信任之间的关系。

假设 6b：社会认同威胁调节了风险感知及信任与积极结果之间的
关系。

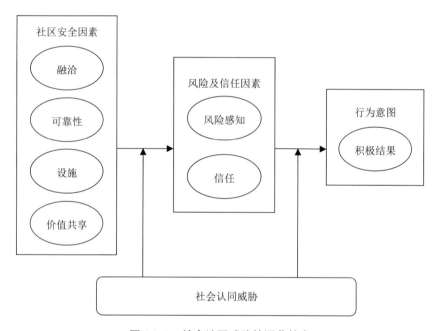

图 14-2　社会认同威胁的调节效应

注：融洽 = 利益相关者（房东、房客和社区）之间的融洽；可靠性 = 交易平台的可靠性；
设施 = 设施质量；风险感知 = 房客的风险感知；信任 = 房客对房东的信任；积极成果 = 共享经
济中的积极成果（房客满意度、回购和积极口碑）。

第三节　研究方法

一、数据收集

本研究的调查样本为在小猪民宿上购买和消费过共享经济服务的1500 名房客。因点对点住宿服务可以作为共享经济业务的主要代表之一（Möhlmann，2015），故本研究以此作为数据收集的主要背景符合研究目的。

数据收集采用便利抽样的方法，于 2017 年 9 月和 10 月进行，在两名经验丰富的研究人员和 16 名研究生的协助下，于线上和线下分发问卷，在中国提供共享经济服务的主要地区收集，包括城市和农村地区。

经过数据筛选后，共有 1366 份有效分析样本，问卷回收率 91%。样本中女性受访者占 52%，男性受访者占 48%。大多数受访者（45%）的年龄在 25 岁至 34 岁之间，34% 的人年龄在 18 岁至 24 岁之间，这表明年轻人是目前共享住宿服务的主要消费者。在受访者中，51% 的人是单身，52% 的人为学士学位，大多数受访者（31%）的年收入在 1.2 万美元至2 万美元之间。在职业分布上，受访者包括学生、公司职员、医生、政府职员和教师等。受访者还报告了他们的兴趣爱好、习惯、世界观、政治观和金钱观等。

二、测量

本研究所使用的量表主要借鉴现有文献，由于研究主题较新，研究特以共享经济的消费者为对象，辅以焦点小组访谈，以帮助开发测量工具。如表 14-1 所示，利益相关者（房客、房东和社区）之间的融洽关系通过4 个题项测量，例如"房东乐于分享和提供帮助"；交易平台的可靠性通过 4 个题项测量，例如"我总能从共享经济平台上获得帮助"；设施质量通过 3 个题项测量，例如"共享住宿的设备干净整洁"；价值共享通过 3个题项测量，例如"我与房东共享相同的价值体系"；房客的风险感知和对房东的信任分别通过 3 个题项测量；共享经济中的积极结果（房客满意度、回购和积极口碑）通过 3 个题项测量，包括"我对整体体验感到满意""我想向我的朋友和亲戚推荐这项共享住宿服务"和"如果将来有机会，我会再访共享住宿"。

问卷主要由三个部分组成：第一部分向参与者介绍了研究目的和共享

经济的概念，并要求报告他们最近使用共享经济住宿服务的体验。第二部分要求参与者回忆他们的经历，并报告对测量题项的回答。第三部分要求参与者提供他们的人口统计信息，包括年龄、性别、种族、收入、婚姻状况等。

关于测量量表的表面效度（Face Validity）和内容效度（Content Validity），我们邀请由共享经济和营销专家组成的小组对问卷进行了审查和评估，以确保它是合适的。此外，我们邀请了 150 名共享经济消费者来评估测量条目的可读性。首先，受访者被告知每个核心概念的定义（例如，融洽、风险、信任等），然后要求他们匹配与每个构念相关的问题（测量条目）。通过专家和嘉宾的评估，本研究的测量量表不存在内容有效性问题。

表 14-1　构念的测量条目

构　念	测　量　条　目	来　源
融洽＝利益相关者之间的融洽关系（房客、房东和社区）	1. 房东对当地设施很了解	Yim 等 人（2008）；焦点小组访谈
	2. 房东很高兴与大家分享并提供帮助	
	3. 社区居民对房客很热情	
	4. 房东提供了我需要的帮助	
可靠性＝交易平台的可靠性	1. 我总能从共享经济平台上获得帮助	Hung 等 人（2011）；焦点小组访谈
	2. 共享经济平台有完善的政策和指南	
	3. 当我有问题时，共享经济平台可以提供支持	
	4. 共享经济平台声誉良好	
设施＝设施质量	1. 现场设施提供了我需要的所有设备	焦点小组访谈
	2. 共享经济住宿的设备干净整洁	
	3. 设施中的食物供应是干净的	
价值＝价值共享	1. 我与房东共享相同的价值体系	焦点小组访谈
	2. 我与房东背景相似	
	3. 我和房东有相同的观点	
风险＝风险感知	1. 我觉得住在共享住宿很安全	焦点小组访谈
	2. 共享住宿保护了我的生命和财产安全	
	3. 共享住宿的私密性好	
信任＝房客对房东的信任	1. 房东值得信任	Hung 等 人（2011）；焦点小组访谈
	2. 我信任房东	
	3. 我信任房东提供的服务	

续表

构　念	测　量　条　目	来　源
结果=积极结果（房客满意度、回购和积极口碑）	1. 我对整体体验感到满意	Gremler 和 Gwinner（2000）；焦点小组访谈
	2. 我想向我的朋友和亲戚推荐这项共享住宿服务	
	3. 以后有机会我会重新订购共享住宿	

三、数据分析

本研究使用 SPSS 22 版本进行数据分析。采用 Q-Q 图来检验正态性假设，结果表明数据集呈正态分布；使用 SPSS 和 AMOS 22.0 进行验证性因子分析，以检验区分效度和收敛效度，经 Cronbach's alpha 测量量表的信度，检验各构念效度后进行结构方程建模以检验所提出的模型，报告了路径系数和模型拟合指数。

第四节　研究结果

一、量表效度和信度

本研究通过验证性因子分析对提出的理论模型进行评估，以确保其信效度。所有变量的 Cronbach's alpha 值均在 0.85 以上，大于 0.70，表明量表具有良好的信度（Chen & Hitt，2002）。如表 14-2 所示，AVE 值（平均提取方差）介于 0.66~0.78 之间，表明量表具有良好的收敛效度。区分效度可通过对比 AVE 平方根与相关关系值进行检验，本研究中，AVE 平方根大于相关系数值，说明区分效度良好。拟合优度测量用于评估理论模型整体的拟合度。本研究的模型（$x^2/df = 1.88$；$CFI = 0.99$；$GFI = 0.98$；$AGFI = 0.97$；$RMSEA = 0.03$；$RMR = 0.01$）具有理想的数据拟合效果，各项拟合指数均在可接受范围之内。

表 14-2　验证性因子分析结果

构念	CR	AVE	MSV	MaxR(H)	可靠性	融洽	设施	价值共享	信任	结果	风险
可靠性	0.916	0.732	0.573	0.917	0.856						
融洽	0.909	0.667	0.666	0.955	0.719	0.817					

续表

构念	CR	AVE	MSV	MaxR (H)	可靠性	融洽	设施	价值共享	信任	结果	风险
设施	0.869	0.688	0.666	0.965	0.710	0.816	0.829				
价值共享	0.912	0.774	0.616	0.974	0.748	0.785	0.720	0.880			
信任	0.913	0.778	0.638	0.980	0.699	0.799	0.784	0.732	0.882		
结果	0.891	0.731	0.635	0.983	0.757	0.797	0.786	0.744	0.774	0.855	
风险	0.906	0.762	0.666	0.985	0.701	0.716	0.816	0.735	0.739	0.703	0.873

二、结构方程模型

结构方程模型（SEM）用于检验所提出的模型，样本为 1366 名参与者。该模型的总体拟合指数（x^2/df = 2.98；CFI = 0.99；GFI = 0.96；AGFI = 0.95；RMSEA = 0.04；PCLOSE = 1.00）在可接受的范围之内。结果表明，利益相关者（房客、房东、社区）之间的融洽关系（简称融洽关系）和房客的风险感知（简称风险）显著负相关（β = –0.31，p < 0.001），支持 H1a；融洽关系与房客对房东的信任（简称信任）显著正相关（β = 0.69，p < 0.001），支持 H1b。交易平台的可靠性（简称可靠性）对风险有显著影响（β = –0.12，p < 0.01），但对信任无显著影响（β = 0.01，p > 0.05），因此支持 H2a，不支持 H2b。此外，设施质量（简称设施）与风险（β = –0.68，p < 0.001）显著负相关，与信任（β = 0.14，p < 0.05）显著正相关，从而支持 H3a 和 H3b。价值共享与风险（β = –0.22，p < 0.001）显著负相关，与信任（β = 0.27，p < 0.001）显著正相关，支持 H4a 和 H4b。最后，风险（β = –0.14，p < 0.001）和信任（β = 0.72，p < 0.001）与积极结果（房客满意度、回购和积极口碑）显著相关，因此支持 H5a 和 H5b。

此外，本研究在检验模型的过程中加入了控制变量（即年龄和性别），以检测结果中的异质性偏差。结果表明，模型中控制变量与因变量之间没有显著关系（p > 0.05）。因此，本研究不存在明显的异质性问题。

此外，本研究采用 Harman 单因素检验（Chang et al., 2010）来检验可能出现的共同方法偏差，最大方差解释为 30.12%，表明不存在共同方法偏差问题（Podsakoff & Organ, 1986）。

三、分组比较

为了丰富对共享经济中的信任和风险决定因素的理解，本研究进一步在两种点对点住宿类型（即景区与住宅区）下对模型进行了多组比较分析。表14-3描述了四个共享住宿地点的假设检验的比较结果。具体而言，当点对点住宿位于景区时，提出的四个因素中除了融洽关系对信任有显著影响而对风险没有显著影响之外，其他三个因素（可靠性、设施和价值共享）对信任和风险都有显著影响；此外，信任在影响积极结果中起着至关重要的作用，而风险对积极结果并无显著影响。当共享住宿位于住宅区时，只有价值对信任和风险均有显著影响，从而产生积极结果；其他因素，例如设施和融洽关系，分别对风险和信任有显著影响，可靠性对风险和信任无显著影响。

表14-3 共享住宿地点的比较结果（景区与住宅区的比较）

	景区	住宅区
路径	路径系数	路径系数
风险←融洽	−0.114	−0.148
风险←可靠性	−0.210***	−0.161
风险←设施	−0.803***	−0.997***
风险←价值	−0.150**	−0.344***
信任←融洽	0.528***	0.654***
信任←可靠性	0.097*	−0.066
信任←设施	0.237***	0.156
信任←价值	0.173***	0.277***
结果←信任	0.832***	0.754***
结果←风险	0.022	−0.162**

注：*p < 0.05；**p < 0.01；***p < 0.001

四、稳健性检验

研究使用普通最小二乘法（OLS）进行稳健性检验（Kiefer et al., 2000）（见表14-4）。模型1包括四个外生变量（即融洽关系、可靠性、设施和价值共享）对内生变量风险的主要影响；模型2包括四个外生变量（即融洽关系、可靠性、设施和价值共享）对内生变量信任的主要影响；分层回归（Ha & Jang，2009）用于检验调节效应；模型3包括内生变量风险感知的交互作用；模型4考虑了内生变量信任的交互作用。每个模型中都包含了控制变量。如表14-4所示，测试结果与结构方程模型的检验结果一致，从而证实了假设检验结果的稳健性。

表14-4　稳健性检验结果

变量	模型 1	模型 2	模型 3	模型 4
主效应				
融洽	−0.30***	0.69***	−0.31***	0.68***
可靠性	−0.11**	0.01	−0.13**	0.01
设施	−0.67***	0.16*	−0.65***	0.16*
价值共享	−0.21***	0.26***	−0.22***	0.25***
交互效应				
融洽 × 位置			−0.010	0.09***
可靠性 × 位置			−0.08***	0.07**
设施 × 位置			−0.06*	0.06*
价值共享 × 位置			−0.09**	0.09**
控制变量				
性别	−0.02	−0.03	−0.03	−0.03
年龄	0.12	0.12	0.12	0.12
样本数	1366	1366	1366	1366
R^2	0.66	0.68	0.66	0.66

注：*$p < 0.05$；**$p < 0.01$；***$p < 0.001$

第五节　结论与讨论

本研究提出并评估了共享经济中消费者信任和风险感知的模型。通过对1366名购买和消费共享住宿服务的房客进行定量研究，研究结果确定了四个因素，即利益相关者（房客、房东和社区）之间的融洽关系、交易平台的可靠性、设施质量和价值共享对房客风险感知可能产生的影响，并最终带来多重积极结果（房客满意度、回购和积极口碑）。此外，研究发现融洽关系、设施质量和价值共享对房客信任有显著影响，然而交易平台的可靠性与房客对房东的信任没有显著关系。值得注意的是，当前研究结果中的可靠性和设施质量（主观评估）与行业报告（客观评估）一致（参见 iResearch，2017；Woniuzhiwo，2019）。因此，研究结果增强了实践价值，并为共享经济从业者提供了宝贵启示。

此外，本研究表明，与其他因素（交易平台的可靠性和设施质量）相比，利益相关者之间的融洽关系和价值共享对房客对房东的信任有更大的影响。这一发现可能表明，在房客和房东之间保持一致的态度和信念受到房客的高度重视，并将显著增加房客对房东的信任。同时，当房客与房东和社区居民保持良好的关系时，他们可能会认为房东更值得信赖。结合研究结果，要降低房客的风险感知，设施质量是最关键的因素，原因可能包括：（1）共享住宿服务的交易平台通常是第三方，与房东没有直接关系，因此房客不一定连接交易平台和房东。这一假设与现有文献一致（Benoit et al.，2017；Lu & Kandampully，2016；Möhlmann，2015）；（2）一些文献（Dyer & Chu，2000；Granovetter，1985）声称，当社会关系建立和个人之间的人际互动发生时，信任就会出现。共享经济交易平台为消费者参与交易提供了必要的支撑条件，但在大多数情况下，服务供应商并没有在这个过程中发挥作用。因此，消费者不会通过与交易平台互动来对服务供应商产生信任。

进一步分析景区和住宅区的风险感知和信任，揭示了中国的"熟人社会"（Acquaintance Society）和"陌生人社会"（Society of Strangers）现象。信任在景区和住宅区都是积极结果的重要预测因素，而风险感知只在住宅区是一个重要指标。在住宅区，当地人形成了彼此认同"这是自己人"的熟人社会，强调了"内部行为机制"的重要性（Song，2009）。作为熟人社会的陌生人，房客可能会被当地人视为边缘人、入侵者或当地人的负担而导致不受欢迎。因此，由于当地人的排斥，房客可能会增加不安全感，从而减少积极成果。然而，在景区，由于旅游业的发展，群体界限变得模糊不清，像房客这样的陌生人受到欢迎并被纳入当地社区。因此，房客不太可能感知到风险或将风险与满意度联系起来。

随着对共享住宿业务中房客信任和风险感知的丰富发现，本研究为共享经济学术界和从业人员提供了很多有价值的启示。

一、理论贡献

本研究采用定量研究方法检验共享住宿背景下的房客信任和风险感知模型。具体而言，研究揭示了多个利益相关者之间的融洽关系、交易平台的可靠性、设施质量和价值共享与房客信任和风险感知的关系，研究结果为房客信任和风险感知的前因后果的相关文献提供了实证支持。

此外，之前有关融洽关系的研究主要集中在工作场所和零售环境中（例如，Gremler & Gwinner，2000；2008）。本研究可能是检验共享经济范式中的融洽关系及其与消费者信任和风险感知的关系的开创性研究之一。融洽强调个人和社区之间的互动和联系（Rotman et al.，2009），与大型社区（即景区）中较弱的人际联系相比，小型网络（即住宅区）中相对较强人际关系背景下的融洽关系与更高的信任相关联。随着情感亲密度和人际联系的增加，这种融洽会带来更高的信任。本研究将融洽关系与新兴P2P业务下的消费者信任和风险感知联系起来，丰富了关于信任和社会互动的理论研究（Falk & Fischbacher，2006；Lin，2002）。

此外，尽管越来越多的研究关注共享经济主题，但关于共享住宿中消费者信任和风险感知的研究仍然很少。本研究发现，交易平台的可靠性和现场设施质量在降低消费者对共享经济服务的风险感知方面发挥着关键作用。这些发现可以为信息安全和在线门户设计领域的学者提供一些新的观点（Casais et al.，2020；Kim et al.，2008；Luo et al.，2010），以降低消费者对共享经济的风险感知。同时，设施质量也增强了消费者对服务提供者的信任，这与服务管理理论中的服务线索（Hartline & Jones，1996）和服务场景模型（Reimer & Kuehn，2005）相呼应。

最后，本研究检验了消费者和服务供应商之间的价值共享在消费者信任和风险感知中的作用。之前的研究已经在品牌和零售领域对价值共享进行了检验和研究（Chen et al.，2014；Edwards & Cable，2009）。本研究发现，价值共享增强了房客信任，同时降低了风险感知，这为现有文献提供了理论补充。特别是，价值共享比交易平台的设施质量和可靠性对房客信任的影响更大，这与皮亚塔萨南等人（Piyathasanan et al.，2018）关于知识共享意图在创造性过程参与中的重要性研究相呼应。本研究的发现为这一观点和相关论点提供了实证支持，强调了价值共享的作用。

二、实践贡献

本研究提出并评估了共享住宿服务下消费者信任和风险感知模型，研究结果确定了影响房客风险感知的四个关键因素，包括房客、房东和社区之间的融洽关系，交易平台的可靠性，设施质量和价值共享。研究发现，除了交易平台的可靠性，房客信任受到房客、房东和社区之间的融洽关系，设施质量和价值共享的影响。研究中发现的房客信任和风险感知的积极结果包括房客满意度、回购和积极的口碑。研究结果表明，信任是住宅区和景区内共享住宿房客积极响应的关键指标，而风险感知仅与住宅区的积极结果相关，这可能与当前越来越多的游客选择留在居住地住宿导致过度旅游的问题有关（Seraphin et al.，2018）。这可能会导致严重的社会问题，因为游客可能会察觉到社会认同威胁，与居民发生一些不愉快的经历。

这些发现为从业人员提供了有价值的启示。例如，减少消费者风险感知的实践应包括：第一，增强消费者、供应商和社区之间的融洽关系；第二，建立可靠的交易平台；第三，提高现场设施质量；第四，增加消费者和服务供应商之间的价值共享。例如，汽车共享平台 Turo 在每次旅行中提供全天候路边援助和紧急支持。这种做法传达了一个信息，即消费者可以随时依赖 Turo 的在线平台，为了增加信任，服务供应商应促进与消费者和社区的融洽关系，提高现场设施的质量，并与消费者交流共享价值；Airbnb 解决了设施的清洁问题，并对缺乏电力或自来水的情况进行了信息披露，以确保可居住的生活空间；美团更是发起了企业社会责任倡议和24 小时直接交付，为担心新型冠状病毒感染的消费者提供支持。

三、局限性及未来研究方向

本研究也存在一定的局限性。第一，本研究的样本基于一个国家的有限受访者，而不是多个国家和地区，未来的研究可以从东西方不同的国家和地区收集数据，以提高研究结果的普遍性。第二，尽管这项研究包括了关于多个利益相关者互动的问题，但是大部分的测量都集中在房客（消费者）的感知上，建议未来的研究从房东（服务供应商）的角度研究风险和信任模型，以更好地了解他们在共享住宿（共享经济）中的信任和风险问题。第三，本研究采用受访者自我报告的方式，受访者在填写调查内容时，可能会受到当时的情绪或其他条件的影响，未来研究可以采用其他方法来检验模型。第四，调查问卷是受访者基于实际体验后的事后感知，未来的研究可以采用实验设计。第五，本研究确定了与房客信任和风险感知相关的四个因素，未来可以探索更多的因素，特别是从房东、社区甚至整个社会的角度。第六，本研究只考虑了房客、房东和社区居民之间的互动关系，没有包括共享住宿中房客和其他房客之间的互动，建议未来研究涵盖消费者和其他消费者之间的相互联系，以加深对共享机制的理解。第七，本研究只调查了一个共享经济住宿平台上的房客，而没有包括多个共享经济平台以增加样本的代表性，因此，未来的研究应采用随机抽样的方法，并纳入全面的交易平台范围，以增强研究结果的普遍性。第八，鉴于上述配套市场缺乏成熟的法规和政策，应进一步解决共享经济住宿的"黑暗面"，这一观点可以与犯罪研究（Xu et al.，2019）相结合，这是住宿管理领域的一个新兴话题。第九，本研究中对交易平台可靠性和设施质量的衡量是主观的，而不是客观的，虽然在研究中对相关结果与客观的行业报告进行了比较，但在研究中仍有更好的方法可以直接客观的测量，因此，建议未来的研究者在模型测试中对构念（交易平台可靠性和设施质量）采用更加客观的测量标准。第十，由于本研究的数据集属于横截面数据集，要证明所提出结构模型中的因果关系是十分具有挑战性的，在未来研究中建议通过实验或时间序列数据集来进一步验证因果关系模型。第十一，本研究中融洽关系的测量项目更强调房东与房客之间的相互关系，而不是房客与当地社区之间的相互关系，因此，未来的研究应该进一步探索大型社区中的消费者融洽关系。

参考文献

Acquier, A., Daudigeos, T., & Pinkse, J., 2017: "Promises and paradoxes of the sharing economy: An organizing framework", *Technological Forecasting and Social Change*, 125: 1–10.

Adamiak, C., 2018: "Mapping Airbnb supply in European cities", *Annals of Tourism Research*, 71: 67–71.

Agag, G., & Eid, R., 2019: "Examining the antecedents and consequences of trust in the context of peer–to–peer accommodation", *International Journal of Hospitality Management*, 81: 180–192.

Airbnb. How the Airbnb Community Supports Environmentally Friendly Travel Worldwide [EB/OL]. (2018–04–19) [2023–05–10]. https://news.airbnb.com/how–the–airbnb–community–supports–environmentally–friendly–travel–worldwide.html.

Airbnb. 智能定价 [EB/OL]. [2023–05–10]. https://www.airbnb.cn/help/article/1168.

Airbnb. 2020 年中国房东社区报告 [EB/OL]. (2021–01–21) [2022–11–22]. http://www.199it.com/archives/1194773.html .

Airbnb. Airbnb Financial Report [EB/OL]. (2022–02–15) [2022–11–22]. https://investors.airbnb.com.

Airbnb. 爱彼迎邀你住进全世界 . [EB/OL]. [2022–11–22]. https://www.airbnb.cn/d/liveanywhere.

Airbnb. 为什么要争取获得超赞房东身份 [EB/OL]. (2021–05–13) [2022–10–22]. https://www.airbnb.cn/resources/hosting–homes/a/why–strive–for–superhost–status–50.

Airbnb. 在当地社区中建立信任感 [EB/OL]. (2021–07–23) [2022–10–22]. https://www.airbnb.cn/resources/hosting–homes/a/building–trust–in–our–local–communities–126.

Airbnb. *Lighthouse* 项目 : 发现和打击爱彼迎平台上发生的歧视行为 (2022 年更新) [EB/OL]. [2022–11–22]. https://www.airbnb.cn/against–discrimination?_set_bev_on_new_domain=1615878663_MDM4NjRlNmNiOTJi.

Airbnb. 爱彼迎的搜索机制 [EB/OL]. (2022–11–21) [2022–11–22]. https://

www.airbnb.cn/resources/hosting–homes/a/how–airbnb–search–works–460.

Airbnb. 超赞房东 : 对最佳待客之道的认可 [EB/OL]. [2022–11–03]. https:// www.airbnb.cn/d/superhost.

Airbnb. 如果入住时发现缺少一些东西或者房源不像我预期的那样 , 我该怎 么办 [EB/OL]. [2022–10–11]. https://www.airbnb.cn/help/article/248.

Airbnb. 如 何 成 为 房 东 / 体 验 达 人 ?[EB/OL]. [2022–10–11]. https://www. airbnb.cn/help/article/18#section–heading–3–0.

Akbaba, A., 2006: "Measuring service quality in the hotel industry: A study in a business hotel in Turkey", *International Journal of Hospitality Management*, 25(2): 170–192.

Akhmedova, A., Vila–Brunet, N., & Mas–Machuca, M., 2021: "Building trust in sharing economy platforms: Trust antecedents and their configurations", *Internet Research*, 31(4): 1463–1490.

Albacete–Saez, C. A., Fuentes–Fuentes, M. M., & Lloréns–Montes, F. J., 2007: "Service quality measurement in rural accommodation", *Annals of Tourism Research*, 34(1): 45–65.

Albinsson, P. A., & Yasanthi Perera, B., 2012: "Alternative marketplaces in the 21st century: Building community through sharing events", *Journal of Consumer Behaviour*, 11(4): 303–315.

Ali, M., & Raza, S. A., 2017: "Service quality perception and customer satisfaction in Islamic banks of Pakistan: the modified SERVQUAL model", *Total Quality Management & Business Excellence*, 28(5–6): 559–577.

Alnsour, M. S., Tayeh, B. A., & Alzyadat, M. A., 2014: "Using SERVQUAL to assess the quality of service provided by Jordanian telecommunications sector", *International Journal of Commerce and Management*, 24(3): 209–218.

Aloisi, A., 2016: "Commoditized workers. Case study research on labor law issues arising from a set of 'on–demand/gig economy' platforms", *Comparative Labor Law & Policy Journal*, 37(3): 653–690.

Aminudin, N., 2013: "Corporate social responsibility and employee retention of 'green'hotels", *Procedia-Social and Behavioral Sciences*, 105: 763–771.

Ananth, M., DeMicco, F. J., Moreo, P. J., & Howey, R. M., 1992: "Marketplace lodging needs of mature travelers", *Cornell Hotel and Restaurant Administration Quarterly*, 33(4): 12–24.

Angmalisang, S. I., 2021: "The measurement of service quality at Linow lake tourist attraction using servqual method", *International Journal of Tourism and Hospitality in Asia Pasific*, 4(2): 1–12.

Arndt, J., 1967: "Role of product–related conversations in the diffusion of a new product", *Journal of Marketing Research*, 4(3): 291–295.

Arvanitidis, P., Economou, A., Grigoriou, G., & Kollias, C., 2022: " Trust in peers or in the institution? A decomposition analysis of Airbnb listings' pricing", *Current Issues in Tourism,* 25(21): 3500–3517.

Ashkenas, R., Dave, U., Todd, J., & Steve, K., 1999: "The boundaryless organization: Breaking the chains of organizational structure", *The Jossey-Bass Management Series*.

Ashok, M., Madan, R., Joha, A., & Sivarajah, U., 2022: "Ethical framework for artificial intelligence and digital technologies", *International Journal of Information Management*, 62: 102433.

Associate Press. Uber driver was outside vehicle when he fatally shot passenger: Prosecutors [EB/OL]. (2018–09–29) [2022–10–15]. https://nypost. com/2018/09/29/uber–driver–was–outside–vehicle–when–he–fatally–shot–passenger–prosecutors/.

Athanasopoulou, P., & Giovanis, A., 2015: "Modelling the effect of respect and rapport on relationship quality and customer loyalty in high credence services", *Journal of Customer Behaviour*, 14(4): 331–351.

Bai, G., & Velamuri, S.R., 2021: "Contextualizing the sharing economy", *Journal of Management Studies*, 58(4): 977–1001.

Balaji, M. S., Jiang, Y., Roy, S. K., & Lee, J., 2022: "To or not to adopt P2P accommodation: The traveler's ethical decision–making", *International Journal of Hospitality Management*, 100: 103085.

Balasubramanian, S., & Mahajan, V., 2001: "The Economic Leverage of the Virtual Community", *International Journal of Electronic Commerce*, 5(3): 103–138.

Ballús–Armet, I., Shaheen, S. A., Clonts, K., & Weinzimmer, D. 2014: "Peer–to–peer carsharing: Exploring public perception and market characteristics in the San Francisco Bay area, California", *Transportation Research Record*, 2416(1): 27–36.

Bansal, H. S., & Voyer, P. A., 2000: "Word–of–mouth processes within a services purchase decision context", *Journal of Service Research*, 3(2): 166–177.

Bardhi, F., & Eckhardt, G. M., 2012: "Access–based consumption: The case of car sharing", *Journal of Consumer Research*, 39(4): 881–898.

Barnes, S. J., 2021: "Understanding the overvaluation of facial trustworthiness in Airbnb host images", *International Journal of Information Management*, 56: 102265.

Bashir, M., & Verma, R., 2016: "Airbnb disruptive business model innovation: Assessing the impact on hotel industry", *International Journal of Applied Business and Economic Research*, 14(4): 2595–2604.

Bauer, R., 1967: "Consumer behavior as risk taking", In Cox, D. (Ed.), *Risk Taking and Information Handling in Consumer Behavior*, Cambridge, MA: Harvard University Press: 389–398.

Baumber, A., Schweinsberg, S., Scerri, M., Kaya, E., & Sajib, S., 2021: "Sharing begins at home: A social licence framework for home sharing practices", *Annals of Tourism Research*, 91: 103293.

Belk, R., 2007: "Why not share rather than own?", *The Annals of the American Academy of Political and Social Science*, 611(1): 126–140.

Belk, R., 2010: "Sharing", *Journal of Consumer Research*, 36(5): 715–734.

Belk, R., 2014: "You are what you can access: Sharing and collaborative consumption online", *Journal of Business Research*, 67(8): 1595–1600.

Belk, R., & Llamas, R., 2012: "The nature and effects of sharing in consumer behavior", In Mick, D. G., Pettigrew, S., Pechmann, C., & Ozanne, J. L.(Eds.), *Transformative Consumer Research for Personal and Collective Well-being*, New York: Routledge, 625–646.

Benítez–Aurioles, B., 2018: "Why are flexible booking policies priced negatively?", *Tourism Management*, 67: 312–325.

Benoit, S., Baker, T. L., Bolton, R. N., Gruber, T., & Kandampully, J., 2017: "A triadic framework for collaborative consumption (CC): Motives, activities and resources and capabilities of actors", *Journal of Business Research*, 79: 219–227.

Berg, K. T., & Feldner, S., 2017: "Analyzing the intersection of transparency, issue management and ethics: The case of big soda", *Journal of Media Ethics*, 32(3): 154–167.

Bernieri, F. J., Gillis, J. S., Davis, J. M., & Grahe, J. E., 1996: "Dyad rapport and the accuracy of its judgment across situations: A lens model analysis", *Journal of Personality and Social Psychology*, 71(1): 110–129.

Bi, J.-W., Liu, Y., Fan, Z.-P., & Zhang, J., 2019: "Wisdom of crowds: Conducting importance–performance analysis (IPA) through online reviews", *Tourism Management*, 70: 460–478.

Black, J., 1985: *The British and the Grand Tour*, New York, NY: Routledge.

Böckmann, M., 2013: *The Shared Economy: It Is Time to Start Caring About Sharing; Value Creating Factors in the Shared Economy*, A bachelor's dissertation at the University of Twente, the Netherlands.

Bodea, T., & Ferguson, M., 2014: *Segmentation, Revenue Management and Pricing Analytics*, New York, ON: Routledge.

Bolton, G. E., Katok, E., & Ockenfels, A., 2004: "Trust among Internet traders: A behavioral economics approach", *Analyse & Kritik*, 26(1): 185–202.

Bonsón Ponte, E., Carvajal-Trujillo, E., & Escobar-Rodríguez, T., 2015: "Influence of trust and perceived value on the intention to purchase travel online: Integrating the effects of assurance on trust antecedents", *Tourism Management*, 47: 286–302.

Botsman, R., & Rogers, R., 2010: *What's Mine Is Yours: The Rise of Collaborative Consumption*, New York, NY: Harper Business.

Bowen, H. R., 1953, *Social Responsibility of Businessman*, New York: Harper & Row.

Brabham, D. C., 2008: "Crowdsourcing as a model for problem solving: An introduction and cases", *Convergence the International Journal of Research Into New Media Technologies*, 14(1): 75–90.

Brabham, D. C., 2010: "Moving the crowd at threadless: Motivations for participation in a crowdsourcing application", *Information Communication & Society*, 13(8): 1122–1145.

Braje, I. N., Pechurina, A., Bıçakcıoğlu-Peynirci, N., Miguel, C., Alonso-Almeida, M.d.M., & Giglio, C., 2022: "The changing determinants of tourists' repurchase intention: The case of short-term rentals during the COVID-19 pandemic", *International Journal of Contemporary Hospitality Management*, 34(1): 159–183.

Bremser, K., & Wüst, K., 2021: "Money or love–Why do people share properties on Airbnb?", *Journal of Hospitality and Tourism Management*, 48: 3–31.

Bresciani, S., Ferraris, A., Santoro, G., Premazzi, K., Quaglia, R., Yahiaoui, D., & Viglia, G., 2021: "The seven lives of Airbnb. The role of accommodation types", *Annals of Tourism Research*, 88: 103170.

Bucher, E., Fieseler, C., & Lutz, C., 2016: "What's mine is yours (for a nominal fee)–Exploring the spectrum of utilitarian to altruistic motives for Internet-mediated sharing", *Computers in Human Behavior*, 62: 316–326.

Burke, T., Hancock, L., & Newton, P., 1984: "A roof over their Heads: Housing and the family in Australia", Melbourne: Institute of Family Studies.

Cai, Y., Zhou, Y., Ma, J., & Scott, N., 2019: "Price determinants of Airbnb listings: Evidence from Hong Kong", *Tourism Analysis*, 24(2): 227–242.

Cannon, S., & Summers, L. H., 2014: "How uber and the sharing economy can win over regulators ", *Harvard Business Review*, 13(10): 24–28.

Carey, J. C., Dinah, L. H., & Garth, S., 1986: "Development of an instrument to measure rapport between college roommates", *Journal of College Student Personnel*, 27: 269–273.

Carroll, A. B., 1979: " A three–dimensional conceptual model of corporate social performance", *Academy of Management Review*, 4 (4): 497–505.

Carroll, A. B., 1991: "The pyramid of corporate social responsibility: Toward the moral management of organizational stakeholders", *Business horizons*, 34(4): 39–48.

Carroll, A. B., & Shabana, K. M., 2010: "The business case for corporate social responsibility: A review of concepts, research and practice", *International journal of management reviews*, 12(1): 85–105.

Casais, B., Fernandes, J., & Sarmento, M., 2020: "Tourism innovation through relationship marketing and value co–creation: A study on peer–to–peer online platforms for sharing accommodation", *Journal of Hospitality and Tourism Management*, 42: 51–57.

Casaló, L. V., Flavián, C., Guinalíu, M., & Ekinci, Y., 2015: "Avoiding the dark side of positive online consumer reviews: Enhancing reviews' usefulness for high risk–averse travelers", *Journal of Business Research*, 68(9): 1829–1835.

Casamatta, G., Giannoni, S., Brunstein, D., & Jouve, J., 2022: "Host type and pricing on Airbnb: Seasonality and perceived market power", *Tourism Management*, 88: 104433.

Chang, S., van Witteloostuijn, A., & Eden, L., 2010: "From the editors: Common method variance in international business research", *Journal of International Business Studies*, 41: 178–184.

Chattopadhyay, M., & Mitra, S. K., 2019: "Do airbnb host listing attributes influence room pricing homogenously?", *International Journal of Hospitality Management*, 81: 54–64.

Chen, G., Cheng, M., Edwards, D., & Xu, L., 2022: "COVID–19 pandemic exposes the vulnerability of the sharing economy: A novel accounting framework", *Journal of Sustainable Tourism*, 30(5): 1141–1158.

Chen, P. Y., & Hitt, L. M., 2002: "Measuring switching costs and the determinants of customer retention in Internet–enabled businesses: A study of the online brokerage industry", *Information systems research*, 13(3): 255–274.

Chen, S. J., Tamilmani, K., Tran, K. T., Waseem, D., & Weerakkody, V., 2022: "How privacy practices affect customer commitment in the sharing economy: A study of Airbnb through an institutional perspective", *Industrial Marketing Management*, 107: 161–175.

Chen, X. P., & Peng, S., 2008: "Guanxi dynamics: Shifts in the closeness of ties between Chinese coworkers", *Management and Organization Review*, 4(1): 63–80.

Chen, Y., & Xie, K., 2017: "Consumer valuation of Airbnb listings: A hedonic pricing approach", *International Journal of Contemporary Hospitality Management*, 29(9): 2405–2424.

Chen, Y. H., Lin, T. P.,& Yen, D. C., 2014: "How to facilitate inter–organizational knowledge sharing: The impact of trust", *Information & Management*, 51(5): 568–578.

Chen, Y., & Tussyadiah, I. P., 2021: "Service failure in peer–to–peer accommodation", *Annals of Tourism Research*, 88: 103156.

Cheng, M., & Jin, X., 2019: "What do airbnb users care about? An analysis of online review comments ", *International Journal of Hospitality Management*, 76: 58–70.

Cheng, M., & Edwards, D., 2019: "A comparative automated content analysis approach on the review of the sharing economy discourse in tourism and hospitality", *Current Issues in Tourism*, 22(1): 35–49.

Cheng, M., & Zhang, G., 2019: "When Western hosts meet Eastern guests: Airbnb hosts' experience with Chinese outbound tourists", *Annals of Tourism*

Research, 75: 288–303.

Cheng, X., Fu, S., Sun, J., Bilgihan, A., & Okumus, F., 2019: "An investigation on online reviews in sharing economy driven hospitality platforms: A viewpoint of trust", *Tourism Management*, 71: 366–377.

Cheng, X., Su, L., & Yang, B., 2020: "An investigation into sharing economy enabled ridesharing drivers' trust: A qualitative study", *Electronic Commerce Research and Applications*, 40: 100956.

Cheung, C. M. K., & Lee, M. K. O., 2012: "What drives consumers to spread electronic word of mouth in online consumer opinion platforms?", *Decision Support Systems*, 53(1): 218–225.

Cheung, M. Y., Luo, C., Sia, C. L., & Chen, H., 2009: "Credibility of electronic word-of-mouth: Informational and normative determinants of on-line consumer recommendations", *International Journal of Electronic Commerce*, 13(4): 9–38.

Chica-Olmo, J., González-Morales, J. G., & Zafra-Gómez, J. L., 2020: "Effects of location on Airbnb apartment pricing in Málaga", *Tourism Management*, 77: 103981.

Cho, S., Park, C., & Lee, F., 2022: "Homophily and peer-consumer behaviour in a peer-to-peer accommodation sharing economy platform", *Behaviour and Information Technology*, 41(2): 276–291.

Choi, T. M., Guo, S., Liu, N., & Shi, X., 2020: "Optimal pricing in on-demand-service-platform-operations with hired agents and risk-sensitive customers in the blockchain era", *European Journal of Operational Research*, 284(3): 1031–1042.

Chong, Y., Lacka, E., Boying, L., & Chan, H., 2018: "The role of social media in enhancing guanxi and perceived effectiveness of e-commerce institutional mechanisms effectiveness in online marketplace", *Information & Management*, 55(5): 621–632.

Chuah, S. H. –W., Rasoolimanesh, S. M., Aw, E. C. –X., & Tseng, M.–L., 2022: "Lord, please save me from my sins! Can CSR mitigate the negative impacts of sharing economy on consumer trust and corporate reputation?", *Tourism Management Perspectives*, 41: 100938.

Conlon, D. E., & Murray, N. M., 1996: "Customer perceptions of corporate responses to product complaints: The role of explanations", *Academy of*

Management Journal, 39(4): 1040–1056.

Constantinos–Vasilios, P., Nikolaos, S., Roya, R., & Narasimhan, V. L., 2017: "Unraveling the diverse nature of service quality in a sharing economy: A social exchange theory perspective of Airbnb accommodation", *International Journal of Contemporary Hospitality Management*, 29 (9): 2279–2301.

Constantiou, I., Marton, A., & Tuunainen, V. K., 2017: "Four models of sharing economy platforms", *MIS Quarterly Executive*, 16(4): 231–251.

Cook, J., & Wall, T., 1980: "New work attitude measures of trust, organizational commitment and personal need non–fulfilment", *Journal of Occupational Psychology*, 53(1): 39–52.

Crisafulli, B., & Singh, J., 2016: "Service guarantee as a recovery strategy: The impact of guarantee terms on perceived justice and firm motives", *Journal of Service Management*, 27(2): 117–143.

Cunningham–Parmeter, K., 2016: "From Amazon to Uber: Defining employment in the modern economy", *Boston University Law Review*, 96(5): 1673–1728.

Dann, G. M. S., 2016: "Tourist motivation an appraisal", *Annals of tourism research,* 8(2): 187–219.

Das Acevedo, D., 2016: "Regulating employment relationships in the sharing economy", *Employee Rights and Employment Policy Journal*, 20(1): 1–35.

Davis, F. D., Bagozzi, R. P., & Warshaw, P. R., 1989: "User acceptance of computer technology: A comparison of two theoretical models", *Management Science*, 35(8): 982–1003.

Davis, F. D., Bagozzi, R. P., & Warshaw, P. R., 1992: "Extrinsic and intrinsic motivation to use computers in the workplace", *Journal of Applied Social Psychology*, 22(14): 1109–1130.

Davis, K., 1960: "Can Business Afford to Ignore Social Responsibilities?", *California Management Review*, 2(3): 70–76.

Davis, K., & Blomstrom, R. L., 1966: *Business and Its Environment*, NewYork: Mc Graw–Hill, 1966.

De Grosbois, D., 2016: "Corporate social responsibility reporting in the cruise tourism industry: A performance evaluation using a new institutional theory based model", *Journal of Sustainable Tourism*, 24(2): 245–269.

De Jong, B. A., Dirks, K. T., & Gillespie, N., 2016: "Trust and team performance: A meta–analysis of main effects, moderators, and covariates", *Journal of*

Applied Psychology, 101(8): 1134–1150.

De Pelsmacker, P., Van Tilburg, S., & Holthof, C., 2018: "Digital marketing strategies, online reviews and hotel performance", *International Journal of Hospitality Management*, 72: 47–55.

Dean, D., & Suhartanto, D., 2019: "The formation of visitor behavioral intention to creative tourism: The role of push–pull motivation", *Asia Pacific Journal of Tourism Research*, 24(5): 393–403.

Deci, E. L., & Ryan, R. M., 1985: *Intrinsic Motivation and Self-determination in Human Behavior*, NY: Plenum.

Deery, M., & Jago, L., 2009: "A framework for work–life balance practices: Addressing the needs of the tourism industry", *Tourism and Hospitality Research*, 9: 97–108.

Dellarocas, C., 2003: "The digitization of word of mouth: Promise and challenges of online feedback mechanisms ", *Management Science*, 49(10): 1407–1424.

Dipietro, R. B., & Wang, Y. R., 2010: "Summary: What have we learned about the impact of technology in hospitality operations?", *Worldwide Hospitality and Tourism Themes*, 2(1): 110–111.

Dogru, T., Hanks, L., Ozdemir, O., Kizildag, M., Ampountolas, A., & Demirer, I., 2020: "Does Airbnb have a homogenous impact? Examining Airbnb's effect on hotels with different organizational structures", *International Journal of Hospitality Management*, 86: 102451.

Dong, Y., Li, M., Chen, M., & Zheng, S., 2002: "Research on intellectual property right problems of peer–to–peer networks", *The Electronic Library*, 20(2): 143–150.

Dowling, G. R., & Staelin, R., 1994: "A model of perceived risk and intended risk–handling activity", *Journal of Consumer Research*, 21(1): 119–134.

Duan, Y., Liu, T., & Mao, Z., 2022: "How online reviews and coupons affect sales and pricing: An empirical study based on e–commerce platform", *Journal of Retailing and Consumer Services*, 65: 102846.

Duggan, J., Sherman, U., Carbery, R., & McDonnell, A., 2020: "Algorithmic management and app–work in the gig economy: A research agenda for employment relations and HRM", *Human Resource Management Journal*, 30(1): 114–132.

Dyer, J. H., & Chu, W., 2000: "The determinants of trust in supplier–automaker relationships in the US, Japan and Korea", *Journal of International Business Studies*, 31(2): 259–285.

Edelman, B. G., & Geradin, D., 2016: "Efficiencies and regulatory shortcuts: How should we regulate companies like airbnb and uber?", *Stanford Technology Law Review*, 19: 293.

Edelman, B. G., Luca, M., 2014: *Digital Discrimination: The Case of Airbnb. com.. Boston*, MA: Harvard Business School.

Edwards, J. R., & Cable, D. M., 2009: "The value of value congruence", *Journal of Applied Psychology*, 94(3): 654–677.

Edwards, P. K., Jones, J. A., & Edwards, J. N., 1986: "The Social demography of shared housing", *Journal of the Australian Population Association*, 3: 130–143.

Enrique, E.-A., & Fernando, G.-L.-D.-G., 2012: "Towards an integrated crowdsourcing definition", *Journal of Information Science*, 38(2): 189–200.

Enz, C. A., 1988: "The role of value congruity in intraorganizational power", *Administrative Science Quarterly*, 33(2): 284–304.

Ert, E., & Fleischer, A., 2020: "What do Airbnb hosts reveal by posting photographs online and how does it affect their perceived trustworthiness? ", *Psychology and Marketing*, 37(5): 630–640.

Ert, E., Fleischer, A. & Magen, N., 2016: "Trust and reputation in the sharing economy: The role of personal photos in Airbnb", *Tourism Management*, 55: 62–73.

Ertuna, B., Gu, H., & Yu, L., 2022: " 'A thread connects all beads': Aligning global CSR strategy by hotel MNCs", *Tourism Management*, 91: 104520.

Estol, J., Camilleri, M. A., & Font, X., 2018: "European Union tourism policy: An institutional theory critical discourse analysis", *Tourism review*, 73(3): 421–431.

Ettlie, J. E., Tucci, C., & Gianiodis, P. T., 2017: "Trust, integrated information technology and new product success", *European Journal of Innovation Management*, 20(3): 406–427.

Falk, A., & Fischbacher, U., 2006: "A theory of reciprocity", *Games and Economic Behavior*, 54(2): 293–315.

Fan, Y. W., & Miao, Y. F., 2012: "Effect of electronic word-of-mouth on consumer purchase intention: The perspective of gender differences",

International Journal of Electronic Business Management, 10(3): 175–181.

Fang, B., Ye, Q., & Law, R., 2016: "Effect of sharing economy on tourism industry employment", *Annals of Tourism Research*, 57: 264–267.

Fang, B., Ye, Q., Kucukust, D., & Law, R., 2016: "Analysis of the perceived value of online tourism reviews: Influence of readability and reviewer characteristics", *Tourism Management*, 52: 498–506.

Fang, Y., Qureshi, I., Sun, H., McCole, P., Ramsey, E., & Lim, K. H., 2014: "Trust, satisfaction, and online repurchase intention: The moderating role of perceived effectiveness of e–commerce institutional mechanisms", *MIS Quarterly*, 38(2): 407–428.

Faranda, W. T., & Clarke, I., 2004: "Student observations of outstanding teaching: Implications for marketing educators", *Journal of Marketing Education*, 26(3): 271–281.

Farmaki, A., Miguel, C., Drotarova, M. H., Aleksic, A., Casni, A. C., & Efthymiadou, F., 2020: "Impacts of Covid-19 on peer–to–peer accommodation platforms: Host perceptions and responses", *International Journal of Hospitality Management*, 91: 02663.

Featherman, M. S., & Pavlou, P. A., 2003: "Predicting e–services adoption: A perceived risk facets perspective", *International Journal of Human-Computer Studies*, 59(4): 451–474.

Featherman, M. S., Miyazaki, A. D., & Sprott, D. E., 2010: "Reducing online privacy risk to facilitate e–service adoption: The influence of perceived ease of use and corporate credibility", *Journal of Services Marketing*, 24(3): 219–229.

Fehr, E., 2009: "On the economics and biology of trust", *Journal of the European Economic Association*, 7(2–3): 235–266.

Felson, M., & Spaeth, J. L., 1978: "Community structure and collaborative consumption: A routine activity approach", *American Behavioral Scientist*, 21(4): 614–624.

Fitch, H. G., 1976: "Achieving corporate social responsibility", *Academy of Management Review*, 29(1): 99–114.

Fitzsimmons, J. A., & Fitzsimmons, M. J., 1994: *Service Management for Competitive Advantage*, New York: McGraw–Hill.

Fleming, P., Rhodes, C., & Yu, K.–H., 2019: "On why Uber has not taken over the world", *Economy and Society*, 48(4): 488–509.

Forbes China. 以下是 Rent The Runway 联合创始人在这家服装租赁公司上市后的身家 [EB/OL]. (2021–10–28) [2022–10–17]. https://www.forbeschina.com/technology/ 58044

Forman, C., Ghose, A., & Wiesenfeld, B., 2008: "Examining the relationship between reviews and sales: The role of reviewer identity disclosure in electronic markets", *Information Systems Research*, 19(3): 291–313.

Fornell, C., & Wernerfelt, B., 1988: "A model for customer complaint management", *Marketing Science*, 7(3): 287–298.

Forsythe, S., Liu, C., Shannon, D., & Gardner, L. C., 2006: "Development of a scale to measure the perceived benefits and risks of online shopping", *Journal of Interactive Marketing*, 20(2): 55–75.

Fox, M. A., Spicer, K., Chosewood, L. C., Susi, P., Johns, D. O., & Dotson, G. S., 2018: "Implications of applying cumulative risk assessment to the workplace", *Environment international*, 115: 230–238.

Franco, S., Caroli, M. G., Cappa, F., & Del Chiappa, G., 2020: "Are you good enough? CSR, quality management and corporate financial performance in the hospitality industry", *International Journal of Hospitality Management*, 88: 102395.

Franzetti, A. Risks of the Sharing Economy [EB/OL]. (2015–04–01) [2022–10–14]. http://www.rmmagazine.com/2015/04/01/risks–of–the–sharing–economy/

Freeman, R. E., 1984: *Strategic Management: A Stakeholder Approach*, Cambridge University Press.

Frighetto, J. Global Consumers Embrace the Share Economy [EB/OL]. (2014–11–15) [2022–10–14]. http://www.nielsen.com/apac/en/press–room/2014/global–consumers–embrace–the–share–economy.html

Fu, H., Ye, B. H., & Law, R., 2014: "You do well and I do well? The behavioral consequences of corporate social responsibility", *International Journal of Hospitality Management*, 40: 62–70.

Fu, S., Cheng, X., Bao, Y., Bilgihan, A., & Okumus, F., 2021: "Staying in a hotel or peer–to–peer accommodation sharing? A discrete choice experiment with online reviews and discount strategies", *Internet Research*, 31(2): 654–676.

Fullerton, R. A., & Punj, G., 2004: "Repercussions of promoting an ideology of consumption: Consumer misbehavior", *Journal of Business Research*, 57(11):

1239–1249.

Fung, B. Here's why Airbnb isn't worried about New York's crackdown [EB/OL]. (2013–11–15) [2022–10–14]. http://www.washingtonpost.com/blogs/theswitch/wp/2013/11/15/heres–why–airbnb–isnt–worried–about–new–york–citys–crackdown/.

Gao, B., Zhu, M., Liu, S., & Jiang, M., 2022: "Different voices between Airbnb and hotel customers: An integrated analysis of online reviews using structural topic model", *Journal of Hospitality and Tourism Management*, 51: 119–131.

Gao, L., Li, H., Liang, S., Yang, J., & Law, R., 2022: "How does constraining description affect guest booking decisions and satisfaction?", *Tourism Management*, 93: 104607.

Gard McGehee, N., Wattanakamolchai, S., Perdue, R. R., & Onat Calvert, E., 2009: "Corporate social responsibility within the U.S. lodging industry: An exploratory study", *Journal of Hospitality & Tourism Research*, 33(3): 417–437.

Gassenheimer, J. B., Houston, F. S., & Davis, J. C., 1998: "The role of economic value, social value, and perceptions of fairness in interorganizational relationship retention decisions", *Journal of the Academy of Marketing Science*, 26(4): 322–337.

Gavilan, D., Avello, M., & Martinez–Navarro, G., 2018: "The influence of online ratings and reviews on hotel booking consideration", *Tourism Management*, 66: 53–61.

Georgiana, C., 2018: "Choice defaults and social consensus effects on online information sharing: The moderating role of regulatory focus", *Computers in Human Behavior*, 88: 89–102.

Getty, J. M., & Getty, R. L., 2003: "Lodging quality index (LQI): Assessing customers perceptions of quality delivery", *International Journal of Contemporary Hospitality Management*, 15(2): 94–104.

Getty, J. M., & Thompson, K. N., 1994: "A procedure for scaling perceptions of lodging quality", *Journal of Hospitality Research*, 18(2): 75–96.

Gibbs, C., Guttentag, D., Gretzel, U., Morton, J., & Goodwill, A., 2018: "Pricing in the sharing economy: A hedonic pricing model applied to Airbnb listings", *Journal of Travel & Tourism Marketing*, 35(1): 46–56.

Gibbs, C., Guttentag, D., Gretzel, U., Yao, L., & Morton, J., 2018: "Use of dynamic pricing strategies by Airbnb hosts", *International Journal of Contemporary Hospitality Management*, 30(1): 2–20.

Godovykh, M., Back, R. M., Bufquin, D., Baker, C., & Park, J. Y., 2022: "Peer-to-peer accommodation amid COVID-19: The effects of Airbnb cleanliness information on guests' trust and behavioral intentions", *International Journal of Contemporary Hospitality Management*, 35(4): 1219–1237.

Goldsmith, R. E., & Hofacker, C. H., 1991: "Measuring consumer innovativeness", *Journal of the Academy of Marketing Science*, 19(3): 209–221.

Gonzalez-Padron, T. L., 2017: "Ethics in the sharing economy: Creating a legitimate marketing channel", *Journal of Marketing Channels*, 24(1–2): 84–96.

Gottlieb, C., 2013: "Residential short-term rentals: Should local governments regulate the 'industry'?", *Planning & Environmental Law*, 65(2): 4–9.

Granovetter, M., 1985: "Economic action and social structure: The problem of embeddedness", *American Journal of Sociology*, 91: 481–510.

Grégoire, Y., Tripp, T. M., & Legoux, R., 2009: "When customer love turns into lasting hate: The effects of relationship strength and time on customer revenge and avoidance", *Journal of Marketing*, 73(6): 18–32.

Gremler, D. D., & Gwinner, K. P., 2000: "Customer-employee rapport in service relationships", *Journal of Service Research*, 3(1): 82–104.

Gremler, D. D., & Gwinner, K. P., 2008: "Rapport-building behaviors used by retail employees", *Journal of Retailing*, 84(3): 308–324.

Gremler, D. D., Gwinner, K. P., & Brown, S. W., 2001: "Generating positive word-of-mouth communication through customer-employee relationships", *International Journal of Service Industry Management*, 12(1): 44–59.

Gu, H., Ryan, C., Bin, L., & Wei, G., 2013: "Political connections, guanxi and adoption of CSR policies in the Chinese hotel industry: Is there a link?", *Tourism Management*, 34: 231–235.

Gu, H., Zhang, T., Lu, C., & Song, X., 2021: "Assessing trust and risk perceptions in the sharing economy: An empirical study", *Journal of Management Studies*, 58(4): 1002–1032.

Gunter, U., 2018: "What makes an Airbnb host a superhost? Empirical evidence from San Francisco and the Bay Area", *Tourism Management*, 66: 26–37.

Guo, J., Wang, X., & Wu, Y., 2020: "Positive emotion bias: Role of emotional content from online customer reviews in purchase decisions", *Journal of Retailing and Consumer Services*, 52: 101891.

Guo, M., Liu, J., Xu, L., & Mao, W., 2018: "Intergenerational relationships in Chinese transnational families: A typology study", *Journal of Ethnic & Cultural Diversity in Social Work*, 27(4): 366–381.

Guo, Y., Barnes, S. J., & Jia, Q., 2017: "Mining meaning from online ratings and reviews: Tourist satisfaction analysis using latent dirichlet allocation", *Tourism Management*, 59: 467–483.

Gurran, N., & Phibbs, P., 2017: "When tourists move in: How should urban planners respond to Airbnb?", *Journal of the American Planning Association*, 83(1): 80–92.

Guttentag, D., 2015: "Airbnb: Disruptive innovation and the rise of an informal tourism accommodation sector", *Current Issues in Tourism*, 18(12): 1192–1217.

Guttentag, D., Smith, S., Potwarka, L., & Havitz, M., 2018: "Why tourists choose Airbnb: A motivation–based segmentation study", *Journal of Travel Research*, 57(3): 342–359.

Ha, J., & Jang, S. S., 2009: "Perceived justice in service recovery and behavioral intentions: The role of relationship quality", *International Journal of Hospitality Management*, 28(3): 319–327.

Hajibaba, H., & Dolnicar, S., 2017: "Substitutable by peer–to–peer accommodation networks?", *Annals of Tourism Research*, 66: 185–188.

Hall, W. M., Schmader, T., & Croft, E., 2015: "Engineering exchanges: Daily social identity threat predicts burnout among female engineers", *Social Psychological and Personality Science*, 6(5): 528–534.

Hamari, J., Sjöklint, M., & Ukkonen, A., 2016: "The sharing economy: Why people participate in collaborative consumption", *Journal of the Association for Information Science and Technology*, 67(9): 2047–2059.

Hartline, M. D., & Jones, K. C., 1996: "Employee performance cues in a hotel service environment: Influence on perceived service quality, value, and word–of–mouth intentions", *Journal of Business Research*, 35(3): 207–215.

Harun, A., Rokonuzzaman, M., Prybutok, G., & Prybutok, V. R., 2018: "How to influence consumer mindset: A perspective from service recovery", *Journal of*

Retailing and Consumer Services, 42: 65–77.

Hassan, S. B., & Soliman, M., 2021: "COVID–19 and repeat visitation: Assessing the role of destination social responsibility, destination reputation, holidaymakers' trust and fear arousal", *Journal of Destination Marketing & Management*, 19: 100495.

Hati, S. R. H., Balqiah, T. E., Hananto, A., & Yuliati, E., 2021: "A decade of systematic literature review on Airbnb: The sharing economy from a multiple stakeholder perspective", *Heliyon*, 7(10): e08222.

Hawlitschek, F., Teubner, T., & Gimpel, H., 2016: "Understanding the sharing economy–Drivers and impediments for participation in peer–to–peer rental", *Paper presented at Hawaii International Conference on System Sciences (HICSS)*, Koloa.

Hawlitschek, F., Teubner, T., & Weinhardt, C., 2016: "Trust in the sharing economy", *Die Unternehmung-Swiss Journal of Business Research and Practice*, 70(1): 26–44.

Hellwig, K., Morhart, F., Girardin, F., & Hauser, M., 2015: "Exploring different types of sharing: A proposed segmentation of the market for 'sharing' businesses", *Psychology and Marketing*, 32(9): 891–906.

Henderson, S., & Gilding, M., 2004: " 'I've never clicked this much with anyone in my life': Trust and hyperpersonal communication in online friendship", *New Media and Society*, 6(4): 487–506.

Hennig–Thurau, T., & Walsh, G., 2003: "Electronic word–of–mouth: Motives for and consequences of reading customer articulations on the Internet", *International Journal of Electronic Commerce*, 8(2): 51–74.

Hennig–Thurau, T., Gwinner, K. P., Walsh, G., & Gremler, D. D., 2004: "Electronic word–of–mouth via consumer–opinion platforms: What motivates consumers to articulate themselves on the Internet?", *Journal of Interactive Marketing*, 18(1): 38–52.

Heo, C. Y., 2016: "Sharing economy and prospects in tourism research", *Annals of Tourism Research*, 58: 166–170.

Hirschman, E. C., & Holbrook, M. B., 1982: "Hedonic consumption: Emerging concepts, methods and propositions", *Journal of Marketing*, 46(3): 92–101.

Hoffman, B. J., Bynum, B. H., Piccolo, R. F., & Sutton, A. W., 2011: "Person-organization value congruence: How transformational leaders influence work group effectiveness", *Academy of Management Journal*, 54(4): 779–796.

Holcomb, J. L., Upchurch, R. S., & Okumus, F., 2007: "Corporate social responsibility: What are top hotel companies reporting?", *International journal of contemporary hospitality management*, 19(6): 461–475.

Horney, N., 2016: "The gig economy: A disruptor requiring HR agility", *People & Strategy*, 39(3): 20–27.

Hosmer, L. T., 1995: "Trust: The connecting link between organizational theory and philosophical ethics", *The Academy of Management Review*, 20(2): 379–403.

Hossain, M., 2020: "Sharing economy: A comprehensive literature review", *International Journal of Hospitality Management*, 87: 102470.

Hossain, M., 2021: "The effect of the Covid–19 on sharing economy activities", *Journal of Cleaner Production*, 280: 124782.

Howe, J., 2010: *Crowdsourcing: Why the Power of the Crowd is Driving the Future of Business*, Crown publishing group.

Hoy, W. K., 1992: "Faculty trust in colleagues: Linking the principal with school effectiveness", *Journal of Research and Development in Education*, 26(1): 38–45.

Hsu, H.–H., & Tang, J.–W., 2010: "A model of marketing strategic alliances to develop long–term relationships for retailing", *International Journal of Business and Information*, 5(2): 151–172.

Huang, W. J., Beeco, J. A., Hallo, J. C., & Norman, W. C., 2016: "Bundling attractions for rural tourism development", *Journal of Sustainable Tourism*, 24(10): 1387–1402.

Hughes, A. M., 1994: *Strategic Database Marketing: The Masterplan for Starting and Managing a Profitable Customer-based Marketing Program*, Irwin Professional.

Hung, K., Li, Y., & Tse, D. K., 2011: "Interpersonal trust and platform credibility in a Chinese multi–brand online community", *Journal of Advertising*, 40(3): 99–112.

Igbaria, M., Iivari, J., & Maragahh, H., 1995: "Why do individuals use computer technology? A Finnish case study", *Information & management*, 29(5): 227–238.

Ikeji, T., & Nagai, H., 2021: "Residents' attitudes towards peer–to–peer accommodations in Japan: Exploring hidden influences from intergroup biases", *Tourism Planning and Development*, 18(5): 491–509.

Ikkala, T., & Lampinen, A., 2015: "Monetizing Network Hospitality: Hospitality and Sociability in the Context of Airbnb", Paper presented at the CSCW '15: Proceedings of the 18th ACM Conference on Computer Supported Cooperative Work & Social Computing, Vancouver, BC, Canada.

Irani, L., 2015: "The cultural work of microwork", *New media & society*, 17(5): 720–739.

Ivanov, S., & Zhechev, V., 2012: "Hotel revenue management–a critical literature review", *Tourism: An International Interdisciplinary Journal*, 60(2): 175–197.

Jacob, B., & Shaikh, M., 2021: "Growth and challenges of gig employees in India", *Parikalpana: KIIT Journal of Management*, 17(1): 62–68.

Jeong, M., & Lee, S. A., 2017: "Do customers care about types of hotel service recovery efforts? An example of consumer–generated review sites", *Journal of Hospitality and Tourism Technology*, 8(1): 5–18.

Jiang, J. J., Klein, G., Parolia, N., & Li, Y., 2012: "An analysis of three SERVQUAL variations in measuring information system service quality", *Electronic Journal of Information Systems Evaluation*, 15(2): 149–162.

Jiang, Y., Zhang, H., Cao, X., Wei, G., & Yang, Y. How to better incorporate geographic variation in Airbnb price modeling? [J/OL], Tourism Economics, 2022, [2022–10–11]. DOI: https://doi.org/10.1177/13548166221097585.

Jin, B., Yong Park, J., & Kim, J., 2008: "Cross–cultural examination of the relationships among firm reputation, e–satisfaction, e–trust, and e–loyalty", *International Marketing Review*, 25(3): 324–337.

Johnson, A.–G., & Neuhofer, B., 2017: "Airbnb–an exploration of value co-creation experiences in Jamaica", *International Journal of Contemporary Hospitality Management*, 29(9): 2361–2376.

Johnson, M. S., Sivadas, E., & Garbarino, E., 2008: "Customer satisfaction, perceived risk and affective commitment: An investigation of directions of influence", *Journal of Services Marketing*, 22(5): 353–362.

Juan Pedro, A., Sayeras Maspera, J. M., Alba, R., & Jorge, G., 2016: "The irruption of Airbnb and its effects on hotel profitability: An analysis of Barcelona's hotel sector", *Intangible Capital*, 13(1): 147–159.

Jukka, M., Blomqvist, K., Ping Li, P., & Gan, C., 2017: "Trust–distrust balance:

Trust ambivalence in SinoWestern B2B relationships", *Cross Cultural & Strategic Management*, 24(3): 482–507.

Jung, D. I., & Avolio, B. J., 2000: "Opening the black box: An experimental investigation of the mediating effects of trust and value congruence on transformational and transactional leadership", *Journal of Organizational Behavior*, 21(8): 949–964.

Kakar, V., Voelz, J., Wu, J., & Franco, J., 2018: "The visible host: Does race guide Airbnb rental rates in San Francisco?", *Journal of Housing Economics*, 40: 25–40.

Kannan, P. K., & Kopalle, P. K., 2001: "Dynamic pricing on the internet: Importance and implications for consumer behavior", *International Journal of Electronic Commerce*, 5(3): 63–83.

Karlsson, L., & Dolnicar, S., 2016: "Someone's been sleeping in my bed", *Annals of Tourism Research*, 58: 159–162.

Karlsson, L., Kemperman, A., & Dolnicar, S., 2017: "May I sleep in your bed? Getting permission to book", *Annals of Tourism Research*, 62: 1–12.

Kasten, L., 2018: "Trustful behaviour is meaningful behaviour: Implications for theory on identification–based trusting relations", *Journal of Trust Research*, 8(1): 103–119.

Kaur, P., Talwar, S., Madanaguli, A., Srivastava, S., & Dhir, A., 2022: "Corporate social responsibility (CSR) and hospitality sector: Charting new frontiers for restaurant businesses", *Journal of Business Research*, 144: 1234–1248.

Kautonen, T., Down, S., Welter, F., & Vainio, P., 2010: " 'Involuntary self–employment' as a public policy issue: A cross–country European review" *International Journal of Entrepreneurial Behavior & Research*, 16(2): 112–129.

Kellogg, D. L., & Nie, W., 1995: "A framework for strategic service management", *Journal of Operations Management*, 13(4): 323–337.

Kellogg, K. C., Valentine, M. A., & Christin, A., 2020: "Algorithms at work: The new contested terrain of control", *Academy of Management Annals*, 14(1): 366–410.

Kiefer, N. M., Vogelsang, T. J., & Bunzel, H., 2000: "Simple robust testing of regression hypotheses", *Econometrica*, 68(3): 695–714.

Kilbourne, W. E., Duffy, J. A., Duffy, M., & Giarchi, G., 2004: "The applicability of SERVQUAL in cross–national measurements of healthcare quality", *Journal of services Marketing*, 18(7): 524–533.

Kim, D. J., Ferrin, D. L., & Rao, H. R., 2008: "A trust–based consumer decision–making model in electronic commerce: The role of trust, perceived risk, and their antecedents", *Decision Support Systems*, 44(2): 544–564.

Kim, J. S., Milliman, J. F., & Lucas, A. F., 2021: "Effects of CSR on affective organizational commitment via organizational justice and organization–based self–esteem", *International Journal of Hospitality Management*, 92: 102691.

Kim, L., Rhou, Y., Uysal, M., & Kwon, N., 2017: "An examination of the links between corporate social responsibility (CSR) and its internal consequences", *International Journal of Hospitality Management*, 61: 26–34.

Kim, M.–J., Chung, N., & Lee, C.–K., 2011: "The effect of perceived trust on electronic commerce: Shopping online for tourism products and services in South Korea", *Tourism Management*, 32(2): 256–265.

Kim, S., Lee, K. Y., Koo, C., & Yang, S.–B., 2018: "Examining the influencing factors of intention to share accommodations in online hospitality exchange networks", *Journal of Travel & Tourism Marketing*, 35(1): 16–31.

Kim, Y., & Peterson, R. A., 2017: "A meta–analysis of online trust relationships in E–commerce", *Journal of Interactive Marketing*, 38(1): 44–54.

Knutson, B. J., 1988: "Frequent travelers: Making them happy and bringing them back", *The Cornell Hotel and Restaurant Administration Quarterly*, 29(1): 82–87.

Knutson, B., Stevens, P., Wullaert, C., Patton, M., & Yokoyama, F., 1990: "LODGSERV: A service quality index for the lodging industry", *Journal of Hospitality & Tourism Research*, 14(2): 277–284.

Kong, Y., Wang, Y., Hajli, S., & Featherman, M., 2020: "In sharing economy we trust: Examining the effect of social and technical enablers on millennials' trust in sharing commerce", *Computers in Human Behavior*, 108: 105993.

Kreeger, J. C., & Smith, S., 2017: "Amateur innkeepers utilization of minimum length stay restrictions", *International Journal of Contemporary Hospitality Management*, 29(9): 2483–2496.

Kristof, A. L., 1996: "Person–organization fit: An integrative review of its conceptualizations, measurements, and implications", *Personnel Psychology*, 49(1): 1–49.

Kristof–Brown, A. L., Zimmerman, R. D., & Johnson, E. C., 2005: "Consequences of individuals fit at work: A meta–analysis of person–job, person–organization, person–group, and person–superior fit", *Personnel Psychology*, 58(2): 281–342.

La, L., Xu, F., & Buhalis, D., 2021: "Knowledge mapping of sharing accommodation: A bibliometric analysis", *Tourism Management Perspectives*, 40: 100897.

LaBahn, D. W., 1996: "Advertisers perceptions of fair compensation, confidentiality and Rapport", *Journal of Advertising Research*, 36(2): 28–39.

Laczko, P., Hullova, D., Needham, A., Rossiter, A.–M., & Battisti, M., 2019: "The role of a central actor in increasing platform stickiness and stakeholder profitability: Bridging the gap between value creation and value capture in the sharing economy", *Industrial Marketing Management*, 76: 214–230.

Ladhari, R., 2012: "The lodging quality index: An independent assessment of validity and dimensions", *International Journal of Contemporary Hospitality Management*, 24(4): 628–652.

Lamberton, C. P., & Rose, R. L., 2012: "When is ours better than mine? A framework for understanding and altering participation in commercial sharing systems", *Journal of Marketing*, 76(4): 109–125.

Lau, D., Liu, J., & Fu, P., 2007: "Feeling trusted by business leaders in China: Antecedents and the mediating role of value congruence", *Asia Pacific Journal of Management*, 24(3): 321–340.

Lawrence, K., 2000: "How to profit from customer complaints: Turning problems into opportunities ", *Canadian Manager*, 25(3): 5–26.

Lawson, S. J., Gleim, M. R., Perren, R., & Hwang, J., 2016: "Freedom from ownership: An exploration of access–based consumption", *Journal of Business Research*, 69(8): 2615–2623.

Lea, R. Four Keys to a Successful Sharing Economy Business Model [EB/OL]. (2015–05–11) [2022–10–01]. https://www.text100.com/2015/05/11/sucessful-sharing–economy–business–model/

Lee, C.K.H., Tse, Y.K., Zhang, M., & Wang, Y., 2023: "What have hosts overlooked for improving stay experience in accommodation–sharing? Empirical evidence from Airbnb customer reviews", *International Journal of Contemporary Hospitality Management*, 35(2): 765–784.

Lee, K.-H., & Kim, D., 2019: "A peer-to-peer (P2P) platform business model: The case of Airbnb", *Service Business*, 13(4): 647-669.

Lee, Y. L., & Song, S., 2010: "An empirical investigation of electronic word-of-mouth: Informational motive and corporate response stratey", *Computers in Human Behavior*, 26(5): 1073-1080.

Levy, S. E., Duan, W. J., & Boo, S. Y., 2013: "An analysis of one-star online reviews and responses in the Washington, D.C. lodging market", *Cornell Hospitality Quarterly*, 54(1): 49-63.

Lewicki, R. J., Tomlinson, E. C., & Gillespie, N., 2006: "Models of interpersonal trust development: Theoretical approaches, empirical evidence, and future directions", *Journal of Management*, 32(6): 991-1022.

Li, C. Y., & Tsai, M. C., 2022: "What makes guests trust Airbnb? Consumer trust formation and its impact on continuance intention in the sharing economy", *Journal of Hospitality and Tourism Management*, 50: 44-54.

Li, P. P., 1998: "Towards a geocentric framework of organizational form: A holistic, dynamic and paradoxical approach", *Organization Studies*, 19(5): 829-861.

Li, P. P., 2008: "Toward a geocentric framework of trust: An application to organizational trust", *Management and Organization Review*, 4(3): 413-439.

Li, Y., Fu, H., & Huang, S. S., 2015: "Does conspicuous decoration style influence customer's intention to purchase? The moderating effect of CSR practices", *International Journal of Hospitality Management*, 51: 19-29.

Liang, L. J., Choi, H. C., & Joppe, M., 2018: "Exploring the relationship between satisfaction, trust and switching intention, repurchase intention in the context of Airbnb", *International Journal of Hospitality Management*, 69: 41-48.

Liang, S., Schuckert, M., Law, R., & Chen, C. C., 2017: "Be a 'superhost': The importance of badge systems for peer-to-peer rental accommodations", *Tourism Management*, 60: 454-465.

Liao, H., 2007: "Do it right this time: The role of employee service recovery performance in customer-perceived justice and customer loyalty after service failures", *Journal of Applied Psychology*, 92(2): 475-489.

Lim, W. M., Yap, S., & Makkar, M., 2021: "Home sharing in marketing and tourism at a tipping point: What do we know, how do we know, and where should we be heading?", *Journal of Business Research*, 122: 534-566.

Lin, L., Li, P. P., & Roelfsema, H., 2018: "The traditional Chinese philosophies in inter-cultural leadership: The case of Chinese expatriate managers in the Dutch context", *Cross Cultural & Strategic Management*, 25(2): 299-336.

Lin, N., 2002, "Social Capital: A Theory of Social Structure and Action", New York: Cambridge University Press.

Ling, I.-L., Chuang, S.-C. and Hsiao, C. H., 2012: "The effects of self-diagnostic information on risk perception of Internet addiction disorder: Risk perception of Internet addiction disorder: Self-positivity bias and online social support", *Journal of Applied Social Psychology*, 42(9): 2111-2136.

Litvin, S. W., Goldsmith, R. E., & Pan, B., 2008: "Electronic word-of-mouth in hospitality and tourism management", *Tourism Management*, 29(3): 458-468.

Liu, B. J., Kim, H., & Penningtongray, L., 2015: "Responding to the bed bug crisis in social media", *International Journal of Hospitality Management*, 47: 76-84.

Liu, H., Guo, P., & Yin, H., 2022: "Consistent comments and vivid comments in hotels' online information adoption: Which matters more?", *International Journal of Hospitality Management*, 107: 103329.

Liu, J., Wang, C., Fang, S., & Zhang, T., 2019: "Scale development for tourist trust toward a tourism destination", *Tourism Management Perspectives*, 31: 383-397.

Liu, M. T., Wong, I. A., Shi, G., Chu, R., & Brock, J. L., 2014: "The impact of corporate social responsibility (CSR) performance and perceived brand quality on customer-based brand preference", *Journal of Services Marketing*, 28(3): 181-194.

Liu, Y., 2006: "Word of mouth for movies: Its dynamics and impact on Box Office Revenue", *Journal of Marketing*, 70(3): 74-89.

Liu, Z., & Park, S., 2015: "What makes a useful online review? Implication for travel product websites", *Tourism Management*, 47: 140-151.

Llaneza Hesse, C., & Raya Vílchez, J. M., 2022: "The effect of COVID-19 on the peer-to-peer rental market", *Tourism Economics*, 28(1): 222-247.

Lodders, A., & Paterson, J. M., 2020, : "Scrutinising COVID safe: Frameworks for evaluating digital contact tracing technologies", *Alternative Law Journal*, 45(3): 153-161.

Lorde, T., Jacob, J., & Weekes, Q., 2019: "Price-setting behavior in a tourism sharing economy accommodation market: A hedonic price analysis of AirBnB hosts in the caribbean", *Tourism Management Perspectives*, 30: 251–261.

Lovelock, C., & Wright, L., 1999: "Principles of Service Marketing and Management", Englewood Cliff, NJ: Prentice–Hall.

Lu, B., Wang, Z., & Zhang, S., 2021: "Platform–based mechanisms, institutional trust, and continuous use intention: The moderating role of perceived effectiveness of sharing economy institutional mechanisms", *Information & Management*, 58(7): 103504.

Lu, C., & Kandampully, J., 2016: "What drives customers to use access–based sharing options in the hospitality industry?", *Research in Hospitality Management*, 6(2): 119–126.

Luchs, M., Naylor, R. W., Rose, R. L., Catlin, J. R., Gau, R., Kapitan, S., Mish, J., Ozanne, L., Phipps, M., Simpson, B., Subrahmanyan, S., & Weaver, T., 2011: "Toward a sustainable marketplace: Expanding options and benefits for consumers", *Journal of Research for Consumers*, 19: 1–12.

Lui, T.–W., Bartosiak, M., Piccoli, G., & Sadhya, V., 2018: "Online review response strategy and its effects on competitive performance", *Tourism Management*, 67: 180–190.

Luo, J. D., 2005: "Particularistic trust and general trust: A network analysis in Chinese organizations ", *Management and Organization Review*, 1(3): 437–458.

Luo, J. D., & Yeh, Y. C., 2012: "Neither collectivism nor individualism: Trust in the Chinese guanxi circle", *Journal of Trust Research*, 2(1): 53–70.

Luo, P., Ma, X., Zhang, X., Liu, J., & He, H., 2021: "How to make money with credit information? Information processing on online accommodation–sharing platforms", *Tourism Management*, 87: 104384.

Luo, Q., & Zhang, H., 2016: "Building interpersonal trust in a travel–related virtual community: A case study on a Guangzhou couchsurfing community", *Tourism Management*, 54: 107–121.

Luo, X., Li, H., Zhang, J., & Shim, J. P., 2010: "Examining multi–dimensional trust and multi–faceted risk in initial acceptance of emerging technologies: An empirical study of mobile banking services", *Decision Support Systems*, 49(2): 222–234.

Luo, Y., Tang, L., Kim, E., & Wang, X., 2022: "Hierarchal formation of trust on peer-to-peer lodging platforms", *Journal of Hospitality and Tourism Research*, 46(7): 1384–1410.

Lv, X., Liu, Y., Xu, S., & Li, Q., 2021: "Welcoming host, cozy house? The impact of service attitude on sensory experience", *International Journal of Hospitality Management*, 95: 102949.

Lynch, P., 1998: "Female microentrepreneurs in the host family sector: Key motivations and socio-economic variables", *International Journal of Hospitality Management*, 17(3): 319–342.

Ma, S., Gu, H. M., Hampson, D. P., & Wang, Y. G., 2020: "Enhancing customer civility in the peer-to-peer economy: Empirical evidence from the hospitality sector", *Journal of Business Ethics*, 167(1): 77–95.

Ma, S., Ling X., Zhang, C., & Li, Y., 2023: "Does physical attractiveness facilitate customer citizenship behaviors? Cross-cultural evidence from the peer-to-peer economy", *International Journal of Information Management*, 70: 102565.

Macintosh, G., 2009: "The role of rapport in professional services: Antecedents and outcomes", *Journal of Services Marketing*, 23(2): 70–78.

Maglio, P. P., & Spohrer, J., 2008: "Fundamentals of service science", *Journal of the academy of marketing science*, 36(1): 18–20.

Mahadevan, R., 2018: "Examination of motivations and attitudes of peer-to-peer users in the accommodation sharing economy", *Journal of Hospitality Marketing & Management*, 27(6): 679–692.

Mahadevan, R., 2022: "Is there an urban-rural divide in the demand for peer-to-peer accommodation sharing? ", *Current Issues in Tourism*, 25(19): 3098–3105.

Mao, Z. E., Jones, M. F., Li, M., Wei, W., & Lyu, J., 2020: "Sleeping in a stranger's home: A trust formation model for Airbnb", *Journal of Hospitality and Tourism Management*, 42: 67–76.

Mariania, M. M., Borghia, M., & Gretzelb, U., 2019: "Online reviews: Differences by submission device", *Tourism Management*, 70: 295–298.

Markman, G. D., Lieberman, M., Leiblein, M., Wei, L. Q., & Wang, Y., 2021: "The distinctive domain of the sharing economy: Definitions, value creation, and implications for research", *Journal of Management Studies*, 58(4): 927–948.

Martenson, R., 2018: "Curiosity motivated vacation destination choice in a reward and variety–seeking perspective ", *Journal of Retailing and Consumer Services*, 41: 70–78.

Martiny, S. E., & Nikitin, J., 2019: "Social identity threat in interpersonal relationships: Activating negative stereotypes decreases social approach motivation", *Journal of Experimental Psychology: Applied*, 25(1): 117–128.

Matzler K., Veider V., & Kathan W., 2015: "Adapting to the sharing economy", *MIT Sloan Management Review*, 56(2): 71–77.

Mauri, A. G., Minazzi, R., Marta Nieto–García, & Viglia, G., 2018: "Humanize your business. The role of personal reputation in the sharing economy", *International Journal of Hospitality Management*, 73: 36–43.

Mayer, R. C., Davis, J. H., & Schoorman, F. D., 1995: "An integrative model of organizational trust ", *Academy of Management Review*, 20(3): 709–734.

MBA 智库 . Airbnb 社会化营销策略研究报告 [EB/OL]. (2015–07–03) [2022–10–13]. https://doc.mbalib.com/view/294a5190e25f317cc1cdefc6b31a4c2c.html.

Mcallister, D. J., 1995: "Affect–and cognition–based trust as foundations for interpersonal cooperation in organizations", *Academy of Management Journal*, 38(1): 24–59.

McGuire, K. A., 2015: *Hotel Pricing in a Social World: Driving Value in the Digital Economy*, Haboken, NJ: John Wiley and Sons.

McKnight, D. H., Choudhury, V., & Kacmar, C., 2002: "The impact of initial consumer trust on intentions to transact with a website: a trust building model", *The Journal of Strategic Information Systems*, 11(3/4): 297–323.

McKnight, D. H., Cummings, L. L., & Chervany, N. L., 1998: "Initial trust formation in new organizational relationships", *Academy of Management review*, 23(3): 473–490.

Meenakshi, N., 2023: "Post–COVID reorientation of the sharing economy in a hyperconnected world", *Journal of Strategic Marketing*, 31(2): 446–470.

Mittendorf, C., 2016: "What Trust means in the Sharing Economy: A provider perspective on Airbnb. com", Paper presented at the 22nd Americas Conference on Information Systems (AMCIS), San Diego, CA.

Mittendorf, C., 2018: "Collaborative consumption: The role of familiarity and trust among Millennials", *Journal of Consumer Marketing*, 35(4): 377–391.

Mody, M. A., Suess, C., & Lehto, X., 2017: "The accommodation experiencescape: A comparative assessment of hotels and Airbnb", *International Journal of Contemporary Hospitality Management*, 29(9): 2377–2404.

Möhlmann, M., 2015: "Collaborative consumption: Determinants of satisfaction and the likelihood of using a sharing economy option again", *Journal of Consumer Behaviour*, 14(3): 193–207.

Mojeed–Sanni, B. A., & Ajonbadi, H. A., 2019: "Dynamics of HR practices in disruptive and innovative business models in an emerging economy", *Academic Journal of Interdisciplinary Studies*, 8(3): 57–70.

Moon, H., Wei, W., & Miao, L., 2019: "Complaints and resolutions in a peer–to–peer business model ", *International Journal of Hospitality Management*, 81: 239–248.

Moon, J. W., Krems, J. A., & Cohen, A. B., 2018: "Religious people are trusted because they are viewed as slow life–history strategists", *Psychological Science*, 29(6): 947–960.

Moreno-Izquierdo, L., Ramón–Rodríguez, A. B., Such–Devesa, M. J., & Perles–Ribes, J. F., 2019: "Tourist environment and online reputation as a generator of added value in the sharing economy: The case of Airbnb in urban and sun–and–beach holiday destinations", *Journal of Destination Marketing & Management*, 11: 53–66.

Moreno-Izquierdo, L., Rubia–Serrano, A., Perles–Ribes, J. F., Ramón–Rodríguez, A. B., & Such–Devesa, M. J., 2020: "Determining factors in the choice of prices of tourist rental accommodation. New evidence using the quantile regression approach", *Tourism Management Perspectives*, 33: 100632.

Morgan, R. M., & Hunt, S. D., 1994: "The commitment–trust theory of relationship marketing", *Journal of Marketing*, 58 (3): 20–38.

Mortimer, N. Airbnb pushes its 'unique and interesting' side in latest film. [EB/OL]. (2014–11–25) [2022–10–11]. http://www.thedrum.com/news/2014/11/25/airbnb–pushes–itsunique–and–interesting–side–latest–film

Murphy, M. C., & Dweck, C. S., 2016: "Mindsets shape consumer behavior", *Journal of Consumer Psychology*, 26(1): 127–136.

Nahapiet, J., & Ghoshal, S., 1998: "Social capital, intellectual capital, and the organizational advantage", *Academy Management Review*, 23: 242–266.

Nazir, O., & Islam, J. U., 2020: "Effect of CSR activities on meaningfulness, compassion, and employee engagement: A sense-making theoretical approach", *International Journal of Hospitality Management*, 90: 102630.

Nazir, O., Islam, J. U., & Rahman, Z., 2021: "Effect of CSR participation on employee sense of purpose and experienced meaningfulness: A self-determination theory perspective", *Journal of Hospitality and Tourism Management*, 46: 123-133.

Neelamegham, R., & Jain, D., 1998: "Consumer choice process for experience goods: An econometric model and analysis", *Journal of Marketing Research*, 36(3): 373-386.

Ng, K.-Y., & Chua, R. Y. J., 2006: "Do I contribute more when I trust more? Different effects of cognition-and affect-based trust", *Management and Organizational Review*, 2(1): 43-66.

Nguyen, S., Alaoui, M.D., & Llosa, S., 2020: "When interchangeability between providers and users makes a difference: The mediating role of social proximity in collaborative services", *Journal of Business Research*, 121: 506-515.

Nica, E., 2018: "Gig-based working arrangements: Business patterns, labor-management practices, and regulations", *Economics, Management, and Financial Markets*, 13(1): 100-105.

Nicholson, C., Compeau, L. D., & Sethi, R., 2001: "The role of interpersonal liking in building trust in long-term channel relationships", *Journal of the Academy of Marketing Science*, 29(1): 3-15.

Nicolaou, A. I., & McKnight, D. H., 2006: "Perceived information quality in data exchanges: Effects on risk, trust, and intention to use", *Information Systems Research*, 17(4): 332-351.

North, D. C., 1991: "Institutions", *Journal of economic perspectives*, 5(1): 97-112.

Nyahunzvi, D. K., 2013: "CSR reporting among Zimbabwe's hotel groups: A content analysis", *International Journal of Contemporary Hospitality Management*, 25(4): 595-613.

Olivero, N., & Lunt, P., 2004: "Privacy versus willingness to disclose in e-commerce exchanges: The effect of risk awareness on the relative role of trust and control", *Journal of Economic Psychology*, 25(2): 243-262.

Oskam, J., & Boswijk, A., 2016: "Airbnb: The future of networked hospitality businesses", *Journal of Tourism Futures*, 2(1): 22-42.

Palacios, M., Martinez-Corral, A., Nisar, A., & Grijalvo, M., 2016: "Crowdsourcing and organizational forms: Emerging trends and research implications", *Journal of Business Research*, 69(5): 1834–1839.

Palacios-Florencio, B., Garcia del Junco, J., Castellanos-Verdugo, M., & Rosa-Díaz, I. M., 2018: "Trust as mediator of corporate social responsibility, image and loyalty in the hotel sector", *Journal of Sustainable Tourism*, 26(7): 1273–1289.

Parasuraman, A., Zeithaml, V. A., & Berry, L. L., 1985: "A conceptual model of service quality and its implications for future research", *Journal of Marketing*, 49(4): 41–50.

Parasuraman, A., Zeithaml, V. A., & Berry, L. L., 1988: "SERVQUAL: A multiple-item scale for measuring consumer perceptions of service quality ", *Journal of Retailing*, 64(1): 12–40.

Parasuraman, A., Zeithaml, V. A., & Berry, L. L., 1994: "Reassessment of expectations as a comparison standard in measuring service quality: Implications for further research", *Journal of Marketing*, 58(1): 111–124.

Park, D. H., Lee, J., & Han, I., 2007: "The effect of on-line consumer reviews on consumer purchasing intention: The moderating role of involvement", *International Journal of Electronic Commerce*, 11(4): 125–148.

Park, S. Y., & Levy, S. E., 2014:"Corporate social responsibility: Perspectives of hotel frontline employees", *International Journal of Contemporary Hospitality Management*, 26: 332–348.

Park, S., & Tussyadiah, I.P., 2020: "How guests develop trust in hosts: An investigation of trust formation in P2P accommodation", *Journal of Travel Research*, 59(8): 1402–1412.

Paul A. P., & David, G., 2004: "Building effective online marketplaces with institution-based trust", *Information Systems Research*, 15(1): 37–59.

Paulauskaite, D., Powell, R., Coca-Stefaniak, J. A., & Morrison, A. M., 2017:"Living like a local: Authentic tourism experiences and the sharing economy", *International Journal of Tourism Research*, 19(6): 619–628.

Pavlou, P. A., 2003: "Consumer acceptance of electronic commerce: Integrating trust and risk with the technology acceptance model", *International Journal of Electronic Commerce*, 7(3): 101–134.

Perren, R., & Kozinets, R. V., 2018: "Lateral exchange markets: How social platforms operate in a networked economy", *Journal of Marketing*, 82(1): 20–36.

Peter, J. P., & Ryan, M. J., 1976: "An investigation of perceived risk at the brand level", *Journal of Marketing Research*, 13(2): 184–188.

Phelps, J., Nowak, G., & Ferrell, E., 2000: "Privacy concerns and consumer willingness to provide personal information", *Journal of Public Policy & Marketing*, 19(1): 27–41.

Pi, S. M., Chou, C. H., & Liao, H. L., 2013: "A study of Facebook groups members' knowledge sharing", *Computers in Human Behavior*, 29(5): 1971–1979.

Pittman, M., & Sheehan, K., 2016: "Amazon's Mechanical Turk a digital sweatshop? Transparency and accountability in crowdsourced online research", *Journal of Media Ethics*, 31(4): 260–268.

Piyathasanan, B., Mathies, C., Patterson, P. G., & de Ruyter, K., 2018: "Continued value creation in crowdsourcing from creative process engagement", *Journal of Services Marketing*, 32(1): 19–33.

Pizam, A., 2014: "Peer–to–peer travel: Blessing or blight?", *International Journal of Hospitality Management*, 38: 118–119.

Podsakoff, P. M., & Organ, D. W., 1986: "Self–reports in organizational research: Problems and prospects", *Journal of Management*, 12(4): 531–544.

Popov, E., Hercegová, K., & Semyachkov, K., 2018: "Innovations in the institutional modelling of the sharing economy", *Journal of Institutional Studies*, 10(2): 25–42.

Prayag, G., & Ozanne, L.K., 2018: "A systematic review of peer–to–peer (P2P) accommodation sharing research from 2010 to 2016: Progress and prospects from the multi–level perspective", *Journal of Hospitality Marketing and Management*, 27(6): 649–678.

Preece, J., 2004: "Etiquette, empathy and trust in communities of practice: Stepping–stones to social capital", *Journal of Universal Computer Science*, 10(3): 294–302.

Prim, I., & Pras, B., 1999: " 'Friendly' complaining behaviors: Toward a relational approach", *Journal of Market-Focused Management*, 3: 333–352.

Priporas, C. V., Stylos, N., Rahimi, R., & Vedanthachari, L. N., 2017: "Unraveling the diverse nature of service quality in a sharing economy: A social exchange theory perspective of Airbnb accommodation", *International Journal of Contemporary Hospitality Management*, 29(9): 2279–2301.

Priporas, C. V., Stylos, N., Vedanthachari, L. N., & Santiwatana, P., 2017: "Service quality, satisfaction, and customer loyalty in Airbnb accommodation in Thailand", *International Journal of Tourism Research*, 19(6): 693–704.

Proserpio, D., Xu, W., & Zervas, G., 2018: "You get what you give: Theory and evidence of reciprocity in the sharing economy", *Quantitative Marketing and Economics*, 16(4): 371–407.

Puschmann, T., & Alt, R., 2016: "Sharing economy", *Business & Information Systems Engineering*, 58(1): 93–99.

Pusiran, A. K., & Xiao, H. G., 2013: "Challenges and community development: A case study of homestay in Malaysia", *Asian Social Science*, 9(5): 1–17.

PWC. The Sharing Economy [EB/OL]. (2015–01–22) [2022–10–10]. https://www.pwc.com/us/en/technology/publications/sharing–economy.html.

Qiu, H., Chen, D., Bi, J.–W., Lyu, J., & Li, Q., 2021: "The construction of the affinity–seeking strategies of Airbnb homestay hosts", *International Journal of Contemporary Hospitality Management*, 34(3): 861–884.

Qu, H., Ryan, B., & Chu, R., 2000: "The importance of hotel attributes in contributing to travelers satisfaction in the Hong Kong Hotel Industry", *Journal of Quality Assurance in Hospitality & Tourism*, 1(3): 65–83.

Ranaweera, C., & Prabhu, J., 2003: "On the relative importance of customer satisfaction and trust as determinants of customer retention and positive word of mouth", *Journal of Targeting, Measurement and Analysis for Marketing*, 12(1): 82–90.

Raub, S., & Blunschi, S., 2014: "The power of meaningful work: How awareness of CSR initiatives fosters task significance and positive work outcomes in service employees", *Cornell Hospitality Quarterly*, 55: 10–18.

Reimer, A., & Kuehn, R., 2005: "The impact of servicescape on quality perception", *European Journal of Marketing*, 39(7–8): 785–808.

Ren, J., Raghupathi, V., & Raghupathi, W., 2021: "Effect of crowd wisdom on pricing in the asset–based sharing platform: An attribute substitution perspective", *International Journal of Hospitality Management*, 94: 102874.

Rhea Yu. 为年轻人提供全托管式公寓，印度租赁平台 Zolo 完成 500 万美元 A 轮融资 [EB/OL]. (2017–01–22) [2022–10–10]. https://36kr.com/

p/1721344606209.

Rhou, Y., & Singal, M., 2020: "A review of the business case for CSR in the hospitality industry ", *International Journal of Hospitality Management*, 84: 102330.

Richardson, L., 2015: "Performing the sharing economy", *Geoforum*, 67: 121–129.

Rojanakit, P., Oliveira, R. T. d. & Dulleck, U.2022: "The sharing economy: A critical review and research agenda", *Journal of Business Research*, 139: 1317–1334.

Rosati, S., & Saba, A., 2004: "The perception of risks associated with food-related hazards and the perceived reliability of sources of information", *International Journal of Food Science & Technology*, 39(5): 491–500.

Rotman, D., Golbeck, J., & Preece, J., 2009: "The community is where the rapport is–on sense and structure in the YouTube community", Paper presented at Proceedings of the fourth international conference on Communities and Technologies, University Park.

Rotter, J.B., 1980: "Interpersonal trust, trustworthiness, and gullibility ", *American Psychologist*, 35(1): 1–7.

Rousseau, D. M., Sitkin, S. B., Burt, R. S., & Camerer, C., 1998:"Not so different after all: A cross–discipline view of trust", *Academy of Management Review*, 23(3): 393–404.

Roxas, F. M. Y., Rivera, J. P. R., & Gutierrez, E. L., 2020: "M Mapping stakeholders' roles in governing sustainable tourism destinations", *Journal of Hospitality and Tourism Management*, 45: 387–398.

Runwise 创研院. 民宿巨头 Airbnb 增长策略, 借助 AARRR 实现 100 倍的增长 [EB/OL]. (2022–08–02) [2022–10–10]. https://runwise.co/corporate–innovation/ 14596.html?source=self–assessment–result.

Russell, D. Speech to International Fiscal Association (IFA) Conference in Queenstown [EB/OL]. (2023–02–23) [2023–08–31]. https://www.beehive. govt.nz/speech/speech–international–fiscal–association–ifa–conference– queenstown.

Saeri, A. K., Ogilvie, C., La Macchia, S. T., Smith, J. R., & Louis, W. R., 2014: "Predicting Facebook users online privacy protection: Risk, trust, norm focus theory, and the theory of planned behavior ", *The Journal of Social*

Psychology, 154(4): 352–369.

Saito, H. & Ruhanen, L., 2017: "Power in tourism stakeholder collaborations: Power types and power holders", *Journal of Hospitality and Tourism Management*, 31: 189–196.

Samiee, S., 2008: "Global marketing effectiveness via alliances and electronic commerce in business–to–business markets", *Industrial Marketing Management*, 37(1): 3–8.

Sangpikul, A., 2023: "Acquiring an in–depth understanding of assurance as a dimension of the SERVQUAL model in regard to the hotel industry in Thailand", *Current Issues in Tourism*, 26(3): 347–352.

Scaraboto, D., & Figueiredo, B., 2022: "How consumer orchestration work creates value in the sharing economy", *Journal of Marketing*, 86(2): 29–47.

Schor, J. Debating the sharing economy. Great transition initiative: Toward a transformative vision and praxis [EB/OL]. (2014–10–01) [2023–05–10]. http://www.tellus.org/pub/Schor_Debating_the_Sharing_Economy.pdf.

Scott, W. R., 2013: *Institutions and Organizations: Ideas, Interests, and Identities*, Sage Publications.

Seraphin, H., Sheeran, P., & Pilato, M., 2018: "Over–tourism and the fall of Venice as a destination", *Journal of Destination Marketing & Management*, 9: 374–376.

Serra–Cantallops, A., Peña–Miranda, D. D., Ramón–Cardona, J., & Martorell–Cunill, O.,2018: "Progress in Research on CSR and the Hotel Industry (2006–2015) ", *Cornell Hospitality Quarterly*, 59(1): 15–38.

Sheldon, O., 1924: *The Social Responsibility of Management, the Philosophy of Management*, London: Sir Isaac Pitman and Sons Ltd.

Shin, Youngsun., 2010: "The commodification of culture in Jeolla Province, Korea: The frame of cultural tourism", *Tourism Culture & Communication*, 10(2): 149–157.

Shmidt, M., 2020: "Participants interaction with sharing economy platforms in Russia", *Information Technology & People*, 33(3): 897–917.

Chen, S., Chen W., Luo, X., 2023: "Some stay and some quit: Understanding P2P accommodation providers' continuous sharing behavior from the perspective of feedback theory", *Tourism Management*, 95: 104676.

Simmel, G., 2004: *The Philosophy of Money*, Routledge.

Sirdeshmukh, D., Singh, J., & Sabol, B., 2002: "Consumer trust, value, and loyalty in relational exchanges", *Journal of Marketing*, 66(1): 15–37.

Smith, D., Menon, S., & Sivakumar, K., 2005: "Online peer and editorial recommendations, trust, and choice in virtual markets ", *Journal of Interactive Marketing*, 19(3): 15–37.

Soares, A. L. V., Mendes–Filho, L., & Gretzel, U., 2020: "Technology adoption in hotels: Applying institutional theory to tourism", *Tourism Review*, 76(3): 669–680.

Song, H., Xie, K., Park, J., & Chen, W., 2020: "Impact of accommodation sharing on tourist attractions", *Annals of Tourism Research*, 80: 102820.

Song, L., 2009: "The nature of acquaintance society", *Journal of China Agricultural University (Social Sciences Edition)*, 2: 120–126.

Sotiriadis, M. D., & Zyl, C., 2013: "Electronic word–of–mouth and online reviews in tourism services: The use of twitter by tourists", *Electronic Commerce Research*, 13(1): 103–124.

Stauss, B., 2000: *Using New Media for Customer Interaction: A Challenge for Relationship Marketing*, Berlin Heidelberg: Springer.

Steele, C. M., Spencer, S. J., & Aronson, J., 2002: "Contending with group image: The psychology of stereotype and social identity threat", *Advances in Experimental Social Psychology*, 34(2): 379–440.

Sthapit, E., & Björk, P., 2019: "Sources of distrust: Airbnb guests' perspectives", *Tourism Management Perspectives*, 31: 245–253.

Stone, R. N., & Gronhaug, K., 1993: "Perceived risk: Further considerations for the marketing discipline", *European Journal of Marketing*, 27(3): 39–50.

Su, C. S., & Sun, L. H., 2007: "Taiwans hotel rating system: A service quality perspective", *Cornell Hotel and Restaurant Administration Quarterly*, 48(4): 392–401.

Su, N., & Mattila, A.S., 2020: "Does gender bias exist? The impact of gender congruity on consumer's Airbnb booking intention and the mediating role of trust", *International Journal of Hospitality Management*, 89: 102405.

Sundararajan, A., 2016: *The Sharing Economy: The End of Employment and the Rise of Crowd-based Capitalism*, Cambridge, MA: the MIT Press.

Sweeney, J. C., Soutar, G. N., & Johnson, L. W., 1999: "The role of perceived risk in the quality–value relationship: A study in a retail environment", *Journal of Retailing*, 75(1): 77–105.

Tadelis, S., 2016: "Reputation and feedback systems in online platform markets", *Annual Review of Economics*, 8: 321–340.

Tajfel, H., Turner, J. C., Austin, W. G., & Worchel, S., 1979: "An integrative theory of intergroup conflict", In Hatch, M. J., & Schultz, M. (Eds.), *Organizational Identity: A Reader.* Oxford, England: Oxford University Press, 56–65.

Tang, L. R., Kim, J., & Wang, X., 2019: "Estimating spatial effects on peer–to–peer accommodation prices: Towards an innovative hedonic model approach", *International Journal of Hospitality Management*, 81: 43–53.

Tauwhare, R., 2016: "Improving cybersecurity in the European Union: The network and information security directive", *Journal of Internet Law*, 19(12): 3–11.

Teubner, T., Adam, M. T. P., Camacho S., & Hassanein, K., 2014: "Understanding resource sharing in C2C platforms: The role of picture humanization", Paper presented at proceedings of the 25th Australasian conference on information systems, Auckland, New Zealand.

Thatcher, J. B., Loughry, M. L., Lim, J., & McKnight, D. H., 2007: "Internet anxiety: An empirical study of the effects of personality, beliefs, and social support", *Information & Management*, 44(4): 353–363.

Tian, G., & Chen, X., 2022: *China's Reform: History, Logic, and Future*, Springer Singapore.

Tian, Y., Zhang, H., Jiang, Y., & Yang, Y., 2022: "Understanding trust and perceived risk in sharing accommodation: An extended elaboration likelihood model and moderated by risk attitude", *Journal of Hospitality Marketing & Management*, 31(3): 348–368.

Tickle–Degnen, L., & Rosenthal, R., 1990: "The nature of rapport and its nonverbal correlates", *Psychological Inquiry*, 1(4): 285–293.

Tirunillai, S., & Tellis, G. J., 2012: "Does Online Chatter Really Matter? Dynamics of User–Generated Content and Stock Performance", *Marketing Science*, 31(2): 195–368.

Tolkach, D., & King, B., 2015: "Strengthening community–based tourism in a new resource–based island nation: Why and how?", *Tourism Management*, 48: 386–398.

Treviño, T., & Castaño, R., 2013: "How should managers respond? Exploring the effects of different responses to negative online reviews", *International Journal of Leisure and Tourism Marketing*, 3(3): 237–251.

Tronsor, W. J., 2018: "Unions for workers in the gig economy: Time for a new labor movement", *Labor Law Journal*, 69(4): 181–193.

Tsai, W. H., Hsu, J. L., Chen, C. H., Lin, W. R., & Chen, S. P., 2010: "An integrated approach for selecting corporate social responsibility programs and costs evaluation in the international tourist hotel", *International Journal of Hospitality Management*, 29(3): 385–396.

Tussyadiah, I. P., 2015: "An exploratory study on drivers and deterrents of collaborative consumptionin travel", Paper presented at the Information and Communication Technologies in Tourism 2015: Proceedings of the International Conference, Lugano, Switzerland.

Tussyadiah, I. P., & Park, S., 2018: "When guests trust hosts for their words: Host description and trust in sharing economy", *Tourism Management*, 67: 261–272.

Tussyadiah, I. P., & Pesonen, J., 2018: "Drivers and barriers of peer–to–peer accommodation stay–an exploratory study with American and Finnish travellers", *Current Issues in Tourism*, 21(6): 703–720.

United Nations Environment Programme, 1994: *Element Policies for Sustainable Consumption*, Nairobi.

Van Dolen, W. M., Dabholkar, P. A., & De Ruyter, K., 2007: "Satisfaction with online commercial group chat: The influence of perceived technology attributes, chat group characteristics, and advisor communication style", *Journal of retailing*, 83(3): 339–358.

Varma, A., Jukic, N., Pestek, A., Shultz, C. J., & Nestorov, S., 2016: "Airbnb: Exciting innovation or passing fad?", *Tourism Management Perspectives*, 20: 228–237.

Vaugeois, N., & Rollins, R., 2007: "Mobility into tourism refuge employer?", *Annals of Tourism Research*, 34(3): 630–648.

Vermeulen, I. E., & Seegers, D., 2009: "Tried and tested: The impact of online hotel reviews on consumer consideration", *Tourism Management*, 30(1): 123–127.

Vincent, J. Airbnb starts collecting tourist tax in Paris, its most popular destination [EB/OL]. (2015–08–26) [2022–10–17]. www.theverge. com/2015/8/26/9209603/airbnb–tourist–tax–paris.

Waligo, V. M., Clarke, J., & Hawkins, R., 2013: "Implementing sustainable tourism: A multi–stakeholder involvement management framework", *Tourism Management*, 36: 342–353.

Wang, C., & Jeong, M., 2018:"What makes you choose Airbnb again? An examination of users' perceptions toward the website and their stay", *International Journal of Hospitality Management*, 74: 162–170.

Wang, D., & Nicolau, J. L., 2017: "Price determinants of sharing economy based accommodation rental: A study of listings from 33 cities on Airbnb", *International Journal of Hospitality Management*, 62: 120–131.

Wang, Y., Asaad, Y., & Filieri, R., 2020: "What makes hosts trust Airbnb? Antecedents of hosts' trust toward Airbnb and its impact on continuance intention", *Journal of Travel Research*, 59(4): 686–703.

Ward, S., Bridges, K., & Chitty, B., 2005: "Do incentives matter? An examination of on–line privacy concerns and willingness to provide personal and financial information", *Journal of Marketing Communications*, 11(1): 21–40.

Warrington, T. B., Abgrab, N. J., & Caldwell, H. M., 2000: "Building trust to develop competitive advantage in e–business relationships", *Competitiveness Review*, 10(2): 160–168.

Wasko, M. M., & Faraj, S., 2005: "Why should I share? Examining social capital and knowledge contribution in electronic networks of practice", *Management Information System Quarterly*, 29(1): 35–57.

Weitz, B. A., Castleberry, S. C., & Tanner, J. F., 2007: *Selling: Building Partnership*, New York: McGraw–Hill/Irwin.

Wen, X., & Siqin, T., 2020: "How do product quality uncertainties affect the sharing economy platforms with risk considerations? A mean–variance analysis", *International Journal of Production Economics*, 224: 107544.

Westbrook, R. A., 1987: "Product/Consumption–Based Affective Responses and Postpurchase Processes", *Journal of Marketing Research*, 24(3): 258–270.

Wiedmann, K., Walsh, G., & Mitchell, V., 2001: "The Mannmaven: An agent for diffusing market information", *Journal of Marketing Communications*, 7(4): 195–212.

Williams, M., 2001: "In whom we trust: Group membership as an affective context for trust development", *Academy of Management Review*, 26(3): 377–396.

Wong Ooi Mei, A., Dean, A. M., & White, C. J., 1999: "Analysing service quality in the hospitality industry", *Managing Service Quality: An International Journal*, 9(2): 136–143.

Woniuzhijia Who is the best? Ten sharing economy apps comparison. [EB/OL]. (2019–08–24) [2022–10–18]. http://www.360doc.com/content/19/0824/19/466494_856846493.shtml.

Wu, J. J., Chen, Y. H., & Chung, Y. S., 2010: "Trust factors influencing virtual community members: A study of transaction communities", *Journal of Business Research*, 63(9–10): 1025–1032.

Wu, J., Ma, P., & Xie, K. L., 2017: "In sharing economy we trust: The effects of host attributes on short–term rental purchases", *International Journal of Contemporary Hospitality Management*, 29(11): 2962–2976.

Wu, L., Mattila, A. S., Wang, C.Y., & Hanks, L., 2016: "The impact of power on service customers' willingness to post online reviews", *Journal of Service Research*, 19(2): 224–238.

Xiao, B., & Benbasat, I., 2007: "E–commerce product recommendation agents: Use, characteristics, and impact", *MIS quarterly*, 31(1):137–209.

Xiao, S., 2020: "Research on the information security of sharing economy customers based on block chain technology", *Information Systems and E-Business Management*, 18: 487–496.

Xie, K. L., Zhang, Z., & Zhang, Z., 2014: "The business value of online consumer reviews and management response to hotel performance", *International Journal of Hospitality Management*, 43: 1–12.

Xie, K. R. L., So, K. K. F., & Wang, W., 2017: "Joint effects of management responses and online reviews on hotel financial performance: A data–analytics approach", *International Journal of Hospitality Management*, 62: 101–110.

Xie, K., & Mao, Z., 2017: "The impacts of quality and quantity attributes of Airbnb hosts on listing performance", *International Journal of Contemporary Hospitality Management*, 29(9): 2240–2260.

Xu, Y. H., Pennington–Gray, L., & Kim, J., 2019: "The sharing economy: A geographically weighted regression approach to examine crime and the shared lodging sector", *Journal of Travel Research*, 58(7): 1193–1208.

Yamagishi, T., & Yamagishi, M., 1994: "Trust and commitment in the united states and japan", *Motivation and Emotion*, 18(2): 129–166.

Yang, S.-B., Lee, H., Lee, K., & Koo, C., 2018: "The application of Aristotle's rhetorical theory to the sharing economy: An empirical study of Airbnb", *Journal of Travel and Tourism Marketing*, 35(7): 938–957.

Yang, S.-B., Lee, K., Lee, H., & Koo, C., 2019: "In Airbnb we trust: Understanding consumers' trust–attachment building mechanisms in the sharing economy", *International Journal of Hospitality Management*, 83: 198–209.

Yang, Y., Tan, K. P. S., & Li, X., 2019: "Antecedents and consequences of home–sharing stays: Evidence from a nationwide household tourism survey", *Tourism Management*, 70: 15–28.

Yannopoulou, N., Moufahim, M., & Bian, X., 2013: "User–generated brands and social media: Couchsurfing and Airbnb", *Contemporary Management Research*, 9(1): 85–90.

Ye, S., Lei, S. I., Shen, H., & Xiao, H., 2020: "Social presence, telepresence and customers' intention to purchase online peer–to–peer accommodation: A mediating model", *Journal of Hospitality and Tourism Management*, 42: 119–129.

Ye, S., Ying, T., Zhou, L., & Wang, T., 2019: "Enhancing customer trust in peer–to–peer accommodation: A 'soft' strategy via social presence", *International Journal of Hospitality Management*, 79: 1–10.

Yen, H., & Gwinner, K., 2003: "Internet retail customer loyalty: Mediating role of relational benefits ", *International Journal of Service Industry Management*, 14(5): 483–500.

Yim, C. K., Tse, D. K., & Chan, K. W., 2008: "Strengthening customer loyalty through intimacy and passion: Roles of customer–firm affection and customer–staff relationships in service", *Journal of Marketing Research*, 45(6): 741–756.

Yoon, H. S., & Occena, L. G., 2015: "Influencing factors of trust in consumer–to–consumer electronic commerce with gender and age", *International Journal of Information Management*, 35(3): 352–363.

Yu, P. L., Balaji, M. S., & Khong, K. W., 2015: "Building trust in internet banking: A trustworthiness perspective", *Industrial Management & Data Systems*, 115(2): 235–252.

Yuki, M., Maddux, W. W., Brewer, M. B., & Takemura, K., 2005: "Cross–cultural differences in relationship and group–based trust", *Personality & Social Psychology Bulletin*, 31(1): 48–62.

Yüksel, A., & Yüksel, F., 2007: "Shopping risk perceptions: Effects on tourists emotions, satisfaction and expressed loyalty intentions", *Tourism Management*, 28(3): 703–713.

Zamani, E. D., Choudrie, J., Katechos, G., & Yin, Y., 2019: "Trust in the sharing economy: The Airbnb case", *Industrial Management and Data Systems*, 119(9): 1947–1968.

Zervas, G., Proserpio, D., & Byers, J. W., 2021: "A first look at online reputation on Airbnb, where every stay is above average", *Marketing Letters*, 32(1): 1–16.

Zervas, G., Proserpio, D., & Byers, J.W., 2017: "The Rise of the Sharing Economy: Estimating the Impact of Airbnb on the Hotel Industry", *Journal of Marketing Reseach*, 54(5): 687–705.

Zhang, H., Leung, X. Y. & Bai, B., 2022: "Destination sustainability in the sharing economy: A conceptual framework applying the capital theory approach", *Current Issues in Tourism*, 25(13): 2109–2126.

Zhang, J., Xu, H. G., & Xing, W., 2017: "The host–guest interactions in ethnic tourism, Lijiang, China", *Current Issues in Tourism*, 20(7): 724–739.

Zhang, L., Xiong, S., Zhang, L., Bai, L., & Yan, Q., 2022: "Reducing racial discrimination in the sharing economy: Empirical results from Airbnb", *International Journal of Hospitality Management*, 102: 103151.

Zhang, L., Yan, Q., & Zhang, L., 2018: "A computational framework for understanding antecedents of guests' perceived trust towards hosts on Airbnb", *Decision Support Systems*, 115: 105–116.

Zhang, M., Geng, R., Huang, Y., & Ren, S., 2021: "Terminator or accelerator? Lessons from the peer–to–peer accommodation hosts in China in responses to COVID–19", *International Journal of Hospitality Management*, 92: 102760.

Zhang, T. C., Jahromi, M. F., & Kizildag, M., 2018: "Value co–creation in a sharing economy: The end of price wars?", *International Journal of Hospitality Management*, 71: 51–58.

Zhu, F., & Zhang, X., 2013: "Impact of Online Consumer Reviews on Sales: The Moderating Role of Product and Consumer Characteristics", *Journal of Marketing*, 74(2): 133–148.

Zucker, L. G., 1986: "Production of trust: Institutional sources of economic structure, 1840–1920", In Staw, B. M., & Cummings, L. L. (Eds), *Research in Organizational Behavior*, Greenwich, CT: JAI Press, 8: 55–111.

艾瑞咨询研究院. 中国在线短租行业小猪平台案例研究报告［EB/OL］.（2017–09–06）［2022–10–09］. https: x//www.iresearch.com.cn/Detail/report?id=3051&isfree=0.

〔英〕昂诺娜·奥妮尔:《信任的力量》，闫欣译，重庆：重庆出版社，2017。

百度百科. 小猪［EB/OL］.（2019–05–17）［2022–10–18］. https://baike.baidu.com/item/ 小猪 /23497511?fr=aladdin.

北京市人民政府. 专家解读《关于规范管理短租住房的通知》［EB/OL］.（2020–12–25）［2022–11–08］. www.beijing.gov.cn/zhengce/zcjd/202012/t20201225_2185658.html.

北京市住房和城乡建设委员会. 四部门正式印发《关于规范管理短租住房的通知》［EB/OL］.（2020–12–25）［2022–11–01］. zjw.beijing.gov.cn/bjjs/xxgk/xwfb/10911416/index.shtml.

曾国军，赵永秋:《酒店设计的原真性与标准化协调——理论构建与个案展示》，《旅游学刊》2013 年第 6 期，第 94—101 页。

陈传红:《基于网站制度管控的消费者信任研究》，武汉：华中科技大学出版社，2015。

陈明亮，汪贵浦，邓生宇，孙元:《初始网络信任和持续网络信任形成与作用机制比较》，《科研管理》2008 年第 5 期，第 187—195 页。

程熙镕，李朋波，梁晗:《共享经济与新兴人力资源管理模式——以 Airbnb 为例》，《中国人力资源开发》2016 年第 6 期，第 20—25 页.

池毛毛，潘美钰，晏婉暄:《共享住宿中房客可持续消费行为的形成机制研究——用户生成信号和平台认证信号的交互效应》，《旅游学刊》2020 年第 7 期，第 36—48 页。

池毛毛，刘姝君，卢新元，罗博:《共享住宿平台上房东持续参与意愿的影响机理研究：平台网络效应的视角》，《南开管理评论》2019 第 4 期，第 103—113 页。

第一财经. 疫情下网约车订单连月下滑，司机称"收入少了一半"［EB/OL］.（2022–05–12）［2022–10–05］. https://www.yicai.com/news/101409854.html.

杜学美，丁璟妤，谢志鸿，雷丽芳:《在线评论对消费者购买意愿的影响研究》,《管理评论》2016 年第 3 期, 第 173—183 页。

冯猛:《地方政府创新何以持续?——以浦东新区基层社会治理变迁为线索》,《中国行政管理》2019 年第 7 期, 第 101—106 页。

高超民:《分享经济模式下半契约型人力资源管理模式研究——基于 6 家企业的多案例研究》,《中国人力资源开发》2015 年第 23 期, 第 16—21 页。

古银华, 王迪, 李平:《共享型人力资源管理模式探索——基于网约车平台的扎根研究》,《中国人力资源开发》2017 年第 8 期, 第 108—116 页。

光明旅游.《民宿行业发展趋势展望报告》发布: 标准化、职业化、合规化将加速 [EB/OL]. (2020-04-29)[2022-11-09]. https://travel.gmw.cn/2020-04/29/content_33796105.htm.

中华人民共和国国家发展和改革委员会. 关于支持新业态新模式健康发展 激活消费市场带动扩大就业的意见 [EB/OL]. (2020-07-15)[2022-11-07]. https://www.ndrc.gov.cn/xxgk/zcfb/tz/202007/t20200715_1233793.html?code=&state=123.

国家市场监督管理总局. 网络预约出租汽车经营服务管理暂行办法 [EB/OL]. (2016-07-27)[2022-11-03]. https://gkml.samr.gov.cn/nsjg/bgt/202106/t20210628_331600.html.

国家信息中心分享经济研究中心. 共享住宿服务规范 [EB/OL]. (2018-11-20)[2023-11-13]. http://www.sic.gov.cn/sic/82/568/1120/9690_pc.html.

国家信息中心分享经济研究中心. 中国共享住宿发展报告 2018 [EB/OL]. (2018-05-18)[2023-11-13]. http://www.sic.gov.cn/sic/93/552/557/0518/9321_pc.html.

国家信息中心分享经济研究中心. 中国共享住宿发展报告 2019 [EB/OL]. (2019-07-02)[2023-11-13]. http://www.sic.gov.cn/sic/83/79/0702/10101_pc.html.

国家信息中心分享经济研究中心. 中国共享住宿发展报告 2020 [EB/OL]. (2020-07-23)[2023-11-13]. http://www.sic.gov.cn/sic/93/552/557/0723/10545_pc.html.

国家信息中心分享经济研究中心. 中国分享经济发展报告 2017 [EB/OL]. (2017-03-06)[2023-11-13]. http://www.sic.gov.cn/sic/83/79/0306/7743_pc.html.

国家信息中心分享经济研究中心. 中国共享经济发展年度报告 (2018) [EB/OL]. (2018-03-02)[2023-11-13]. http://www.sic.gov.cn/

sic/83/79/0302/8856_pc.html.

国家信息中心分享经济研究中心.中国共享经济发展年度报告
（2019）［EB/OL］.（2019-03-01）［2023-11-13］. http://www.sic.gov.cn/
sic/93/552/557/0301/9900_pc.html.

国家信息中心分享经济研究中心.中国共享经济发展年度报告
2020［EB/OL］.（2020-07-23）［2023-11-13］. http://www.sic.gov.cn/
sic/93/552/557/0723/10545_pc.html

国家信息中心分享经济研究中心.中国共享经济发展报告（2021）［EB/
OL］.（2021-02-19）［2023-11-13］. http://www.sic.gov.cn/
sic/93/552/557/0219/10775_pc.html.

国家信息中心分享经济研究中心.中国共享经济发展报告（2022）［EB/
OL］.（2022-02-22）［2023-11-13］. http://www.sic.gov.cn/
sic/93/552/557/0222/11274_pc.html.

国家信息中心分享经济研究中心.中国共享经济发展报告（2023）［EB/
OL］.（2023-02-23）［2023-11-12］. http://www.sic.gov.cn/
sic/93/552/557/0223/11819_pc.html.

国家职业分类大典修订工作委员会:《中华人民共和国职业分类大典》,北
京:中国劳动社会保障出版社,2022。

何勤,邹雄,李晓宇:《共享经济平台型灵活就业人员的人力资源服务创
新研究——基于某劳务平台型网站的调查分析》,《中国人力资源开发》
2017年第12期,第148—155页。

胡姗,杨兴柱,王群:《国内外共享住宿研究述评》,《旅游科学》2020年
第2期,第41—57页。

胡业飞,傅利平,敬乂嘉,朱春奎,刘大勇,锁利铭:《中国背景下的政
府治理及其规律:研究展望》,《管理科学学报》2021年第8期,第
91—104页。

虎嗅.有了HomeAway,你还住酒店吗? 多图剖析美版途家的商业模
式.［EB/OL］.（2014-04-26）［2022-09-29］. https://www.huxiu.com/
article/32639.html.

华夏基石管理咨询集团:《共享经济时代的管理创新》,北京:机械工业出
版社,2017。

环球旅讯.Airbnb有麻烦了? 美国酒店集团正制定计划打压它.［EB/OL］.
（2017-04-19）［2022-09-29］. https://www.traveldaily.cn/article/113347.

环球旅讯.Airbnb加速酒店分销,将对OTA格局产生什么影响? ［EB/

OL］.（2018-02-12）［2022-11-09］. https://www.traveldaily.cn/article/120307.

环球旅讯. 从"绩效营销"到"品牌营销"：Airbnb 策略转变的借鉴意义.［EB/OL］.（2021-03-09）［2022-11-09］. https://www.traveldaily.cn/article/143867.

黄敏学，王峰：《网络口碑的形成、传播和影响机制研究》，武汉：武汉大学出版社，2011。

黄沛：《新编营销实务教程》，北京：清华大学出版社，2005。

江苏省公安厅. 江苏省网约房治安管理规定（试行）.［EB/OL］.（2021-03-30）［2022-10-29］. http://gat.jiangsu.gov.cn/art/2021/3/30/art_59265_9720470.html.

江晓东：《什么样的产品评论最有用？——在线评论数量特征和文本特征对其有用性的影响研究》，《外国经济与管理》2015年第4期，第41—55页。

界面新闻. 巴黎政府专门建了一个网站来管 Airbnb 房东 他们要像酒店一样交税.［EB/OL］.（2016-05-05）［2022-010-29］. https://www.jiemian.com/article/647457.html.

界面新闻. 人工智能写下的虚假评论，99% 的人都分辨不清.［EB/OL］.（2017-09-05）［2022-09-29］. https://www.jiemian.com/article/1601547.html.

界面新闻. Airbnb 上市祸福难测.［EB/OL］.（2020-11-23）［2022-10-29］. https://www.jiemian.com/article/5305791.html.

劲旅网. 途家民宿：联手酷狗直播推"云度假"房东直播蓄力.［EB/OL］.（2020-07-29）［2022-09-29］. www.btiii.com/html/yb/2020-07-29/19247898.html#PPN=data.

劲旅网. 爱彼迎开始在中国玩"种草"了？！［EB/OL］.（2022-11-20）［2022-11-29］. www.btiii.com/html/2022-11-20/16362031.html#PPN=tournews.

开发者社区. 欧盟拟要求爱彼迎（ABNB.US）及其同行定期分享订房数据.［EB/OL］.（2022-11-07）［2022-11-29］. https://cloud.tencent.com/developer/news/945742.

〔美〕兰德尔·柯林斯：《互动仪式链》，林聚任，王鹏，宋丽君译，北京：商务印书馆，2009。

李艾琳，何景熙：《共享经济视角下人力资源管理职能的变革——以华为 HRBP 为案例》，《中国人力资源开发》2016年第24期，第54—57页。

李立威，何勤：《没有信任，何谈共享？——分享经济中的信任研究述评》，《外国经济与管理》2018 年第 6 期，第 141—152 页。

李梦琴，谭建伟，吴雄：《共享经济模式下的共享型用工关系研究进展与启示》，《中国人力资源开发》2018 年第 8 期，第 105—115 页。

李维：《分享经济实战攻略：读懂分享模式，重构商业体系》，北京：民主与建设出版社，2017。

李星群：《乡村旅游经营实体创业影响因素研究》，《旅游学刊》2008 年第 1 期，第 19—25 页。

李雨洁，李苑凌：《商家的操纵评论行为对在线评论真实性影响研究》，《软科学》2015 年第 12 期，第 135—139 页。

凌超，张赞：《"分享经济"在中国的发展路径研究——以在线短租为例》，《现代管理科学》2014 年第 10 期，第 36—38 页。

刘国华，吴博：《共享经济 2.0：个人、行业与社会的颠覆性变革》，北京：企业管理出版社，2015。

龙立荣，梁佳佳，董婧霓：《平台零工工作者的人力资源管理：挑战与对策》，《中国人力资源开发》2021 年第 10 期，第 6—19 页。

卢东，刘懿德，Lai, I. K. W.，曾小桥：《分享经济下的协同消费：占有还是使用？》，《外国经济与管理》2018 年第 8 期，第 125—140 页。

马双，凌小蝶，李纯青：《共享经济背景下顾客公民行为和不当行为：基于社会困境理论的视角》，《心理科学进展》2021 年第 11 期，第 1920—1935 页。

马双，王智豪，张超：《共享住宿如何影响房屋租赁市场？替代和供给市场规模的调节作用》，《管理评论》2022 年第 8 期，第 134—143 页。

美团规则中心．美团民宿房东诚信守则．［EB/OL］．（2023-05-04）［2023-05-10］．https://rules-center.meituan.com/rules-detail/74.

木鸟．房东服务协议．［EB/OL］．（2019-06-11）［2022-09-29］．https://www.muniao.com/Help/HostServiceAgreement.

欧盟议会：《欧盟（中文版）一般数据保护法案》，中国政法大学互联网金融法律研究院译，2018。

彭剑锋：《互联网时代的人力资源管理新思维》，《中国人力资源开发》2014 年第 16 期，第 41—48 页。

澎湃新闻．全球数治｜人工智能赋能网络虚假信息检测：新进展与新路径．［EB/OL］．（2021-07-27）［2022-09-29］．https://www.thepaper.cn/newsDetail_forward_13763724.

澎湃新闻. 刷好评已成灰色生产链，虚假好评到底怎么来的？人民日报调查.［EB/OL］.（2021-10-25）［2022-09-29］. https://www.thepaper.cn/newsDetail_forward_15054916.

澎湃新闻. 北京通州部分下架民宿经审核重新上架，半天内已有房源被预订.［EB/OL］.（2022-01-29）［2022-10-09］. https://www.thepaper.cn/newsDetail_forward_16513563.

澎湃新闻. 避免名字像非裔被拒，爱彼迎不让房东提前查看租客全名［EB/OL］.（2022-01-07）［2022-10-19］. https://www.thepaper.cn/newsDetail_forward_16184617.

戚聿东，肖旭：《数字经济时代的企业管理变革》，《管理世界》2020年第6期，第135-152+250页。

钱江晚报. 北大教授师曾志谈企业社会责任：科技赋权背后是人心向善.［EB/OL］.（2022-06-18）［2022-10-29］. https://www.thehour.cn/news/525055.html.

中国信息通信研究院. 大数据安全标准化白皮书（2018版）［EB/OL］.（2018-04-25）［2022-09-29］. http://www.cac.gov.cn/2018-04/25/c_1122741894.htm.

全国人大常委会办公厅 供稿：中华人民共和国著作权法，北京：人民出版社，2020。

〔日〕三浦展：《第四消费时代》，马奈译，北京：东方出版社，2014。

宋琳：《不同运营模式下在线短租经济的博弈行为分析》，《东岳论丛》2018年第2期，第96—104页。

宋逸群，王玉海：《共享经济的缘起、界定与影响》，《教学与研究》2016年第9期，第29—36页。

搜狐. 原山原水|共享住宿探索，什么才是适合国内市场的经营模式？［EB/OL］.（2019-06-11）［2022-09-29］. https://www.sohu.com/a/319776633_99959456.

搜狐焦点. 向市场低头，爱彼迎取消中国区房客服务费率，正面迎战小猪短租.［EB/OL］.（2018-10-11）［2022-10-09］. https://house.focus.cn/zixun/e64c74564dbf4ab3.html.

搜狐网. 万众看好的"共享经济"的前世今生.［EB/OL］.（2017-11-06）［2022-10-09］. https://www.sohu.com/a/202629353_475636.

搜狐网. 打破次元壁！"刘三姐数字人"惊艳亮相"小蛮腰"，约你潮玩壮族三月三［EB/OL］.（2023-04-26）［2023-05-02］. https://www.

sohu.com/a/670550381_120761664.

孙萁，巩顺龙：《网络环境下的知识产权保护研究》，《情报科学》2007年第8期，第1244—1247页。

唐镳，张莹莹：《革新与风险：人力资源管理的数字化战略转型》，《清华管理评论》2022年第Z2期，第75—83页。

腾讯科技.Uber支付1.48亿美元和解大规模数据泄露案.［EB/OL］.（2018-09-27）［2022-10-20］.https://tech.qq.com/a/20180927/006292.htm.

腾讯网.文化创建：爱彼迎创建一个"归属感"的文化.［EB/OL］.（2022-03-21）［2022-10-09］.https://new.qq.com/rain/a/20220321A02VOW00.

腾讯新闻.评论区炸锅：Uber、Airbnb、KiwiSaver全都要加税！网友："是我肤浅了"……［EB/OL］.（2022-08-31）［2022-10-19］.https://view.inews.qq.com/a/20220831A01P2400.

腾讯研究院.中国分享经济风潮全景解读报告.［EB/OL］.（2016-03-07）［2022-10-09］.https://www.tisi.org/4468.

汪涛，于雪：《在线评论的口碑溢出效应及其在品牌间的差异研究》，《外国经济与管理》2019年第7期，第125—136页。

王浦劬：《国家治理、政府治理和社会治理的含义及其相互关系》，《国家行政学院学报》2014年第3期，第11—17页。

王玮，陈蕊：《互联网情境下的信任研究评介及展望》，《外国经济与管理》2013年第10期，第52—61页。

王永贵，王帅，胡宇：《中国市场营销研究70年：回顾与展望》，《经济管理》2019年第9期，第191—208页。

王震：《分享时代背景下人力资源管理的机遇与挑战》，《中国人力资源开发》2015年第23期，第3页。

网易.欧洲疫情放缓，欧盟发布恢复旅游和交通指导方案！［EB/OL］.（2020-05-20）［2022-10-09］.https://www.163.com/dy/article/FD2DA31H0528MRA1.html.

文化和旅游部等.关于促进乡村民宿高质量发展的指导意见.［EB/OL］.（2022-07-08）［2022-10-19］.http://www.gov.cn/zhengce/zhengceku/2022-07/19/content_5701748.htm.

文彤，杨春雨，呼玲妍：《企业社会责任与员工情感承诺：基于酒店兼职员工的研究》，《旅游学刊》2024年第5期，第120—130页。

吴清军，杨伟国：《共享经济与平台人力资本管理体系——对劳动力资

源与平台工作的再认识》，《中国人力资源开发》2018 年第 6 期，第
　103—110 页。

吴秋琴，许元科，梁佳聚，张蕾:《互联网背景下在线评论质量与网站形
　象的影响研究》，《科学管理研究》2012 年第 1 期，第 81—83 页。

萧浩辉:《决策科学辞典》，北京：人民出版社，1995。

小猪商家平台.房东违规行为管理办法.［EB/OL］.（2021-04-08）［2022-
　10-10］. https://landlord.xiaozhu.com/guide/landlordMeasure.

小猪商家平台.房屋经营者规则.［EB/OL］.（2021-12-21）［2022-10-10］.
　https://landlord.xiaozhu.com/guide/landlordRule.

携程旅行网.携程发布《乡村旅游振兴白皮书（2022）》［EB/OL］.（2023-
　01-05）［2023-04-10］. https://baijiahao.baidu.com/s?id=17541664977346042
　68&wfr=spider&for=pc.

谢彦君，彭丹:《旅游、旅游体验和符号——对相关研究的一个评述》，
　《旅游科学》2005 年第 6 期，第 1—6 页。

谢彦君，徐英:《旅游场中的互动仪式：旅游体验情感能量的动力学分
　析》，《旅游科学》2016 年第 1 期，第 1—15 页。

新京报.小猪发布"无忧入住"计划.［EB/OL］.（2016-07-08）［2022-10-
　10］. http://www.bjnews.com.cn/feature/2016/07/08/409284.html.

新京报."网约房"易涉黄毒咋办？杭州拱墅提供治理样本.［EB/
　OL］.（2018-11-11）［2022-10-12］. https://www.bjnews.com.cn/
　detail/154190675414569.html.

新京报.首部共享住宿行业标准发布，建议共建黑名单机制.［EB/
　OL］.（2018-11-15）［2022-10-10］. https://www.bjnews.com.cn/
　detail/154227393114679.html.

新京报.去年共享住宿房源约 350 万，近 3 成房东曾遭遇社区冲突.
　［EB/OL］.（2019-07-02）［2022-10-12］. https://www.bjnews.com.cn/
　detail/156206957614971.html.

新浪科技.Airbnb 被指幕后操纵"独立房东团体"：避免更严格监管.［EB/
　OL］.（2021-03-22）［2022-10-12］. https://finance.sina.com.cn/
　tech/2021-03-22/doc-ikknscsi9236049.shtml.

新浪科技.Grab 第一季度营收 2.16 亿美元，疫情导致 GMV 在上市前增速
　放缓.［EB/OL］.（2021-08-02）［2022-10-12］. http://finance.sina.com.
　cn/tech/2021-08-02/ doc-ikqciyzk9126209.shtml.

新浪科技.Airbnb 面临来自欧洲 10 个旅游城市的强烈抗议.［EB/OL］.

（2019-06-22）〔2022-10-12〕. https://tech.sina.com.cn/i/2019-06-22/doc-ihytcerk8542407.shtml.

徐红罡，马少吟，姜辽：《生活方式型旅游企业主移民社会交往研究》，《旅游学刊》2017 年 7 期，第 69—76 页。

闫慧慧，杨小勇：《平台经济下数字零工的劳动权益保障研究》，《经济学家》2022 年第 5 期，58—68 页。

杨滨伊，孟泉：《多样选择与灵活的两面性：零工经济研究中的争论与悖论》，《中国人力资源开发》2020 年第 3 期，第 102—114 页。

杨帅：《共享经济类型、要素与影响：文献研究的视角》，《产业经济评论》2016 年第 2 期，第 35—45 页。

姚公安，覃正：《消费者对电子商务企业信任保持过程中体验的影响研究》，《南开管理评论》2010 年第 1 期，第 99—107 页。

叶剑波：《分享经济时代人力资源管理的挑战》，《中国人力资源开发》2015 年第 23 期，第 12—19 页。

叶林，杨雅雯：《共享经济发展与政府治理挑战》，《兰州大学学报（社会科学版》2018 年第 1 期，第 43—49 页。

殷英梅，郑向敏：《共享型旅游住宿主客互动体验研究——基于互动仪式链理论的分析》，《华侨大学学报（哲学社会科学版）》2017 年第 3 期，第 90—98 页。

于凤霞，高太山，关乐宁，胡沐华：《共享住宿对城市经济社会发展影响的实证研究》，《技术经济》2019 年第 7 期，第 109—118 页。

于雷霆：《分享经济商业模式：重新定义商业的逻辑》，北京：人民邮电出版社，2016。

于晓东，刘荣，陈浩：《共享经济背景下的人力资源管理模式探索：以滴滴出行为例》，《中国人力资源开发》2016 年第 6 期，第 6—11 页。

〔美〕约瑟夫·派恩和詹姆斯·吉尔摩：《体验经济》，北京：机械工业出版社，2002。

张驰，王丹：《分享经济下的组织变革和员工角色定位——基于海尔车小微的案例研究》，《中国人力资源开发》2016 年第 6 期，第 12—19 页。

张闯，郝凌云：《交易型数字平台中的信任：研究现状与展望》，《经济管理》2022 年第 8 期，第 190—208 页。

张新红，高太山，于凤霞，李红升，胡拥军，蔡丹旦：《中国分享经济发展报告：现状、问题与挑战、发展趋势》，《电子政务》2016 年第 4 期，第 11—27 页。

张玉明:《共享经济学》,北京:科学出版社,2017。

章凯,仝嫦哲:《目标融合视角下分享经济时代企业人力资源管理新思维》,《中国人力资源开发》2017年第8期,第83—88页。

赵小纯@36氪出海.抢滩千亿美元的印度长租公寓市场,StayAbode计划向3城扩张.[EB/OL].(2018-08-17)[2022-10-11].https://36kr.com/p/1722758152193.

浙江省公安厅.浙江省公安厅关于印发《网络预约居住房屋信息登记办法(试行)》的通知.[EB/OL].(2018-11-26)[2022-10-11].http://gat.zj.gov.cn/art/2018/11/26/art_1229098253_600449.html.

郑祁,杨伟国:《零工经济的研究视角——基于西方经典文献的述评》,《中国人力资源开发》2019年第1期,第129—137页。

郑祁,杨伟国:《零工经济前沿研究述评》,《中国人力资源开发》2019年第5期,第106—115页。

中国经济时报.共享经济:从政府监管走向协同治理.[EB/OL].(2018-08-29)[2022-10-09].https://lib.cet.com.cn/paper/szb_con/502391.html.

中国连锁经营协会,&华兴资本.2021年中国连锁餐饮行业报告[EB/OL].(2021-08-03)[2022-10-09].http://www.ccfa.org.cn/portal/cn/.

中国连锁经营协会,&华兴资本.2022年中国连锁餐饮行业报告[EB/OL].(2022-08-03)[2022-10-09].http://www.ccfa.org.cn/portal/cn/xiangxi.jsp?id=443836.

中国人大网.中华人民共和国网络安全法.[EB/OL].(2016-11-07)[2022-10-09].http://www.npc.gov.cn/npc/c30834/201611/270b43e8b35e4f7ea98502b6f0e26f8a.shtml.

中国人大网.中华人民共和国电子商务法.[EB/OL].(2018-08-31)[2022-10-11]http://www.npc.gov.cn/zgrdw/npc/lfzt/rlyw/2018-08-31/content_2060834.htm.

中国社会科学院政治学研究所.中国背景下的政府治理及其规律:研究展望.[EB/OL].(2022-02-22)[2022-10-11]http://chinaps.cssn.cn/cgzs/202202/t20220222_5395050.shtml.

中国新闻网.互联网下半场,美团旅行力推"美酒学院"赋能酒店商家.[EB/OL].(2017-05-25)[2022-10-10]http://www.chinanews.com/it/2017/05-25/8234133.shtml.

中华人民共和国工业和信息化部.通信短信息服务管理规定.[EB/OL].(2015-05-28)[2022-10-11].https://www.miit.gov.cn/zwgk/zcwj/wjfb/

txy/art/2020/art_fbb560830ecd4f3eb983a844d31230a6.html.

中华人民共和国国家发展和改革委员会.印发《关于促进分享经济发展的指导性意见》的通知.［EB/OL］.（2017-07-03）［2022-10-11］.https://www.ndrc.gov.cn/xxgk/zcfb/tz/201707/t20170703_962998.html?code=&state=123.

中华人民共和国国务院."十三五"国家信息化规划.［EB/OL］.（2016-12-27）［2022-10-11］.http://www.gov.cn/zhengce/content/2016-12/27/content_5153411.htm.

中华人民共和国商务部.第三方电子商务交易平台服务规范（2016修正）［EB/OL］.（2016-03-16）［2022-10-10］.http://www.mofcom.gov.cn/aarticle/bh/201309/20130900305716.html.

中华人民共和国文化和旅游部.中国公民国内旅游文明行为公约［EB/OL］.（2013-05-28）［2022-10-10］.http://www.gov.cn/govweb/gzdt/2013-05/28/content_2413011.htm.

中华人民共和国文化和旅游部.旅游民宿基本要求与评价（LB/T 065-2019）.［EB/OL］.（2019-07-19）［2022-10-11］.https://zwgk.mct.gov.cn/zfxxgkml/hybz/202012/t20201205_915538.html.

中华人民共和国文化和旅游部.《旅游民宿基本要求与评价》部分条款修改［EB/OL］.（2021-03-01）［2022-10-10］.https://zwgk.mct.gov.cn/zfxxgkml/zcfg/zcjd/202103/t20210301_922356.html.

中华人民共和国中央人民政府.中国公民出境旅游文明行为指南［EB/OL］.（2012-11-16）［2022-10-10］.http://www.gov.cn/bumenfuwu/2012-11/16/content_2598152.htm.

中华人民共和国中央人民政府.国家发展改革委等部门关于推动平台经济规范健康持续发展的若干意见［EB/OL］.（2021-12-24）［2022-10-10］.www.gov.cn/zhengce/zhengceku/2022-01/20/content_5669431.htm.

中华人民共和国中央人民政府.扩大内需战略规划纲要（2022-2035年）［EB/OL］.（2022-12-14）［2023-04-10］.http://www.gov.cn/gongbao/content/2023/content_5736706.htm.

中华人民共和国中央人民政府.关于鼓励和支持社会力量参与文物建筑保护利用的意见［EB/OL］.（2022-07-23）［2022-10-10］.http://www.gov.cn/zhengce/zhengceku/2022-07/23/content_5702440.htm.

中华人民共和国中央人民政府.中华人民共和国国民经济和社会发展第十四个五年规划和2035年远景目标纲要［EB/OL］.（2021-03-

13）［2022-10-12］. http://www.gov.cn/xinwen/2021-03/13/content_5592681. htm.

中华人民共和国中央人民政府. 习近平：高举中国特色社会主义伟大旗帜 为全面建设社会主义现代化国家而团结奋斗——在中国共产党第二十 次全国代表大会上的报告［EB/OL］.（2022-10-25）［2022-12-12］. http://www.gov.cn/xinwen/2022-10/25/content_5721685.htm.

周恋，雷雪，后锐，陈越:《在线用工平台算法管理的消极影响和控制策 略研究：算法技术属性视角》,《中国人力资源开发》2022 年第 6 期, 第 8—22 页。

周禹岐:《分享经济：站在未来十年的风口》, 北京：中国海关出版社, 2017。

朱国玮，黄静，罗映宇:《算法管理下的共享经济阴暗面：概念框架与展 望》,《南开管理评论》2023 年［2023-05-24］. https://kns.cnki.net/kcms/ detail/12.1288.F.20230509.1544.002.html.

后 记

共享住宿是共享经济中的重要新兴业态，在国内外迅速发展并涌现出许多新的理论和实践。2019年，我主持申请了国家社科基金后期资助项目"共享住宿理论与实践"，并成功获得批准。经过三年的文献梳理和实践调研，该项目取得了阶段性成果，2023年8月该项目顺利结项，并形成专著《共享住宿理论与实践》。本研究沿着"基本概念与产业演进—利益相关者—共享住宿平台运营管理—政府治理体系"的研究脉络，依托利益相关者理论、动机理论、信任理论、服务科学理论、制度理论等理论基础，遵循"三维六性"（理论逻辑、实践真知和历史视野，科学性、严谨性、现实性、针对性、前瞻性和思想性），并以此对共享住宿中的房客、房东、平台内部管理、信任机制、在线评论管理、运营管理、营销管理、人力资源管理、企业社会责任策略和政府平台治理等10个具体领域的理论与实践进行系统研究。

自项目启动以来，研究团队获得了多方的支持与关心，在成果出版之际，感谢鼓励和帮助过我们的所有人。

感谢本书的合作作者首都经济贸易大学博士生宋潇潇和小猪民宿的黄伟经理为本研究成果付出的大量心血和智慧，感谢北京第二外国语学院旅游科学学院及科研处的老师们给予的支持和帮助，同时感谢对外经济贸易大学马双教授和美国中佛罗里达大学张婷婷教授给予的指导，感谢国家社科基金后期资助项目的匿名评审专家们提出深刻的见解和中肯的修改意见，他们的丰富经验和专业知识为我们的修订工作提供了重要的参考和指导。

特别感谢北京第二外国语学院饭店管理专业的研究生徐凯伦、孙雨佳、王文秀、刘璐、李哲、关欣冉、吕庚浩、郑奕欣和吕点点等同学参与课题的调研、资料收集整理等工作。

作为学者，贵在以学促行，知行合一。希望本成果能够对共享住宿领域的研究者和实践者带来有价值的理论和实践启示，促进该领域理论深化和产业的可持续发展！

北京第二外国语学院旅游科学学院　谷慧敏

2023 年 9 月于北京